中国城乡关系百年演进与融合创新
（1921—2021）

国家社科基金项目"成渝地区双城经济圈城乡融合发展研究"（批准号：20BJL088）

四川省哲学社会科学规划项目"中国城乡关系百年演进与融合共兴"（批准号：SC22HQ11）

龚勤林 等著

四川大学出版社

图书在版编目（CIP）数据

中国城乡关系百年演进与融合创新：1921—2021 / 龚勤林等著. -- 成都：四川大学出版社，2025.7. （中国式现代化丛书）. -- ISBN 978-7-5690-7306-5

Ⅰ．C912.8

中国国家版本馆CIP数据核字第2024U9A293号

书　　名：中国城乡关系百年演进与融合创新（1921—2021）
　　　　　Zhongguo Chengxiang Guanxi Bainian Yanjin yu Ronghe Chuangxin（1921—2021）
著　　者：龚勤林　等
丛 书 名：中国式现代化丛书

出 版 人：侯宏虹
总 策 划：张宏辉
丛书策划：李志勇　蒋姗姗
选题策划：蒋姗姗　袁霁野
责任编辑：蒋姗姗　袁霁野
责任校对：阎高阳
装帧设计：墨创文化
责任印制：李金兰

出版发行：四川大学出版社有限责任公司
　　　　　地址：成都市一环路南一段24号（610065）
　　　　　电话：（028）85408311（发行部）、85400276（总编室）
　　　　　电子邮箱：scupress@vip.163.com
　　　　　网址：https://press.scu.edu.cn
印前制作：四川胜翔数码印务设计有限公司
印刷装订：四川煤田地质制图印务有限责任公司

成品尺寸：170 mm×240 mm
印　　张：17
字　　数：327千字

版　　次：2025年7月 第1版
印　　次：2025年7月 第1次印刷
定　　价：82.00元

本社图书如有印装质量问题，请联系发行部调换

■版权所有 ◆ 侵权必究

扫码获取数字资源

四川大学出版社
微信公众号

前　言

城市和乡村是人类生产生活的两大空间形态，我国经济社会发展和现代化进程中必须妥善处理二者之间的重要关系。伴随城市的产生，城乡关系就随之存在，这一关系贯穿着城乡发展全过程。把握城乡发展规律，推动城乡关系协调发展，是建设现代化国家的必然要求，古今中外，概莫能外。

城乡关系演进是社会生产力发展的必然结果，本书从城乡关系演进的一般规律出发，分析城乡关系动态变化的过程、理论，构建城乡关系动态演进的动力机制，即生产力水平提升是城乡关系动态演进的基础动力，工业化和城镇化是推动城乡关系发展的主要力量，同时以所有制为核心的社会经济制度变革，促使城乡要素结合方式的改变，进而引发城乡关系变迁。本书在探讨一般规律的基础上，梳理了马克思主义城乡发展与城乡关系的理论观点，包括马克思恩格斯的城乡关系理论、列宁和斯大林的城乡发展理论，以及中国共产党人探索形成的适合我国国情的城乡关系理论成果。同时，从全球视野出发，分析英国、美国、德国、日本和韩国等发达国家，亚非拉发展中国家，以及苏联和东欧国家的城乡关系发展历史，对比分析中国特色的城乡关系发展模式。

需要特别说明的是，本书的研究范围严格限定在马克思主义城乡关系理论及其中国化的实践与发展方面。对于1949年以前北洋政府和国民政府的城乡关系实践，以及费孝通、晏阳初、施坚雅、黄素娟等学者提出的"差序格局""基层市场社区""桥内—桥外"二元权力体系等城乡关系研究理论，由于其立场与方法论同本研究范式存在根本差异，故不纳入本书讨论范畴。

本书以中国共产党百年来对城乡关系的探索为叙事主线，梳理不同时期党和政府妥善处理城乡关系的论述、举措、政策，揭示城乡关系变迁的内在逻辑，将中国城乡关系演进划分为四个阶段。

第一阶段是以农村为中心的城乡关系初探阶段（1921—1949年）。以毛泽东为代表的中国共产党人逐渐正确认识了近代以来中国城乡社会矛盾发展的客观规律，在长期的革命斗争实践中创造性地提出了"农村包围城市"的策略，据此带领广大人民践行了以农村土地制度改革为代表的改革举措，取得了革命事业的成功。

第二阶段是以农村支持城市的城乡分离阶段（1949—1978年）。新中国的城乡关系调整先后围绕社会主义改造、优先发展重工业、"三线"建设展开。这时的城乡关系经历了从最初的适度兼顾（1949—1956年）到城乡分离的形成（1956—1966年），再到城乡分离的固化（1966—1978年）三个过程。

第三阶段是以经济体制改革促发展的城乡统筹阶段（1978—2012年）。为调整城乡关系，缓解城乡矛盾，党和政府先后出台了统筹城乡发展、城乡一体化的政策措施。城乡关系逐渐从城乡差距扩大向工业反哺农业转变。

第四阶段是以融合发展为中心的新型城乡关系阶段（2012年以来）。党的十八大以来，以习近平同志为核心的党中央统筹推进"五位一体"总体布局、协调推进"四个全面"战略布局，持续深化对城乡关系规律的认识，提出一系列新理念、新思想、新战略，为全面建设社会主义现代化国家提供有力支撑。总体而言，新时代新型城乡关系经历了从"以工促农、以城带乡、工农互惠、城乡一体"，到"工农互促、城乡互补、全面融合、共同繁荣"，再到"工农互促、城乡互补、协调发展、共同繁荣"的转变。

中国共产党百年来积累起了处理城乡关系的宝贵正确经验，即坚持党的领导是正确处理城乡关系的根本保证，以人民为中心是正确处理城乡关系的价值取向，把握辩证关系是正确处理城乡关系的重要抓手，推进"四化同步"是正确处理城乡关系的必由之路。

新时代城乡发展差距在收入、产业、公共服务等方面有了实质性的缩小，为城乡共同富裕打下了坚实的基础。新型城乡关系的现实状态不断变化，时代呼唤城乡融合发展和融合共兴。立足新发展阶段，以实现共同富裕为目标，重塑新型城乡关系，旨在解决新时代面临的发展不平衡、不充分的矛盾。要着重推进城乡在要素双向流动、产业有效衔接、公共服务协同等方面的实践探索，进一步推动城乡融合发展的制度创新。本书以此为研究基础，有三个鲜明的写作特点。

一是建构了中国特色社会主义城乡关系的理论框架。本书着眼于中国城乡关系的历史进程与现实情境，厘清了中国城乡关系理论的演进脉络，突出城乡关系理论的创新发展成果。具体而言，从城乡融合共兴的前提——要素融合、城乡融合共兴的抓手——产业融合、城乡融合共兴的关键——设施和治理全域协同三大维度，对中国特色社会主义城乡关系理论体系进行阐述。因此，本书充实、丰富和发展了马克思主义城乡关系理论。

二是总结了中国特色社会主义城乡关系的特色模式。本书通过提炼世界各国处理城乡关系的发展举措，致力于挖掘其中的经验教训，在对比中凸显出中国城乡关系演进的特色模式。本书有利于我国更好地发挥引领示范作用，为全球各国处理城乡关系、促进城乡协调发展贡献中国智慧、中国方案，增强中国特色社会主义城乡发展道路的世界价值。本书也为更好地推进中国城乡协调发展提供了重要的依据，同时也对发展中国家推动城乡关系协调发展具有一定的借鉴参考价值。

三是阐明了中国特色社会主义城乡关系的实践进路。本书坚持理论与实际相结合，提出加快城乡要素双向流动，让市场机制在要素配置中起决定性作用的建议。有效促进"人地钱技数"要素在城乡不同产业、不同区域、不同所有制结构中双向自由流动，是塑造新型工农城乡关系的有力支撑。深化城乡产业有效衔接，以产业合理布局为基础、产业关联为动力、要素流动为纽带、产业链延伸与拓展为载体、利益联结机制为保障，强化"以工补农"，构建城乡现代产业体系。推进城乡设施和治理全域协同，通过基础设施互联互通紧密联结城乡空间，公共服务普惠共享推动城乡共同富裕，基层治理一体化强化城乡组织体系。推进城乡空间协同互动，全面提升农村基本公共服务供给的水平、效率和质量，进一步完善党领导下的基层治理体系组织架构、制度安排和运行机制。上述观点为未来推进我国城乡融合发展与融合共兴提供了前瞻性、可操作性的对策建议。

本书从理论上阐明了中国城乡关系理论与实践的历史演进脉络，总结了中国城乡关系发展的经验启示及世界意义，提出了新时代推动城乡协调发展的政策建议，具有理论研究与实践应用相结合、历史分析与现实问题相统一、归纳总结与理论提升相衔接的鲜明特色，帮助读者了解中国城乡关系演进的阶段、轨迹和特征性事实，深化对城乡关系变迁动因和逻辑的认知，并以此为构建新型城乡关系提供镜鉴。

本书是国家社科基金项目"成渝地区双城经济圈城乡融合发展研究"（批准号：20BJL088）的阶段性成果，四川省哲学社会科学规划项目"中国城乡关系百年演进与融合共兴"（批准号：SC22HQ11）、四川大学中央高校基本科研业务费研究专项项目"新中国成立以来中国城乡关系的历史变迁、演进动力与融合发展"(批准号：ss202104）的最终成果。四川大学经济学院的师生参与了项目研究和本书编写。龚勤林主持了全书内容的设计、组织、修改和统稿工作，邓睦军、余川江、熊玲、贺培科参与了全书内容的修改、统稿、部分内容的撰写和协调工作，冷玉婷、乔涛、刘兰、孙小钰参与了部分章节的资料查找、写作和修改工作，陈说、龙磊、李源等参与了前期的资料查找和初稿写作工作，曹萍、迟梦筠等参与了前期的设计讨论等工作。四川大学杜肯堂教授、邓玲教授对本书立意提出了诸多宝贵意见，四川大学蒋永穆教授对本项研究的开展给予了大力支持。感谢各位给予的大力支持和帮助，在此谨致谢意。

目录 CONTENTS

001 第一章
城乡关系演进的一般规律

第一节　城乡关系的形成与内涵　/003
第二节　城乡关系的动态演进　/007
第三节　城乡关系演进的动力　/012

017 第二章
马克思主义城乡发展与城乡关系理论

第一节　马克思恩格斯的城乡发展与城乡关系理论　/019
第二节　列宁斯大林关于城乡发展与城乡关系的论述　/026
第三节　中国共产党领导人关于城乡发展与城乡关系的论述　/028

039 第三章
城乡关系的全球视野与镜鉴

第一节　发达国家的城乡发展与城乡关系演进　/041
第二节　亚非拉及苏东国家的城乡发展与城乡关系演进　/052

067 第四章
以农村为中心的城乡关系初探阶段（1921—1949年）

第一节　对城乡关系的早期探索（1921—1927年）　/069
第二节　重视农村的城乡关系初步探索（1927—1945年）　/072
第三节　工作重心逐渐转移到城市（1945—1949年）　/075

第四节　城乡关系的相关文件和论述梳理　　/076

081　第五章
以农村支持城市的城乡分离阶段（1949—1978年）

　　第一节　城乡关系的适度兼顾（1949—1956年）　　/083
　　第二节　城乡分离的形成（1956—1966年）　　/086
　　第三节　城乡分离的固化（1966—1978年）　　/089
　　第四节　城乡关系的相关文件和论述梳理　　/092

097　第六章
以经济体制改革促发展的城乡统筹阶段（1978—2012年）

　　第一节　城乡经济改革和城镇化快速发展（1978—1992年）　　/099
　　第二节　城市偏向政策持续实施（1992—2003年）　　/105
　　第三节　统筹城乡发展加速推进（2003—2012年）　　/109
　　第四节　城乡关系的相关文件和论述梳理　　/113

119　第七章
以融合发展为中心的新型城乡关系阶段（2012年以来）

　　第一节　城乡发展一体化和新型城乡关系的形成（2012—2017年）　　/121
　　第二节　乡村振兴战略和城乡融合发展的提出（2017—2021年）　　/124
　　第三节　农业农村现代化和城乡共同繁荣发展（2021年至今）　　/133

143　第八章
中国城乡关系百年实践探索的经验启示

　　第一节　坚持党的领导是正确处理城乡关系的根本保证　　/145
　　第二节　以人民为中心是正确处理城乡关系的价值取向　　/149
　　第三节　把握辩证关系是正确处理城乡关系的重要抓手　　/153
　　第四节　推进"四化同步"是正确处理城乡关系的必由之路　　/157

161 第九章
新型城乡关系的现实状态与时代呼唤

第一节　新中国城乡发展的巨大成就　／163
第二节　推动城乡融合发展面临的客观约束　／175
第三节　重塑城乡关系：新发展阶段的时代呼唤　／181
第四节　城乡融合共兴：重塑城乡关系的实现路径　／184

189 第十章
加快城乡要素双向流动

第一节　要素流动促进城乡融合共兴的作用机制　／191
第二节　促进城乡人口要素双向流动　／195
第三节　推动乡村土地要素入市流动　／198
第四节　引导资本持续入乡发展　／202
第五节　激励数字技术和数据要素由城溢乡　／207

211 第十一章
引导城乡产业有效融合

第一节　产业融合促进城乡融合的作用机制　／213
第二节　推进城乡产业持续联动融通　／220
第三节　优化城乡产业空间布局　／224
第四节　完善城乡产业融合的利益联结机制　／228

233 第十二章
推进城乡公共设施和基层治理全域协同

第一节　公共设施和基层治理全域协同促进城乡融合的作用机制　／235
第二节　城乡基础设施全方位一体化的着力点　／240
第三节　城乡基本公共服务普惠共享的着力点　／242
第四节　城乡基层治理体系全域协同的着力点　／247

252 参考文献

第一章 城乡关系演进的一般规律

城乡关系是社会生产力发展的必然结果。当生产力发展到一定水平,随之而来的是社会交换的发展,进而推动社会分工的产生。随着农业生产技术水平的提高和农业劳动剩余的增加,社会交易规模和效率不断发展,逐步形成各种交易活动集聚的场所,即城镇。可以说,城乡关系的形成与生产力发展水平密不可分,生产力进步促使人类生产方式和生活方式发生显著变化,进而推动城乡关系不断演化发展,并呈现出明显的阶段性特征。

第一节 城乡关系的形成与内涵

城市是人类现代文明诞生的重要标志,乡村则是人类早期文明的重要孕育地。农村是人类社会发展的结果,也是城市产生和发展的基础。城市与乡村从一开始就是相互依存、有机联系的整体。城市和乡村作为两类不同发展特征的地域空间单元,在不同的历史时期二者之间的关系各不相同。在人类文明形成和发展的进程中,城乡关系的变化通常是社会变革的先导和标志。

一、城乡关系的形成

城市与乡村的起源存在先后顺序,一般是先有乡村后有城市。定居农业的产生是乡村形成的基础,从全球范围来看,1.2万至1.4万年前人类开始栽培植物、驯养动物,约1万年前人们就开始培植大麦。农业和农村的发展为城市的诞生提供了基础。学术界普遍认为最早的城市位于中东地区,距今约9000年,而最早的规划型城市也在大约5000多年前的该地区形成。也就是说,城乡关系问题的产生也有几千年的历史了。[①]

在生产力水平较低的农业社会,城乡分化不明显,二者没有明显的分界。从经济关系上看,农村是整个社会的核心,城市居民几乎所有的生活所需都来自农村。城市获取资源主要通过政治手段,在经济上则对农村具有强烈的依赖性,农村在政治上依附于城市,在经济上相对独立。城乡关系基本处于混沌统一的状态。

---

① 刘维奇,韩媛媛:《工业化、城市化进程中城乡关系的演变逻辑》,《未来与发展》,2013年第2期,第2~7页。

工业化进程开始后,与人们生活密切相关的轻工业开始发展,技术发展到一定程度后,重化工业应运而生。由于非农产业在城乡的比重不同,大量农村资源逐渐向城市转移,生产型城市登上历史舞台,且生产能力越来越强大。但此时城市化速度相对缓慢,无论是发达国家还是发展中国家,在工业化初期,原始积累主要依靠农业剩余来推动其进程。在这一阶段,城乡分离已经非常显著,城市具有了独立的经济能力,对农村的依赖度降低,强大的生产能力相对农村产业体系展现出明显优势,大量的农村资源尤其是农业资本流向城市。此时农村资本流出多,劳动力流出少,城乡界限更加分明。

在工业化阶段中期,工业生产能力大幅提升,城市化进程加快,形成了相当规模的城市人口。在工业化与城市化的共同作用下,第三产业蓬勃发展,人们生活水平不断提高,城市人口大量聚集,由此对生活服务产生巨大需求。第三产业对劳动力的吸纳能力强,替代第二产业成为城市化进程的主导力量,城市化速度明显加快。强大的城市产业对于弱势的农村产业产生虹吸效应,农村的资本、土地等资源快速流向城市,特别是大量农村劳动力涌入城市。伴随农村人口的转移,人力资本和物质资本持续流出农村,同时土地等其他资源也在不断地被"城市化",结果是强大的城市经济与弱小的农村经济并存,城乡差距逐步扩大,城乡关系对立特征明显。

二、城乡关系的内涵

(一)城市和乡村

中文里关于"城"的定义,是指"旧时在都邑四周用作防御的墙垣,里面的谓之城,外面的谓之郭";关于"乡"的定义,有城市以外的地区、基层行政区域单位两层含义。[①] 学术界对城乡关系内涵的界定,主要有两种不同的观点。

一是将城市和乡村视作相互对立、体系相对完整的地域单元。在此视角下,不同学派基于自己的研究提出各自的定义。例如,城市经济学将城市界定为"以非农活动为主体,人口、经济、政治、文化高度集聚的社会物质系统"[②]。地理学的界定是"一个相对永久性的高度组合起来的人口集中的地方,

---

① 白永秀,吴丰华等:《中国城乡发展一体化:历史考察、理论演进与战略推进》,北京:人民出版社,2015年,第12页。

② 刘国光:《中外城市知识词典》,北京:中国城市出版社,1991年,第13页。

比城镇和村庄规模大,也更重要"①。新古典经济学则将城市界定为集中型的产业空间组织形式,能够承载多种类型的产业,有利于交易成本的降低和社会分工的发展。由此可见,尽管不同学派对城市和乡村的内涵提出了不同的观点,但共同点却是承认城市和乡村都具有相对独立性,并且强调城市在资源要素方面的集聚功能。

二是将城市和乡村视作空间相互接续、互动融合的地域单元。城乡在空间上能相互接续,其条件就是在城乡之间形成了"城乡边缘区"这样的过渡地带。因此城市和乡村在空间上可划分为城市、城乡边缘区、乡村三种形态,三者共同构成城乡互联的地域单元。从现实来看,随着城乡之间人口流动规模的不断增长,二者的关系日益复杂,城市与乡村在相互整合的动态演化过程中客观存在着二者接续的状态。实际上,李克强在《论我国经济的三元结构》一文中提出,我国从城乡二元结构向一元结构直接转换是不可能的,单纯通过农村农业人口向城市涌入,或者依靠城市工业部门的扩张来转换二元结构,是不可取和不现实的。② 因此,在现代城市系统和传统农业系统中间存在一个过渡系统,即近代工业系统或农村工业部门,在空间上就体现为城乡边缘区。

综合来看,城市和乡村是经济社会景观存在显著差异的空间类型,是两个相对独立又相互联系的地域单元,在经济社会发展中的作用不同。城市集聚了大量的劳动力、资本、技术等资源要素,对产业和人口的集聚能力较强,以第二产业和现代服务业为主,承担商业、教育、医疗卫生等基本公共服务功能。城市是人口集中、工商业发达、非农业人口主导的地域单元,通常是某一地区的政治、经济和文化中心。乡村以第一产业及其相关的加工业为主,对产业和人口的集聚能力较低,基本公共服务功能较弱,是从事农业生产、人口分布较分散的地域单元。按照城乡分异形态,城市系统包含地域、市域、县域层次,乡村系统则包含中心镇、集镇、中心村、自然村等不同类型的空间载体。二者对比细节见表1—1。

---

① 不列颠百科全书公司:《不列颠简明百科全书》,北京:中国大百科全书出版社,2005年,第546页。

② 李克强:《论我国经济的三元结构》,《中国社会科学》,1991年第1期,第65~82页。

表 1-1　城市与乡村的特征比较表

指标	城市	乡村
产业类型	以第二产业和现代服务业为主	以第一产业以及第一产业相关的服务业和加工业为主
产业集聚程度	高	较低
人口集聚度	高	低
功能集聚程度	教育、医疗、商业等功能集聚程度较高	各功能集聚程度较低
要素流动速度	快	较慢
区域景观	以人工景观为主	以自然景观为主

资料来源：《中国城乡发展一体化：历史考察、理论演进与战略推进》，人民出版社 2015 年版。

（二）城乡关系

城市主要是工业生产和城市居民生活的空间载体，乡村主要是农业生产和乡村居民生活的空间载体。城市和乡村作为一个有机体，只有二者都实现可持续发展，才能形成相互支撑、融合发展的健康格局。长期以来，城乡关系一直是经济学研究中的一个重点和热点话题。学者们基于不同的角度，对城乡关系的内涵作出了不同的界定，概括起来主要包括以下几种观点。

一是从城乡间的空间关系视角出发。城市和乡村作为两种发展特征有着明显差异的地域单元，决定了城乡关系直观表现为两类地域空间之间的关系。徐荣安对此的定义是：城乡关系属于经济学和社会学的概念，指的是生产力要素和生产关系在城乡两类地域空间的分布，是城乡之间经济、人口、技术、文化等各种关系形成的总和。① 类似的观点也体现在世界经济年鉴编辑委员会于 1991 年出版的《世界经济年鉴》中，即城乡关系就是城市和乡村之间的人口和空间关系。

二是从城乡间的相互作用视角出发。这种视角是基于城乡关系不仅仅表现为两类不同地域空间的分割，以及城乡之间的逐步背离，城乡之间还存在相互作用的动态关系。D. 普雷斯顿率先提出了城乡间相互作用的概念来表述城乡之间紧密联系、相互依赖的关系，并将其归纳为五种类型：人口流动、商品流动、资本流动、社会交易以及行政服务的供应。他认为二者关系的本质特征即

---

① 徐荣安：《中国城郊经济学》，北京：农业出版社，1989 年，第 464 页。

为城乡之间要素的"流动"。① 此后,城乡间的相互作用一直是城乡关系发展研究的重要内容,其作用的方式、内容、强度随着经济社会发展不断演进,呈现从城乡分离到城乡一体化的趋势。

三是从城乡间的综合作用视角出发。奚建武认为,城乡关系是由相互依存和相互制约的诸多要素组成的统一系统,要素内部存在的分工使得每一要素都能够发挥自己的作用,从而确保城市和乡村能够作为一个整体系统而存在。② 马显军的界定是:"广泛存在于城市和乡村之间的相互作用、相互影响、相互制约的普遍联系与互动关系,是一定社会条件下政治关系、经济关系、阶级关系等诸多因素在城市和乡村两者的集中反映。"③ 由此可见,城乡关系包括政治、经济、文化、社会等方面的内容。当城市和乡村之间强调经济关系时,城乡关系突出表现为两类地域空间实体之间的关系。

城乡之间的经济关系密切,各种经济要素相互联结、相互作用,形成错综复杂的网络关系。其间进行商品交换是满足生产生活的需要,生产要素流动是提高生产效率的重要条件。城乡之间存在的政治、社会、文化等关系,都建立在经济关系的基础上,表明了经济关系在其中的重要作用。

第二节 城乡关系的动态演进

城市和乡村是在一定区域内共同存在的两个空间实体。城乡关系是生产力发展和社会大分工的历史产物。随着生产力和城市化水平的不断提升,城乡关系逐步从分离对立转向融合发展,经历了"城乡混沌一体—城乡分离对立—城乡融合发展"的动态演进过程。

---

① Preston D. "Rural-urban and Inter-settlement Interaction: Theory and Analytical Structure", Area,1975 (3).

② 奚建武:《治理视域下我国城乡关系的变迁》,《华东理工大学学报(社会科学版)》,2007年第4期.第68~72页。

③ 马军显:《城乡关系:从二元分割到一体化发展》,北京:中共中央党校,博士论文,2008年。

一、城乡关系动态演进的理论

(一) 古典经济学家对城乡关系的论述

现代经济学鼻祖亚当·斯密从分工角度对城市与农村、工商业与农业之间的关系进行了论述。斯密认为,商业是城市居民与农村居民交换的渠道,农村为城市提供生活资料,城市提供一部分工业产品给农民,城市和农村都可以通过交换多余的产品来得到好处。尽管城市发展能给农村发展带来好处,但是城乡分离是难以避免的:"一个城市不但在其邻近各农村都很贫乏都很衰落,而且它所与通商的各个农村也都很贫乏很衰落的情况下,仍可发达起来,日臻于富强。因为单个地说,每个农村对它所能提供的食料与雇佣机会也许有限,但综合起来说,它们所能提供的却极可观。"① 大卫·李嘉图认为,农业属于收益递减型产业,必然走向衰落,工业是收益递增型产业,城市以工业为主,必然走向繁荣,因此城市必然在各个方面形成对农村的统治。根据古典经济学"市场范围决定分工"的论点,生产要素集聚和分工利益既可以在乡村实现,也可以在城市实现。由于农业在与工商业竞争中客观存在弱势地位,城乡差距过大导致的城乡分离是必然。

(二) 田园城市学者对城乡关系的论述

工业革命后,工业化和城市化的快速发展,导致城市发展过程中出现了很多问题,城乡矛盾加重,城乡关系恶化。在此形势下,田园城市理论应运而生。英国学者埃比尼泽·霍华德在《明日的田园城市》一书中明确提出了一种"城乡结合"的观点,即城市和乡村都各有其优点和相应缺点,而城市—乡村则避免了二者的缺点,二者的结合将迸发出新的希望,新的生活,新的文明。他主张通过改革的办法来逐步消灭土地私有制和大城市,把城市与乡村两者的要素都统一到一个区域综合体中。② 费尔南·布罗代尔认为,城乡应该是互为前提、共同发展的关系,城市与乡村"兼有'分离和靠拢、分割和集合''农村和城市互为前提':我创造你,你创造我;我统治你,你统治我;依次类推,

---

① 亚当·斯密:《国民财富的性质和原因的研究》,郭大力、王亚南译,北京:商务印书馆,1972年,第366页。
② 埃比尼泽·霍华德:《明日的田园城市》,金经元译,北京:商务印书馆,2011年,第82~102页。

彼此都服从共处的永久规则"①。

(三) 马克思恩格斯对城乡关系的论述

19世纪中期,马克思和恩格斯批判地吸收了空想社会主义关于城乡关系发展的观点,形成了城乡关系从分离到融合的马克思主义城乡关系理论。马克思在《哲学的贫困》中,首次使用了"城乡关系"的概念,认为城乡关系是人类社会的一个底层关系,城乡关系改变则其他的社会关系也随之发生变化,并且其变化是一个长期的过程,有自身的规律性。在《德意志意识形态》中,马克思揭示了城乡对立关系产生的原因,即社会生产力的发展是一切社会关系产生的根本原因,资本主义私有制是城乡对立关系发展的重要因素。城乡对立的结果是"资产阶级使农村屈服于城市的统治",城乡差距不断扩大。马克思认为,城乡融合将兼得城市和乡村生活方式的优点,"通过消除旧的分工,通过产业教育、变换工种、所有人共同享受大家创造出来的福利,通过城乡的融合,使社会全体成员的才能得到全面发展"②。

此外,马克思还揭示了城乡融合发展的未来趋势及其实现条件,"消灭城乡之间的对立,是社会统一的首要条件之一"③,而"城乡关系的面貌一改变,整个社会的面貌也跟着改变"④。一是变革生产关系。私有制是导致城乡对立关系的制度根源,废除私有制使从事农业与工业的人成为同一群人,城市与乡村实现良性互促发展而非彼此隔离,全体社会成员共同使用生产资料也成为可能。二是实现工业与农业在生产层面的联合。工业化是促进城乡融合发展的必要条件,要使大工业在全国范围内尽可能地平衡分布,做好产业统筹与促进劳动力双向流动。三是重视城市功能。城市功能几乎在城乡关系演进中占据主导地位,发挥好城市的功能能够提高农村人口生活水平并使其摆脱愚昧落后的状态。

二、城乡关系动态演进的过程

(一) 城乡混沌一体

在原始社会阶段,社会生产力水平较低,城市形成的基础并不存在,城乡

---

① 布罗代尔:《15至18世纪的物质文明、经济和资本主义》(第1卷),顾良、施康强译,北京:生活·读书·新知三联书店,1992年,第577页。
② 《马克思恩格斯选集》(第1卷),北京:人民出版社,1995年,第243页。
③ 《马克思恩格斯全集》(第3卷),北京:人民出版社,1960年,第57页。
④ 《马克思恩格斯全集》(第4卷),北京:人民出版社,1958年,第159页。

之间处于混沌一体的状态。恩格斯引用摩尔根对人类史的划分方法，大体描绘出城乡混沌一体阶段从原始村落的蒙昧时代到早期城市雏形的野蛮时代的发展历程。在蒙昧时代，人类逐渐学会制造和使用打磨石器和弓箭等工具，从而能够获得更多的食物，促进了原始村落的逐步形成，为人类定居和群居提供了可能。在野蛮时代，人类开始掌握制陶技术，此时食物主要通过驯养动物和栽培农作物获得，人类对大自然的依附性大大降低。在野蛮时代后期，人类的生产能力得到极大提高，农业逐渐在部分驯服了动植物的地区形成发展起来。人类逐渐从食物采集者和狩猎者转变为食物生产者，最后再逐渐转变为在一定区域定居的农民。随着人类生产方式的变化，其居住的形态也随之发生了改变，人类生产和居住开始进入到空间较为固定的阶段，聚落和村庄初步形成。而人口的不断增加促使人类居住的建筑发生变化，城市的雏形开始出现。总体而言，在古代社会，城市和乡村的分化处于萌芽阶段，城乡居民之间的生活方式没有出现重大的分化，因此城市和乡村在空间上是一种混沌合一的状态。

（二）城市依附乡村

随着农业生产力的逐步提高，人类社会从野蛮时代逐步过渡到文明时代，生产和居住的条件大为改善。在私有财产积累和富余劳动力的共同作用下，手工业具备了初步的发展条件，与农业逐渐分离并相互独立，城市由此形成发展。大体来看，城市开始出现的时间集中在公元前3000年至公元前1500年。全球城市的产生发展促使城市文明逐渐兴盛，不过城乡之间的区别尚不明显。全球城市在15—17世纪得到较快发展，但在工业革命以前，城市人口占比很低，农业人口仍然占了很高比重。在工业革命开始后，随着工业的快速发展和第三产业的长足进步，推动人口向城市集聚，但全球的城市人口占总人口的比例也不超过10%。这一时期，城乡关系呈现出以下几个特点：一是城市在经济上依赖于农村，农业生产为城市发展提供基本生活产品，城市几乎不或者很少从事物质生产活动，农村因城市居民的生活需要创造了大部分的物质财富；二是城市在政治上统治着农村，城市和乡村在政治上是一种隶属的状态，城乡之间是统治和被统治的关系；三是城乡关系有一定的一体化特征，多数城市是基于政治主导功能形成的，这使得城市的消费性通常大于其生产性，乡村经济基于小农生产方式促使农业与家庭手工业紧密结合，形成自给自足的简单发展模式。质言之，城乡关系呈现出一种低水平的发展模式：城市作为政治中心统治乡村，但在经济上依赖于乡村，而乡村作为城市经济腹地，在经济上制约城市。

（三）城市引领乡村

在工业化阶段后期，城市化进程大大加快，城市经济不断发展，在城乡关系中的主导地位不断提升，城乡之间逐渐走向分离和对立的状态。城市化水平的提高明显增强了城市对各种资源要素的集聚力，城市产生的就业机会吸引大量农民涌入城市，导致"被动城市化"[①]现象的产生。由此使得农民放弃农业生产和乡村生活方式而进入城市就业和生活，实现从农村到城市的空间转变、从农民到市民的身份转变。这一时期由工业革命推动的城市化，加速和强化城市与乡村的分离和对立，城市引领农村的发展格局由此形成。在工业化前期，城乡关系的特点主要是：农业为城市初期发展提供粮食等农产品、原材料、廉价劳动力和资金支持，农村成为城市工业品消费的市场。在工业化中后期，城乡关系发生显著改变：城市工业发展为农业提供了先进的生产技术，加速改造传统农业的生产方式，推动农业逐步走向现代化；城市工业在一国产业结构中逐步占据主导。城市引领乡村实质上是城市工业发展模式的拓展，突出城市在城乡关系中的主导地位，但忽视了农村的基础作用和城乡之间的互动性，由此导致城乡之间的发展差距逐步扩大。

（四）城乡互补互促

在城市引领乡村阶段，城乡逐渐走向分离，导致城乡之间发展差距的逐步扩大。其主要表现为城市化和工业化的快速发展促使大量农村人口、资金、土地等生产要素流向城市，支持了城市的发展，但城市先进生产要素则较少流向农村。要有效破解这一难题，实现乡村振兴，离不开城乡间的双向互动。在城市化基础上，开辟农村发展新空间，发挥城市的动力机制作用，促进城乡双向互动，既是农业增效、农民增收、农村繁荣的必然要求，也是推进城乡融合发展、实现乡村振兴的重要途径。[②] 由于具有高度集聚性、开放性等特点，城市往往成为区域中经济社会发展最活跃的空间，是整个区域经济发展的强大动力源。因此，在城乡双向互动机制中要进一步发挥城市的动力机制作用，在城市化基础上，让农村在与城市的深度对接中实现发展。随着城乡二元结构开始逐渐被打破，农村发展对城市的依赖程度越来越强，城市发展离不开农村的支持，农村发展也离不开城市的带动，工农之间、城乡之间相互联系、相互依赖、相互补充、相互促进。城市表现出鲜明的规模化集聚的现代经济特性，是

---

① 白永秀，王颂吉：《由"被动城市化"到"主动城市化"——兼论城乡经济社会一体化的演进》，《江西社会科学》，2011年第2期，第81~86页。

② 秦小玲：《促进城乡互动实现乡村振兴》，《河南日报》，2018年1月12日。

创新驱动发展发源地；乡村表现出天然的生态和土地资源优势，是第一产业发展主阵地，在此基础上，城乡双向互补式的要素流动是城乡发展的合意状态。

（五）城乡融为一体

在解决因制度因素和政策导向引起的城乡割裂问题后，城乡之间的互动关系逐步加强，在市场机制作用下各生产要素在城乡间自由流动，从而在城乡间形成较为稳定的产业分布格局。随着产业的联动发展，带动城乡之间的市场、生活方式融为一体。从动力因素看，随着经济社会的持续发展，城市化的辐射带动作用明显增强，逐渐成为推动经济社会发展的首要动力。同时，城市化发展促使城市的功能愈发完善，在"涓滴效应"作用下促进农村的协调发展。在此状态下，城乡之间的优势得到有效发挥，资金、技术、教育、医疗等要素资源在城市和乡村之间自由流动和合理配置，城乡互相服务、功能互补和协调发展，城乡经济社会逐步实现融合。城乡融为一体是人类社会发展的必然结果，是城市化进程的高级阶段。城乡融合发展是对"以乡支城""以城带乡"的继承和超越，城乡居民均在交互过程中受益。城乡居民都是融合发展的参与者、推动者和成果分享者。城乡融合呈现的既是经济维度的融合，也是社会、文化、生态等诸多领域的融合；既是城乡两个地域单元之间的融合，也是农村内部、城市内部不同领域之间的融合。城乡融合发展强调缩小城乡发展差距和居民生活水平差距，最终促进城乡居民福利等值化，达到融合共兴的社会发展状态。

第三节　城乡关系演进的动力

马克思将生产力与生产关系的政治经济学方法用于分析城乡关系演进的决定因素，为研究城乡关系提供了一般性的分析工具。城乡关系的演进与社会生产力水平紧密相关，生产力发展进步带来工农分工，促使人类生产方式和生活方式发生变化，城市和农村由混沌统一走向分离，进而引起整个社会关系包括城乡关系的演变。总体而言，生产力水平不断提高是城乡关系演进的基础动力，工业化城市化持续发展是其牵引动力，市场与政府有机结合是其助推动力。

一、基础动力：生产力水平不断提高

马克思立足于历史唯物主义，认为生产力是推动社会进步最活跃、最革命的要素，生产力和生产关系相互作用、相互制约，支配着整个社会发展进程。在生产力不发达时期，城市和农村发展缓慢，城乡关系呈现为一种"无差别的统一"[①]的状态。伴随农业生产力进步产生了工农分工，工业从农业中分离出来并成为独立的劳动部门。恩格斯强调的"第一次社会大分工"，就是工农分工所导致的城乡分离，使得城市和资本脱离乡村和土地实现独立发展。"一个民族内部的分工，首先引起工商业劳动同农业劳动的分离，从而也引起城乡的分离和城乡利益的对立。"[②] 由此可见，农业和手工业之间的分工使劳动力、资本等要素环节向城市集中，引起了城乡关系的变化。

农村地区人口分散与城市工业地区的人口集中这一情况，只适用于工农业还未充分发展的阶段，而此种情况将随着工业、农业的不断发展得到改善。随着农业现代化、产业化水平显著提升，以第一产业为主的农村经济劳动生产率不断提高，以第二、三产业为主的城市经济劳动生产率的提升更加明显。城市由于集聚了大量生产要素而产生了较为高效的综合分工，使其能够高效地提供产品与服务。同时，在城市发展的带动作用和农村全要素生产率提升的背景下，城市资本也会逐步流向农村；农村在获得持续性投资后，促进农村地区的人口就业与经济发展。

农业的发展和农业生产力进步是城乡融合发展的基础动力。这是因为，"超过劳动者个人需要的农业劳动生产率，是全部社会的基础"[③]。在农业再生产过程中，伴随技术和生产条件的不断改善，农业生产力得到发展，劳动生产率得以提高，出现了农业剩余产品。农业劳动生产率越高，农业剩余产品就越多，从中释放出的剩余人口也越多，农业人口向非农部门转移的规模则越大，由此推动城乡关系转型，影响整个社会的财富增长和文明进步。

二、牵引动力：工业化城市化持续发展

工业化和城市化是推动经济发展的主要力量，协调的工业化与城市化关系

---

① 《马克思恩格斯全集》（第46卷），北京：人民出版社，1979年，第480页。
② 《马克思恩格斯选集》（第1卷），北京：人民出版社，1995年，第68页。
③ 《马克思恩格斯文集》（第7卷），北京：人民出版社，2009年，第888页。

能促进社会经济健康发展,反之则阻碍社会经济健康发展。在社会分工引起城乡分离的背景下,工业发展进一步导致生产资源的集中,劳动力、资本等要素逐渐在工业城市中聚集并促进工业城市的发展。城市具备相对独立的生产能力,开始从单纯的消费集团向生产集团转换。城乡分离不仅使传统的工农结合的生产关系发生变化,农村居民开始与城市居民进行劳动产品交换来满足生产生活需要,还促使隶属于乡村的资源要素源源不断流向城市。

从国际经验看,由于农业相对于非农产业的生产率落差,以及城市因人口集聚产生的规模经济和分工经济,农村劳动力向城市流动,工业化和城市化成为社会发展的普遍趋势。传统社会要实现转型必须通过工业积累资本,而工业发展需要城市作为载体。在工业化城市化初始阶段,农业农村通过价格剪刀差来为工业化提供积累。工业化发展带动第三产业的发展,农村人口大幅度转移,成为城市二、三产业劳动力主要来源,城市变得繁荣起来。当工业化城市化发展到一定程度,虽然农业人口仍在继续减少,但由于城市的辐射带动能力增强,加之农村人口减少带来的人地关系变化,农业经营方式开始向集约化转变,乡村传统社会加速向现代社会转型。

城市化伴随工业化发展是客观的历史过程。从工业化初始阶段到工业化中期,城乡关系表现为农业支持工业、农村支援城市;在工业化中后期,城乡关系表现为工业补贴农业、城市反哺农村。随着农村要素禀赋变化及工业剩余的不断投入,农业农村实现产业升级、功能转变,与城市形成相互补充、相互促进的平等发展关系。①

三、助推动力:市场与政府有机结合

马克思认为,生产关系对生产力具有能动的反作用。"社会的物质生产力发展到一定阶段,便同它们一直在其中运动的现存生产关系或财产关系(这只是生产关系的法律用语)发生矛盾。于是这些关系便由生产力的发展形式变成生产力的桎梏。"② 生产关系变革引起以所有制为核心的社会经济制度变革,城乡要素结合方式也随之改变,进而引发城乡关系变迁。在城乡关系中,所有制变化会在社会再生产过程中形成新的生产方式,带来两方面的积极影响:一

---

① 郭晓鸣等:《实施乡村振兴战略的系统认识与道路选择》,《农村经济》,2018年第1期,第11~20页。

② 《马克思恩格斯文集》(第2卷),北京:人民出版社,2009年,第591页。

是改变传统的经济条件，使各类生产要素和物质条件得到新的发展，产生新的力量和新的交往方式；二是为新的要素进入生产提供可能，有利于在更广阔的市场中获取更高级的新形态要素。城乡各类要素间的关系发生重构，劳动过程和再生产过程相应地发生改变。

从城乡关系转变的机制来看，市场机制通常被视为城乡二元结构转化的关键制度要件。① 在发展经济学的二元结构理论中，"市场有效率"是一个至关重要的假设，即城乡劳动力可依据完备的市场价格信号自主地进行要素再配置。不过，完全依靠市场机制的作用会对城乡关系产生一定的负面影响。在市场经济作用下，城市在收入分配、社会保障、教育资源等公共服务方面，甚至在几乎所有的现代社会公共产品方面，都有大量的资源集聚。同时，农村在医疗、住房、养老、卫生、教育等公共基础设施和公共资源分布上存在诸多不足。因此，资源匮乏的农村很难得到同等发展的地位，当市场代替政府对资源进行配置，原先具有资源禀赋优势的城市发展更加迅速。②

政府是城乡关系中的重要主体，通过与市场互动去解决城乡关系问题。在经济从低水平分工向高水平分工演进的过程中，将出现城乡非对称分工的转型阶段，一方面，城市居民借助高交易频率产生的高专业化水平将得到比农村居民更高的人均真实收入，这意味着转型期的城乡协调发展需要政府调控机制的补充作用；另一方面，市场难以解决参与市场主体由于起点差异和不确定性下各类风险导致的非公平性问题，如城乡一体化劳动力市场构建中对农民工就业技能的需求正显示了非公平性的负面影响，这就要求政府承担起农村教育、医疗、公共卫生和社会保障等公共服务供给的责任，③ 通过选择可行的实现路径，创新管理体制以适应城乡关系发展的要求。

---

① 高帆：《构建新型城乡关系推进一体化发展》，《中国社会科学报》，2018年5月29日。
② 王沛：《中国城乡关系发展及其历史演进——基于新型城镇化视角》，《成都行政学院学报》，2015年第1期，第64~68页。
③ 郁建兴等：《农业农村发展中的政府与市场、社会：一个分析框架》，《中国社会科学》，2009年第6期，第89~103页。

第二章 马克思主义城乡发展与城乡关系理论

第二章
马克思主义城乡发展与城乡关系理论

马克思恩格斯在吸收空想社会主义者理论学说合理成分的基础上，从社会生产力发展和劳动地域分工的角度对城乡发展和城乡关系的演变历程进行了科学分析，认为伴随生产力的进步与发展，城乡关系大体要经历"城乡混沌—城乡分离与对立—城乡一体与城乡融合"三个阶段。马克思曾强调，"城乡关系的面貌一改变，整个社会的面貌就跟着改变"①。随后，马克思恩格斯运用阶级分析方法，从社会分工的角度揭示了城乡关系伴随生产力发展的阶段性特征，并对未来城乡关系的蓝图进行了描述。中国共产党人借鉴不同国家和地区的城乡发展实践与城乡关系演进经验，继承和发展了马克思主义科学的城乡发展与城乡关系演进理论，为指导我国城乡协调发展与城乡的有序演进奠定了理论基础。

第一节 马克思恩格斯的城乡发展与城乡关系理论

马克思恩格斯对于城乡发展与城乡关系的理论探索吸收了早期空想社会主义者有关成果。空想社会主义学说最早见于16世纪托马斯·莫尔的《乌托邦》一书，学说代表人物傅立叶、欧文和圣西门目睹了资本主义时代早期城市对乡村的过度索取和压榨，提出了城市与乡村协调发展的理想化新模式。其中，夏尔·傅立叶提出了"法郎吉"式的城乡和谐社会模式，把个人幸福和人类幸福结合起来，给人类描绘了一种统一的和谐欲望。② 罗伯特·欧文为解决社会生产与家庭消费的矛盾，提出了建立劳动交换银行及农业合作社的设想，并以此为基础建立"协和村"，开展组织社会化程度较高的社会化大生产。他认为，"工业城市是贫穷、邪恶、犯罪和苦难的渊薮；而所筹划的新村将是富裕、睿智、率性和幸福的园地"，主张用共产主义制度来代替资本主义制度。③ 克劳德·昂利·圣西门则强调："社会是一座巨大的、复杂的工厂……一个阶级由从属于农业劳动的人构成，另一个阶级由受雇于工厂和国家的人构成……他们

---

① 《马克思恩格斯全集》（第4卷），北京：人民出版社，1958年，第159页。
② 乔·奥·赫次勒：《乌托邦思想史》，张非麟等译，北京：商务印书馆，1990年，第192~198页。
③ 乔·奥·赫次勒：《乌托邦思想史》，张非麟等译，北京：商务印书馆，1990年，第207~214页。

是社会组织体系中的平等成员。"① 空想社会主义者关于城乡发展与城乡关系的系列论述，对未来城乡发展进行了详细刻画，描绘了理想的城乡关系。马克思恩格斯在其基础上进行了进一步探索，形成科学社会主义，指出了通向未来城乡关系之路的现实途径。

马克思恩格斯对于城乡发展与城乡关系的研究集中于对城乡分工差异的阐述。马克思在《资本论》第一卷中写道："一切发达的、以商品交换为中介的分工的基础，都是城乡的分离。"② 马克思恩格斯认为城乡之间的形态变化是劳动分工的结果，"物质劳动和精神劳动的最大一次分工，就是城市和乡村的分离，城乡之间的对立是随着野蛮向文明过渡、部落制度向国家过渡、地方局限性向民族过渡开始的，它贯穿着全部文明的历史并一直延续到现在"，"城市本身表明了人口、生产工具、资本、享乐和需求的集中；而在乡村里所看到的却是完全相反的情况：孤立和分散"③。根据马克思恩格斯对城乡关系互动发展演变的分析，可以大体将其演变历程细分为城乡混沌、城乡分离与对立、城乡一体与城乡融合三个阶段。

一、城乡混沌

生产力水平极为低下时的城乡关系突出表现为城乡混沌状态。自人类步入氏族社会以来，人们基于性别、年龄、体质等身体特征的各种自然分工共同组成了原始社会部落的分工形态。自然分工能够有效弥补原始社会低下的生产力，最大限度满足当时的社会生产关系。在生产力落后、社会分工还没有形成的原始社会时期，城乡关系处于混沌一体的状态。

到原始社会后期，以"乡育城市"为特征的城乡关系形态开始出现。随着生产力的发展，农业生产出现了剩余产品，畜牧业从农业中独立出来，第一次社会大分工使交换成为可能和必要。由于分工的发展，劳动生产率得到提升，其他的手工业活动开始变得活跃，农业剩余产品的出现、生产力的进一步发展促进手工业从农业中独立出来。人们物品交换越发频繁，许多人开始定期前往可达性好的约定地点进行交易，逐渐出现了固定的交易集市。随着定期集市的频繁举行，在这些集市附近开始出现为赶集人群提供服务的劳动。随着交易物

---

① 圣西门：《圣西门选集》（第1—3卷），董果良、赵鸣远译，北京：商务印书馆，2004年，第9页。
② 马克思：《资本论》（第1卷），北京：人民出版社，2004年，第408页。
③ 《马克思恩格斯全集》（第3卷），北京：人民出版社，1960年，第57页。

品的增多和人口迁移范围的扩大,交易效率的提升推动集市规模进一步提升,固定的交易场所逐渐演变为城市。可见,城市的出现是乡村"浑然综合体"分工与剩余产品交易演变的结果。随着生产力的发展和农业剩余的出现,手工业和商业逐步从农业中脱离,为城乡分离在空间上创造了可能。城市的出现、城乡关系的分离,是生产力"有所发展但又发展不足"的必然结果和客观要求。

城市刚出现的时候,经济发展水平依然不高,社会分工在这一阶段依然不充分,仍然缺乏足够的剩余产品支持城市经济活动独立运转。城市的发展依赖于农村为其提供农副产品,而社会分工催生了等级特征鲜明的阶级关系,主要表现为城市对农村在政治上的统治和经济上的压榨。马克思在《资本论》第二卷中写道:"如果说在中世纪,在封建制度没有像在意大利那样被例外的城市发展所破坏的地方,到处都是农村在政治上榨取城市,那么,城市则无论在什么地方都毫无例外地通过它的垄断价格,它的赋税制度,它的行会,它的直接的商业诈骗和它的高利贷在经济上剥削农村。"[①]

二、城乡分离与对立

在原始社会向奴隶社会过渡的较长时期内发生了两次社会大分工,其中第一次是农业和畜牧业的分离,第二次是农业和手工业的分离。手工业在一定程度上可以脱离自然环境而相对独立,劳动者可以相对集中,这就构成了城乡分离的基础——城乡分工。生产力的发展引起社会的分工,分工的发展又导致城乡分离。由此可知,城乡分离是生产力发展的结果,生产力发展是城乡关系变化的根源。

(一)城乡分离

经历了"乡育城市"阶段之后,生产力的进一步发展带来了第三次社会大分工,商人阶级随即登上历史舞台。在资本主义生产方式下,技术的飞速进步、科技与生产的结合、劳动生产率的提高,使得城市空间疯狂扩张。世界市场的开辟,加速了劳动分工与协作的进程,商业贸易规模逐步扩大,机器大工业时代来临。农村的分散、狭小的市场空间与低下的收入水平,增加了商人的交换成本,压缩了商人赚取剩余价值的空间,促使他们将生产的重心逐步转移至城市。生产型城市成为工业生产的中心与市场交易的主阵地,二者相伴而

---

① 马克思:《资本论》(第2卷),北京:人民出版社,2004年,第905页。

生。恩格斯在《英国工人阶级状况》一文中谈到工业与城市的关系时强调，"这是一些纯粹的工业城市，它们的一切商业活动都是在曼彻斯特或通过曼彻斯特进行的；它们在各方面都依赖曼彻斯特"①，并接着论述道："于是村镇就变成小城市，而小城市又变成大城市。城市愈大，搬到里面来就愈有利，因为这里有铁路，有运河，有公路；可以挑选的熟练工人愈来愈多；由于建筑业中和机器制造业中的竞争，在这种一切都方便的地方开办新的企业，比起不仅建筑材料和机器要预先从其他地方运来，而且建筑工人和工厂工人也要预先从其他地方运来的比较遥远的地方，花费比较少的钱就行了；这里有顾客云集的市场和交易所，这里跟原料市场和成品销售市场有直接的联系。这就决定了大工厂城市惊人迅速地成长。"②

资本主义的发展和扩张创造了巨大的城市，积累了海量的财富，城市逐步从乡村经济中独立出来，形成集聚经济的空间载体。城市作为近代市民社会的诞生地，城乡之间的分离促进了社会生产关系的变革，体现着资本主义生产方式对封建生产方式的历史性超越。在马克思看来，城市的兴起伴随着近代的整个工业化过程，而工业化发展史也就是城市迅速扩张的历史，是城市不断发展壮大并最终战胜乡村的历史，是传统落后的乡村社会向现代先进的城市社会转型的历史。城市和乡村在逐步演变为独立的空间形态之后，不同的生产方式、收入水平差异和生产资料的私人占有引发了城市资本主义生产对乡村劳动力的"吸纳"和剥削。一边是现代化的城市，一边是孤立隔绝的农村。城市利用自身更大的集聚力、影响力和辐射力优势，榨取农村资源。资产阶级占有农民的生产资料，使之一无所有只能被迫进城务工，受雇于资本家，靠出卖劳动换取基本的生活资料，成为被压迫的被剥削者，城乡关系彻底走向对立。

（二）城乡对立

城乡分离进一步深化了社会分工，推进了生产力发展，是时代不可逆转的洪流与趋势。城市作为工业的聚集地与商品的生产地，农村作为自然生态的承载体，两者都发挥着物质财富生产与推动社会文明进步的作用。城市的工业化生产带来技术变革最终催生了两次工业革命，其需要越来越多的农村剩余劳动力来适应工业化时代的到来。"像伦敦这样的城市，就是逛上几个钟头也看不到它的尽头，而且也遇不到表明快接近开阔的田野的些许征象，——这样的城市是一个非常特别的东西。这种大规模的集中，250 万人这样聚集在一个地

---

① 《马克思恩格斯全集》（第 2 卷），北京：人民出版社，1957 年，323 页。
② 《马克思恩格斯全集》（第 2 卷），北京：人民出版社，1957 年，第 301 页。

方,使这 250 万人的力量增加了 100 倍;他们把伦敦变成了全世界的商业首都,建造了巨大的船坞,并聚集了经常布满太(泰)晤士河的成千的船只。"①例如,英国城市化进程中"羊吃人"的"圈地运动",加速了其城市化进程,在推动英国工业革命发展的同时,城市与乡村之间的关系变得越发紧张与对立,剥削与反剥削的阶级斗争成为城乡关系的缩影。正如马克思所言:"城乡之间的对立是个人屈从于分工、屈从于他被迫从事的某种活动的最鲜明的反映,这种屈从把一部分人变为受局限的城市动物,把另一部分人变为受局限的乡村动物,并且每天都重新产生二者利益之间的对立。"② 从文明的形态和民族的阶级属性来看,城乡之间的分离"正像它使农村从属于城市一样,它使未开化和半开化的国家从属于文明的国家,使农民的民族从属于资产阶级的民族,使东方从属于西方"③。工业革命带来的机器大生产的分工格局使城乡之间的对立愈发尖锐。城市工人阶级的命运就此注定,"一小撮强者即资本家握有一切,而大批弱者即穷人却只能勉强活命"。"一方面是不近人情的冷淡和铁石心肠的利己主义,另一方面是无法形容的贫穷。"④ "250 万人的肺和 25 万个火炉集中在三四平方德里的地面上。"⑤ 城乡之间的对立,也让无产阶级由个人单枪匹马的反抗向联合起来进行斗争的方向转变。随着人口的集中,工人"开始感觉到自己是一个整体,是一个阶级;他们已经意识到,……联合在一起就是一种力量"⑥。城乡对立逐步演变为阶级对立,这为城乡一体化发展积蓄了力量、埋下了伏笔。

三、城乡一体与城乡融合

这一阶段的社会生产力水平高度发达,社会分工变得更加合理均衡。城乡关系开始由城乡分离与对立走向城乡一体化,这是生产力高度发展的必然结果。城市数量开始增加,城市人口数量急剧上升,城市基础设施体系不断完善,城市"涓滴效应"明显,城乡沟通更为便利,城市对农村的反哺作用增强。城乡之间的差异逐步缩小,城乡对立逐步消除,城乡关系进入等值化协调

---

① 《马克思恩格斯全集》(第 2 卷),北京:人民出版社,2005 年,第 303 页。
② 《马克思恩格斯选集》(第 1 卷),北京:人民出版社,2012 年,第 185 页。
③ 《马克思恩格斯选集》(第 1 卷),北京:人民出版社,2012 年,第 405 页。
④ 《马克思恩格斯全集》(第 2 卷),北京:人民出版社,1957 年,第 304~305 页。
⑤ 《马克思恩格斯全集》(第 2 卷),北京:人民出版社,2009 年,第 380 页。
⑥ 《马克思恩格斯全集》(第 2 卷),北京:人民出版社,1957 年,第 380~381 页。

发展期，二者逐步走向融合一体。

（一）生产力发展缩小城乡差距

私有制是城乡关系对立形成的制度原因，传统社会分工是其对立形成的前提条件。资本主义大工业的蓬勃发展，使农村劳动力大量涌向城市，城市成为劳动力的集聚地，人口规模不断扩张，城市数量不断增多。1851年，英国的城市化水平超过50％，成为第一个城市人口超过农村人口的国家。19世纪60年代，英国城市人口占比超过60％，1890年这一数据上升到72％。[①] 农村人口数量减少，改变了原有人地关系，为城乡关系新发展奠定了基础。

这一时期，首先，生产力的发展储备了物质财富，机器生产代替手工生产并将劳动生产率提升了数倍，这为城乡关系的改善积累了物质基础。其次，生产力的发展带动了农业劳动生产率的提升，城市工业的发展和城市化的推进，使得农村经济向规模化、集约化方向转变，极大地提高了土地收益。最后，生产力的进一步发展使地域局限性逐渐消失。城乡交通、物流、网络等基础设施体系日趋完善，缩小了农村与市场的空间距离，改变了农村居民封闭、落后、传统的状态，带来了先进的物质文明与优秀的精神食粮，让城乡发展的差距日趋缩小，城乡关系愈发协调。

（二）社会分工深化促进城乡协调发展

社会分工的深化发展推动了城乡关系由对立走向协调。一方面，被机器大工业剥削和压榨的工人阶级联合性不断提高，要求改变不合理制度的呼声日渐高涨。马克思指出，"消灭城乡之间的对立，是共同体的首要条件之一"[②]。另一方面，城市对资本主义庞大商品堆积的"生产"使其成为经济发展的中心，而农村作为生产原料供应地和尚未开发的消费市场，日益为城市资本家阶级所重视，城市经济想进一步提升规模化生产的水平就不得不依赖于农村经济的发展。

城乡关系协调互动发展进程的加速促进了农业现代化程度与农村生活水平的提高，城乡之间的界限日趋模糊，城乡地域区隔开始消失。在西方一些城市化起步较早的地区，乡村城市化建设促进了城市和农村的一体同质发展。当今，信息网络技术的高速发展，使得城市与农村在虚拟空间上融为一体，城乡空间边缘区域界限逐渐模糊，最终城市与农村形成一种"你中有我、我中有

---

① 曹中屏，田仲文：《近代世界与城市化》，天津：天津人民出版社，1992年，第251页。
② 《马克思恩格斯选集》（第1卷），北京：人民出版社，2012年，第185页。

你"的一体均衡发展状态。

（三）城乡等值化发展趋势日益显著

随着社会分工的日益深化与生产力发展到一定水平，资本主义私有制成为阻碍生产力发展进步的桎梏，消灭剥削阶级，城乡关系才能得到真正的改善。马克思恩格斯创造性地提出"城乡融合"的思想，并认为这是人类生产力发展进步的必然结果。马克思在《〈政治经济学批判〉序言》中谈论生产力进步与生产关系调整之间的动态关系时强调，"无论哪一个社会形态，在它所能容纳的全部生产力发挥出来以前，是决不会灭亡的；而新的更高的生产关系，在它的物质存在条件在旧社会的胎胞里成熟以前，是决不会出现的"。①

马克思恩格斯在揭示城乡关系演进规律的基础上，认为城乡关系将在新的基础上走向平衡、协调，最终实现城乡融合。城市融合的重要特征即城乡经济社会的等值化发展。恩格斯在《共产主义原理》中指出，"通过城乡的融合，使社会全体成员的才能得到全面发展"②。这就表明城乡等值化发展是城乡融合的必然要求。城乡的等值发展与平等对待，不只是包括物质生产，还包括支撑物质再生产的关联条件等——譬如环境再生产。"只有通过城市和乡村的融合，现在的空气、水和土地的污染才能排除，只有通过这种融合，才能使目前城市中病弱的大众把粪便用于促进植物的生长，而不是任其引起疾病。"③

（四）城乡关系走向人与人、人与自然的融合

遵循生产力和生产关系的辩证关系及其运动发展逻辑，马克思恩格斯预测在生产力高度发展和生产资料公有制的共产主义社会，城乡之间的二元对立状态终将被消除，实现真正的融合发展。城乡融合发展带来城市与农村界限的日益模糊与差别的逐渐消失，城市人口的集聚与农村人口的分散相得益彰。城乡融合的内涵包括要素融合、产业融合、制度融合、治理融合和空间融合五个方面。城乡融合的根本举措在于消除城乡界限与城乡差别，实现城乡不同主体之间的权利平等与客体之间的公平正义，由空间差异走向空间正义。

城乡融合除了消除城市与农村中"看得见"的差别或权利不对等以外，还要消除"看不见"的关联利益差别。城乡融合既要实现工业与农业结合、城市与农村协调发展，又要实现城乡居民平等发展、人与自然和谐共处的融合。只有进入城乡融合发展阶段，人与人、人与自然之间才能实现和谐共处，最终推

---

① 《马克思恩格斯全集（第三十一卷）》，北京：人民出版社，1998年，第443页。
② 《马克思恩格斯选集》（第1卷），北京：人民出版社，2012年，第308~309页。
③ 《马克思恩格斯选集》（第3卷），北京：人民出版社，1995年，第646~647页。

进城市与农村的融合共兴。

第二节 列宁斯大林关于城乡发展与城乡关系的论述

列宁和斯大林继承和发扬了马克思恩格斯关于城乡关系的基本理论，基于俄国革命和建设中城乡对立的现实状况，从理论认知和具体实践出发，围绕消除俄国城乡分离对立、形成城乡协调发展路径等方面构形成了城乡关系的相关论述。

一、列宁的城乡发展与城乡关系论述

列宁吸收和借鉴了马克思恩格斯的城乡关系理论成果，基于19世纪70年代以后俄国面临的现实矛盾，发展了马克思主义城乡关系理论。十月革命前，列宁深入研究了俄国城乡关系问题，认为资本主义的私有制造成了俄国城乡之间的对立。十月革命以后，俄国的社会经济制度已经发生巨大变化，列宁根据实际国情，提出促使俄国城乡关系协调发展的措施，主要包括：一是加强工业和农业在经济上的关联协同与互助互惠。沙皇俄国时期城市地位高于农村，城乡关系对立，工农关系紧张，唯有从消除城乡二元矛盾入手探寻解决的办法。在农业合作化过程中，充分运用商品等价交换的市场法则，激发农民的积极性，创造更多的农副产品与工业原料，提高工农业产品流通频率，实现工农业在经济上的联盟，在快速恢复国民经济的同时，巩固以工农联盟为核心的苏维埃政权。二是加快农业人口城市化，促进城乡联盟互动。列宁主张加快农村人口城市化进程，既可以促进城市经济的繁荣发展，又能逐步消除城市的特权地位，改善城乡关系。三是逐步缩小城乡差距，发展壮大城乡联盟。列宁认为，"无产阶级同广大的城乡贫民群众结成联盟，是革命取得新的胜利的保证"①。对于新生的苏维埃政权来说，城市领导农村、乡村支持城市有助于城乡联盟的建立。城市是先进生产力的代表，农村是城市发展的物质保证与社会基础，城乡联盟的壮大有助于缩小城乡差距，推进二者融合发展。四是加大政府对农民的扶持。由于俄国农奴制依然存在残余，农民的贫困与传统农业生产方式的落

---

① 《列宁全集》（第13卷），北京：人民出版社，1987年，第225页。

后交织在一起，政府有必要通过传播推广先进农业生产技术、城市对乡村倾斜资源等方式帮助支援农民，提高其劳动生产率，增强农业的可持续发展能力。列宁强调，城市要支持农村，工人要帮助农民，"这是城乡关系的一个基本政治问题，对于我们的整个革命有决定的意义"①。

二、斯大林的城乡发展与城乡关系论述

苏维埃政权巩固后的新时期，斯大林继承了列宁关于城乡关系问题的基本思想与发展思路，深化了马克思恩格斯的城乡关系理论。他肯定了工农联盟的重要性，将之提升到了更高的位置。农村的凋敝和农民的贫困单靠农民自己来解决是行不通的，必须依靠城市和工人的帮助。工人和农民必须联合起来，结成最牢固的联盟。斯大林认为，"在苏维埃政权的同盟者中间，在无产阶级现有的一切基本同盟者（在我看来，这样的同盟者有四个）中间，农民是能立刻给我们革命直接援助的唯一同盟者"②，强调要维护农民的利益。在社会主义建设时期，更应该发挥工农联盟的合力，工人应该成为工农联盟的领导阶层，这才是保护农民的最有效手段。他强调，"就是要使全体集体农庄庄员成为生活富裕的人"③。斯大林强调，没有农业的发展，工人会缺乏粮食，没有农民为工业生产提供原材料，工业发展也要停滞。在发展农村经济方面，斯大林主张用农业合作化的方式来彰显集体经营的公有制理念和农业的基础性地位。"……就必须逐步地把分散的个体农户联合为大农庄即集体农庄，必须在集体劳动的基础上建设农业，……一句话，必须逐步地把个体小农经济转到集体大生产的基础上去，因为只有公共的大生产才能充分利用科学成就和新技术，才能一日千里地推进我国农业的发展。"④

斯大林继承了列宁主张的生产资料优先增长的配套系列政策，推动苏联快速地进行工业积累，构建完善的重工业化体系，加快转型为社会主义工业化强国。因此，斯大林选择通过"工农产品价格剪刀差"的形式来积累工业发展基础，从长远来看是有利于农业和农民的。他认为，"我们无论如何必须保持工业的迅速发展，因为这不仅是工业本身所需要的，而且首先是农业，是农民所

---

① 《列宁全集》（第43卷），北京：人民出版社，1987年，第359页。
② 《斯大林全集》（第7卷），北京：人民出版社，1958年，第25页。
③ 《斯大林选集》（下卷），北京：人民出版社，1979年，第322页。
④ 《斯大林选集》（下卷），北京：人民出版社，1979年，第155~156页。

需要的,农民现在最需要拖拉机、农业机器和肥料"①。

斯大林关于城乡关系的思想论述,对苏联完善的国防工业体系构建、社会主要工业化建设和城市化的推进产生了积极作用。其对苏联城乡关系的诸多实践和主要思想深深影响了我国第一代领导人在新中国成立后在认识和处理城乡关系问题上的战略选择,尤其是每一阶段的城乡关系调整与相关的战略抉择都是基于生产力发展进步的现实选择的观点。

第三节 中国共产党领导人关于城乡发展与城乡关系的论述

对中国这样一个小农经济占主导地位的发展中大国而言,正确处理好城乡关系,是事关国家繁荣稳定与现代化建设成败的关键。特别是中华人民共和国成立以来,中国共产党历代领导人对此殚精竭虑,结合不同阶段的国情和所处的发展阶段,励精图治,探索形成了适合中国国情的城乡关系思想论述。

一、毛泽东同志关于城乡发展与城乡关系的论述

中华人民共和国成立后,我国"一穷二白"的发展现状以及国民党政权败走后留下的千疮百孔、破败不堪的"烂摊子",是当时的基本国情。以毛泽东同志为代表的中国共产党人立足我国基本国情,对调整城乡关系进行了一系列探索和政策安排。

早在党的七届二中全会召开之际,毛泽东就强调,"从现在起,开始了由城市到乡村并由城市领导乡村的时期。党的工作重点由乡村移到了城市。……城乡必须兼顾,必须使城市工作和乡村工作,使工人和农民,使工业和农业,紧密地联系起来。决不可以丢掉乡村,仅顾城市"②。周恩来、刘少奇等在这一时期也多次强调要统筹兼顾发展城乡经济,不可偏颇。1949年12月4日,毛泽东在中央政治局会议"关于土地改革和财经工作"讲话中又强调,从有城市的时候起,城市就是中心,城市的手工业、工业,对于农业来说是一种进

---

① 《斯大林选集》(下卷),北京:人民出版社,1979年,第149页。
② 《毛泽东著作选读》(下册),北京:人民出版社,1986年,第654页。

步。工业生产价值,是工商关系中的中心。① 新中国成立初期,以城市为中心的大规模有计划的工业建设成为国家目标。中央政府在经济上允许多种经济成分并存的政策,允许富农经济存在,允许农村土地、劳动力、资本等生产要素自由流动,城乡私营工商业可以自由发展。②

我国自20世纪50年代中期开始优先发展重工业。"一五"期间形成相对完整的重工业体系,然而重工业的快速增长也引发了积累与消费、市场与计划、农民与国家、农业与工业的矛盾。③ 对于农业和轻、重工业的关系,中央领导集体有过警惕和反思。1956年4月25日,毛泽东在政治局扩大会议上作了《论十大关系》的报告,他将重工业、轻工业和农业的关系放在首位,并倾向于率先发展重工业,利用农业剩余为重工业发展积累资金。他提出,"我们现在发展重工业可以有两种办法,一种是少发展一些农业、轻工业,一种是多发展一些农业、轻工业。从长远观点来看,前一种办法会使重工业发展得少些和慢些,至少基础不那么稳固,几十年后算总帐(账)是划不来的"④。毛泽东对社会主义城乡关系的探索始终立足我国现实国情,认为不能把农业和农村排除在工业化进程之外,也应当并且能够以发展主体的身份平等地参与工业化进程,而不是仅仅为城市工业提供原材料、廉价劳动力和产品销售地。⑤

1956年党的八大召开之后,随着农业社会主义改造任务的完成,我国围绕社会主义现代化建设和构建完整国民经济体系的任务,开始确立以工业为中心、以农业为基础、重工业优先发展的战略。1958年第一届全国人大常委会第91次会议通过并公布了《中华人民共和国户口登记条例》,按照常住地的不同,把国民区分为"农业户口"和"非农业户口",严格限制城乡人口流动。⑥ 1953年开始实行的农副产品统购统销政策、⑦ 1958年的人民公社制度、城市劳动就业和社会福利保障等配套制度体系,逐步在劳动力流动、资源配置和福

---

① 《毛泽东文集》(第6卷),北京:人民出版社,1999年,第25页。
② 马军显:《城乡关系:从二元分割到一体化发展》,北京:中共中央党校,博士学位论文,2008年。
③ 折晓叶,艾云:《城乡关系演变的制度逻辑和实践过程》,北京:中国社会科学出版社,2014年,第71页。
④ 毛泽东:《论十大关系》,《人民日报》,1956年12月26日。
⑤ 张慧鹏:《毛泽东构建新型工农城乡关系的探索与启示》,《马克思主义与现实》,2017年第6期,第185~192页。
⑥ 《毛泽东读社会主义政治经济学批注和谈话(国史研究学习资料·清样本)》(上册),北京:中华人民共和国国史学会,1998年,第197页。
⑦ 李文:《关于新中国实行统购统销政策历史必然性的认识与思考》,《党的文献》,2021年第6期,第90~95页。

利制度上形成了城乡二元结构。其中,城镇知识青年的"上山下乡"运动,是劳动力在城乡之间的强制性非自然流动,既限制农村人口向城市流动,又让城市人口倒流向农村,反映在城乡关系上表现为城乡人口流动的结构性冲突加剧。从此,我国农业支持工业、农村支持城市、城乡分割的二元经济社会结构不断固化,并一直延续至改革开放前。

二、邓小平同志关于城乡发展与城乡关系的论述

党的十一届三中全会以后,以邓小平同志为代表的中国共产党人解放思想、拨乱反正,提出了以经济建设为中心、推进城乡改革、实现城乡良性互动的思想。邓小平对我国城乡关系的考量是从基本国情和历史基础出发,立足经济建设实际和解放发展生产力的时代背景,形成了极具创造性的"城乡互动发展"思想。这一思想第一次比较系统地回答了在经济、文化比较落后的情况下,社会主义国家如何发展城乡经济的重大问题。

早在 1962 年,针对我国农村的状况以及由此导致的城市经济困难,邓小平就曾谈道:"生产关系究竟以什么形式为最好,恐怕要采取这样一种态度,就是哪种形式在哪个地方能够比较容易比较快地恢复和发展农业生产,就采取哪种形式;群众愿意采取哪种形式,就应该采取哪种形式,不合法的使它合法起来。"[①] 这表明,邓小平早就抓住了生产力决定生产关系这个关键,指出"合法承认"包产到户(产权与契约)对农村生产力有巨大促进作用。改革开放后,"以经济建设为中心"的发展方针成为全党共识,农村经济体制改革极大解放和发展了农村生产力,家庭联产承包责任制由落后边远地区扩展到发达地区,进而几乎覆盖了全国所有农村生产队;土地承包的期限由一年、三年、十五年、三十年扩展为"长期不变"。邓小平指出,"农村政策放宽以后,一些适宜搞包产到户的地方搞了包产到户,效果很好,变化很快……可以肯定,只要生产发展了,农村的社会分工和商品经济发展了,低水平的集体化就会发展到高水平的集体化,集体经济不巩固的也会巩固起来。关键是发展生产力,要在这方面为集体化的进一步发展创造条件"[②]。生产力的发展是调整城乡关系的出发点。20 世纪 80 年代,乡镇企业的崛起和农村工业化、城市化的进程,使得邓小平意识到剩余劳动力的解放和城市经济的发展能给生产力带来

---

① 《邓小平文选》(第一卷),北京:人民出版社,1993 年,第 323 页。
② 《邓小平文选》(第二卷),北京:人民出版社,1994 年,第 315 页。

巨大的促进作用。他指出,"长期以来,我们百分之七十至八十的农村劳动力被束缚在土地上,农村每人平均只有一两亩土地,多数人连温饱都谈不上。一搞改革和开放,一搞承包责任制,经营农业的人就减少了。剩下的人怎么办?十年的经验证明,只要调动基层和农民的积极性,发展多种经营,发展新型的乡镇企业,这个问题就能解决。乡镇企业容纳了百分之五十的农村剩余劳动力……同时,乡镇企业反过来对农业又有很大帮助,促进了农业的发展"①。

1985年之前的农村经济体制改革取得了前所未有的成功。与此同时,在农村剩余粮食的增多、外销渠道的匮乏与城市发展不足的现实困境等因素的共同作用下,我国经济改革的序幕正式开启。城市化进程逐步提速,城市的集聚经济特征、高效的生产空间与外溢效应极大地提升了我国经济发展水平,促进了生产力的发展。然而,面对城市经济的高速发展,邓小平认为必须坚持城乡良性互动,必须兼顾乡村发展,城乡应共同发展,不可偏废。邓小平指出,"城市可以帮助农村搞一些机械化的养鸡场、养猪场,这一方面能增加农民的收入,另一方面能改善城市的副食品供应","工业区、工业城市要带动附近农村,帮助农村发展小型工业,搞好农业生产,并且把这一点纳入自己的计划"。② 这一时期,城乡居民收入差距逐渐缩小。其中,农村居民家庭人均收入从1978年的133.6元大幅提高到1985年的357.9元,城乡居民收入比从1978年的2.36∶1缩小到1985年的1.86∶1。③ 1978年至1985年,我国农村经济得到较快发展,农业粮食生产连年增收,农民生活水平得到极大改善,城乡差距不断缩小,城市化水平有所提升,城乡二元结构矛盾有所缓解。然而自1985年之后,伴随城市经济改革的不断深入,二元分治格局的制度弊端逐渐显现,城乡发展差距趋于扩大,再叠加上各种体制矛盾,使得我国农业仍然弱势,农村仍然落后,农民仍然贫穷。我国很长一段时间实施的乡村支持城市的发展战略弱化了农村自我发展与壮大提升的能力,亟需做出符合时代要求与我国发展实际的改变。

三、江泽民同志关于城乡发展与城乡关系的论述

经历了改革开放初期城乡的快速发展,面对调整后的城乡关系,面向21

---

① 《邓小平文选》(第三卷),北京:人民出版社,1993年,第251～252页。
② 《邓小平文选》(第二卷),北京:人民出版社,1994年,第28页。
③ 根据历年《中国统计年鉴》整理得出。

世纪，以江泽民同志为代表的中国共产党人高度重视"三农"问题，对城乡发展和城乡关系做出了一系列论述。

1989年11月，《国务院关于依靠科技进步振兴农业加强农业科技成果推广工作的决定》颁布，首次提出"科技兴农"发展战略。对于工农、城乡关系发展的不平衡，江泽民指出，"建国初期实行依靠农业积累发展工业的战略是必要的。现在条件不同了，应该调整结构，包括调整基本建设投资、财政预算内资金、信贷资金结构。宁肯暂时少上几个工业项目，也要保证农业发展的紧迫需要"①。

在党的十四大报告中，江泽民强调，"农业是国民经济的基础，必须坚持把加强农业放在首位，全面振兴农村经济"②。1993年召开的农村工作会议上，江泽民作了题为《要始终高度重视农业、农村和农民问题》的重要讲话，他结合当时的发展形势强调，"农民收入增长缓慢，农民人均纯收入与城镇居民人均生活费收入之比，已基本上回复到农村改革前的状况。农业投入减少，农业已成为国民经济中最薄弱的环节"。我国农业的物质技术基础毕竟还很薄弱，农村的教育、文化还比较落后，要实现农业的专业化、商品化、现代化，任务十分艰巨。农业基础是否巩固，农村经济是否繁荣，农民生活是否富裕，不仅关系农产品的有效供应，而且关系工业品的销售市场，关系国民经济发展的全局。③ 为此，在政策举措和制度保障上必须深化农村改革，积极培育市场主体、健全市场体系、加强宏观指导和对农业的保护。④

对于农业的主要发展方式，江泽民基于山东潍坊的实践经验，在1996年2月致供销社全国代表会议的信中，首次提及农业产业化。1998年10月党的十五届三中全会审议并通过了《中共中央关于农业和农村工作若干重大问题的决定》，在总结改革开放二十年来农村改革基本经验的同时，明确了我国"三农"工作在世纪之交的主要方针和政策目标，为推动农村经济发展、增加农民收入、保持农村稳定作了系统性部署。

在《逐步解决我国二元经济社会结构问题》一文中，江泽民指出，"在二

---

① 中共中央文献研究室：《江泽民论有中国特色社会主义（专题摘编）》，北京：中央文献出版社，2002年，第119页。

② 江泽民：《加快改革开放和现代化建设步伐　夺取有中国特色社会主义事业的更大胜利——在中国共产党第十四次全国代表大会上的报告》，《求实》，1992年第11期，第1~16页。

③ 刘莹者：《重视农业、农村、农民问题是中国共产党的一贯战略思想》，《理论学习》，2006年6期，第11~12页。

④ 蔡衍柱：《适应市场经济新形势探索经营管理新路子》，《山东农业》，1995年第11期，第40~41页。

十一世纪,我们对农业、农村、农民问题要更加重视"。同时,他也强调工业化和城市化对解决"三农"问题的重要性,"提高我国的现代化水平,解决农民就业和增收问题,必须调整农村的就业结构和产业结构,走工业化、城市化的路子,把农村人口尽可能多地转移出来。这是世界各国走向现代化的共同规律,是一个大方向。我们也必须坚定不移地走这条路"①。

2002年11月党的十六大,江泽民同志代表中共中央做了《全面建设小康社会 开创中国特色社会主义事业新局面》的报告,首次提出一个重要论断,即"统筹城乡经济社会发展,建设现代农业,发展农村经济,增加农民收入,是全面建设小康社会的重大任务"。他强调,"全面繁荣农村经济,加快城镇化进程"目标的实现,必须加强农业基础地位,推进农业生产和农村经济结构调整,保护和提高粮食综合生产能力,健全农产品质量安全体系,增强农业的市场竞争力;积极推进农业产业化经营,提高农民进入市场的组织化程度和农业综合效益;发展农产品加工业,壮大县域经济,开拓农村市场,搞活农产品流通,健全农产品市场体系。②统筹城乡经济社会发展,努力开创农业和农村工作的新局面,是党的十六大提出的推进"三农"工作的一个重要的战略思想,也是推进中国现代化建设的一个新举措。③

四、胡锦涛同志关于城乡发展与城乡关系的论述

站在新的历史起点上,面对突出的"三农"问题,以胡锦涛同志为代表的中国共产党人对我国城乡发展和城乡关系调整做出崭新的判断和论述。

胡锦涛在党的十六届三中全会上明确提出"五个统筹"的概念,首先是统筹城乡发展,其次分别是统筹区域发展、统筹经济社会发展、统筹人与自然和谐发展、统筹国内发展和对外开放。这是新一代领导集体面对国内外形势与基本国情作出的重要判断,④也是对科学发展观的积极践行。所谓统筹城乡发展,就是站在国民经济社会发展的全局高度,把城市和农村的经济社会发展看

---

① 《江泽民文选》(第3卷),北京:人民出版社,2006年,第407页。
② 江泽民:《全面建设小康社会,开创中国特色社会主义事业新局面——在中国共产党第十六次全国代表大会上的报告》,《求是》,2002年第22期,第3~19页。
③ 吴德育:《宽裕型小康·"三农"问题·农业机械化》,《福建农机》,2003年第4期,第4~5页。
④ 徐建军,张旭东:《科学发展观对中国特色社会主义理论体系的历史贡献》,《毛泽东思想研究》,2009年第5期,第40~43页。

做一个整体，统一筹划、通盘考虑，综合研究、统筹解决城市和农村存在的问题，以及调和二者的关系，强调城市反哺农村、工业支援农业和优化城乡资源配置，最终建立起社会主义市场经济体制下的平等、和谐、协调发展的工农与城乡关系，改革城乡二元体制，形成以城带乡、以工促农、城乡互动、协调发展的城乡一体化发展新格局。胡锦涛多次指出，"解决好农业、农村、农民问题，事关全面建设小康社会大局，必须始终作为全党工作的重中之重"①。

统筹城乡发展，要从制度上剥除向工业和城市倾斜的计划经济体制残留，调整财政偏向与以农补工、以乡养城的旧有城乡发展模式，分别从缩小工农产品价格剪刀差、财政税收收支差、金融融金存贷差和土地征用出让价格差四个方面改变经济发展策略，推进城乡平等互利、共荣发展。要从战略上改变重经济轻就业、重工业轻农业、重经济效益轻社会效益、重经济发展轻社会建设、片面追求财政收入增长的做法，将增加农民收入、推进农业现代化、盘活农村集体性资产、缩小城乡收入差距、提高农民生活水平作为政策目标。统筹城乡发展的核心是理论结合实际，在适应中国特色社会主义现代化建设的同时，不断总结城乡发展实践的经验，对我国城乡关系的发展有着巨大的指导意义和现实价值。

党的十六届三中全会不仅明确提出统筹城乡发展，而且首次明确指出"建立有利于逐步改变城乡二元经济结构的体制"②，开始把全面深化改革的矛头指向不适应生产力进一步解放和发展需求的城乡二元体制。

在党的十六届四中全会上，胡锦涛提出"两个趋向"的重要论断："纵观一些工业化国家发展的历程，在工业化初始阶段，农业支持工业、为工业提供积累是带有普遍性的趋向；但在工业化达到相当程度以后，工业反哺农业、城市支持农村，实现工业与农业、城市与农村协调发展，也是带有普遍性的趋向。"③"两个趋向"的重要论断，是对历届中央领导集体"农业是基础"思想的继承和发展，标志着中国共产党在工农、城乡关系认识上的思想升华，为解决"三农"问题提供了新的理论支撑。

从2004年开始，中共中央连续多年出台的"一号文件"都聚焦"三农"，

---

① 中共中央文献研究室：《十七大以来重要文献选编（上）》，北京：中央文献出版社，2009年，第18页。

② 中共中央文献研究室：《十六大以来重要文献选编（上）》，北京：中央文献出版社，2005年，第465页。

③ 中共中央文献研究室：《十六大以来重要文献选编（中）》，北京：中央文献出版社，2006年，第311页。

这体现出我国对于城乡关系重要性的深刻认识，对于农业这一国民经济的基础产业的高度重视。2004年"中央一号文件"提出"两减免、三补贴"的强农惠农政策。2005年"中央一号文件"聚焦"稳定、完善和强化各项支农政策"，在继续加大"两减免、三补贴"政策实施力度的基础上，加强对粮食主产区支持、建立稳定增长支农资金渠道等措施，切实强化农业扶持，调动农民积极性。2005年10月，党的十六届五中全会提出要按照"生产发展、生活富裕、乡风文明、村容整洁、管理民主"要求，扎实推进社会主义新农村建设。2005年12月，第十届全国人大常委会第十九次会议通过决定，自2006年1月1日起废止《中华人民共和国农业税条例》，全面取消农业税，沿袭两千多年的农业税收制度成为历史。此后，中央每年的"一号文件"都持续关注"三农"，农村面貌持续改善，农民人均可支配收入不断增加。

胡锦涛在党的十七大报告中，再次阐述了统筹城乡发展的精髓要义。他指出，"解决好农业、农村、农民问题，事关全面建设小康社会大局，必须始终作为全党工作的重中之重。要加强农业基础地位，走中国特色农业现代化道路，建立以工促农、以城带乡长效机制，形成城乡经济社会发展一体化新格局。坚持把发展现代农业、繁荣农村经济作为首要任务，加强农村基础设施建设，健全农村市场和农业服务体系。加大支农惠农政策力度，严格保护耕地，增加农业投入，促进农业科技进步，增强农业综合生产能力，确保国家粮食安全。……走中国特色城镇化道路，按照统筹城乡、布局合理、节约土地、功能完善、以大带小的原则，促进大中小城市和小城镇协调发展"[①]。

党的十七届三中全会对我国城乡关系发展阶段进行了更为精准的判断，提出"我国总体上已进入以工促农、以城带乡的发展阶段，进入加快改造传统农业、走中国特色农业现代化道路的关键时期，进入着力破除城乡二元结构、形成城乡经济社会发展一体化新格局的重要时期"[②]。胡锦涛认为，建立健全"以工促农、以城带乡"长效机制是全面建设小康社会和建设社会主义新农村的客观要求，是建设社会主义和谐社会的必然选择，是实现城乡统筹、城乡资源优化配置的客观需要，是解决"三农"问题的基本途径，是提高农业生产能力、促进农民就业创收、繁荣农村经济的必由之路。由此，我国开启了"以工补农、以城带乡"为核心的统筹城乡发展的新阶段，政策体系开始向农业、农

---

① 胡锦涛：《高举中国特色社会主义伟大旗帜 为夺取全面建设小康社会新胜利而奋斗——在中国共产党第十七次全国代表大会上的报告》，《求是》，2007年第21期，第3～22页。

② 《中共中央关于推进农村改革发展若干重大问题的决定》，《人民日报》，2008年10月20日。

村和农民倾斜,为加快构建工农互促、城乡一体的新型工农城乡关系打下坚实的政策基础。

五、习近平同志关于城乡发展与城乡关系的论述

党的十八大以来,以习近平同志为核心的党中央高度重视城乡关系与生产力的协调互动,紧紧围绕"创新、协调、绿色、开放、共享"的新发展理念,双轮驱动新农村建设与新型城镇化发展,加快推进城乡一体化,逐步建立完善城乡融合的发展机制与政策体系。

城乡关系是我国这样的发展中大国在社会主义现代化强国战略中必须处理的重大关系,也是一个政党治国理政的重要内容之一。习近平指出,"加快推进城乡发展一体化,是党的十八大提出的战略任务,也是落实'四个全面'战略布局的必然要求"[①]。"没有农村的小康,特别是没有贫困地区的小康,就没有全面建成小康社会。"[②] "一定要看到,农业还是'四化同步'的短腿,农村还是全面建成小康社会的短板。中国要强,农业必须强;中国要美,农村必须美;中国要富,农民必须富。"[③] 农业基础稳固,农村和谐稳定,农民安居乐业,整个大局就有保障,各项工作都会比较主动。必须坚持把解决好"三农"问题作为全党工作重中之重,坚持工业反哺农业、城市支持农村和多予少取放活方针,不断加大'强农惠农富农'政策力度,始终把"三农"工作牢牢抓住、紧紧抓好。

习近平指出,在我国这样一个发展中大国走"四化同步"发展道路,必须把推动城乡一体化发展放在重要位置,工业化、城镇化、农业现代化与信息化建设不能"一条腿长、一条腿短"地失衡发展,而要统筹兼顾、一体发展。"由于欠账过多、基础薄弱,我国城乡发展不平衡不协调的矛盾依然比较突出,加快推进城乡发展一体化意义更加凸显、要求更加紧迫。"[④] 鉴于城乡关系发展对社会主义现代化发展的重要性,习近平提出了"第五个现代化",指出城

---

① 《习近平在中共中央政治局第二十二次集体学习时强调 健全城乡发展一体化体制机制让广大农民共享改革发展成果》,《人民日报》,2015年5月4日。

② 《习近平到河北阜平看望慰问困难群众时强调 把群众安危冷暖时刻放在心上 把党和政府温暖送到千家万户》,《人民日报》,2015年12月31日。

③ 麦婉华:《留住乡愁,乡村价值的重塑与再发现》,《小康》,2015年第4期,第16~20页。

④ 《习近平在中共中央政治局第二十二次集体学习时强调 健全城乡发展一体化体制机制让广大农民共享改革发展成果》,《人民日报》,2015年5月4日。

乡发展的一体化与国家治理体系治理能力现代化有密切的联系。城乡的互惠一体发展，为工业现代化发展提供了充足的人力资源和广阔的市场，为农业现代化发展提供了资金和技术的支持。[1]

"必须健全机制体制，形成以工促农、以城带乡、工农互惠、城乡一体的新型工农城乡关系，让广大农民平等参加现代化进程、共同分享现代化成果"[2]，这一表述明确释放了这样一个信号，就是在社会主义现代化建设中把工业与农业、城镇与农村放同等地位，把城乡要素放在与市场经济参与主体同等重要的地位，尤其是让农民平等参与和分享现代化成果。

"要坚持农业农村优先发展，按照产业兴旺、生态宜居、乡风文明、治理有效、生活富裕的总要求，建立健全城乡融合发展体制机制和政策体系，加快推进农业农村现代化。"[3] 这表明，加大农业农村的政策倾斜与投入发展已经上升为国家战略，是加快社会主义现代化强国建设的重要手段。

"要走城乡融合发展之路，向改革要动力，加快建立健全城乡融合发展体制机制和政策体系"[4]，健全多元投入保障机制，增加对农业农村基础设施建设投入，加快城乡基础设施互联互通，推动人才、土地、资本等要素在城乡间双向流动。要建立健全城乡基本公共服务均等化的体制机制，推动公共服务向农村延伸、社会事业向农村覆盖。[5]

习近平强调，"振兴乡村，不能就乡村论乡村，还是要强化以工补农、以城带乡，加快形成工农互促、城乡互补、协调发展、共同繁荣的新型工农城乡关系"[6]，"优先发展农业农村，全面推进乡村振兴。坚持把解决好'三农'问题作为全党工作重中之重，走中国特色社会主义乡村振兴道路，全面实施乡村振兴战略，强化以工补农、以城带乡，推动形成工农互促、城乡互补、协调发展、共同繁荣的新型工农城乡关系，加快农业农村现代化。"[7] 这是"实施乡村振兴、推进城乡融合"城乡关系理论很好的注解。

---

[1] 蒋永穆等：《习近平城乡发展一体化思想探析》，《政治经济学评论》，2016年第5期，第111~125页。

[2] 韩俊：《建构新型工农城乡关系破解"三农"发展难题》，《农民日报》，2013年11月20日。

[3] 习近平：《决胜全面建成小康社会 夺取新时代中国特色社会主义伟大胜利——在中国共产党第十九次全国代表大会上的报告》，《光明日报》，2017年10月28日。

[4] 习近平：《习近平谈治国理政》（第3卷），北京：外文出版社，2020年，第260页。

[5] 高增安，何兴隆：《习近平关于新时代城乡融合发展的重要论述研究》，《经济学家》，2023年第6期，第5~14页。

[6] 郑有贵：《产业振兴是乡村振兴的重中之重》，《理论导报》，2023年第1期，第28~29页。

[7] 《中共中央关于制定国民经济和社会发展第十四个五年规划和二〇三五年远景目标的意义》，北京：人民出版社，2020年，第20~26页。

习近平尤其重视县域在城乡融合发展中的地位与作用："要把县域作为城乡融合发展的重要切入点，推进空间布局、产业发展、基础设施等在县域的统筹工作，把城乡关系摆布好处理好，一体设计、一并推进。"① 要坚持城乡融合发展，扎实推进乡村全面振兴。推进以县城为重要载体的新型城镇化建设，推动城乡之间公共资源均衡配置和生产要素自由流动，推动城市基础设施和公共服务向农村延伸。进一步改善农村基础设施，加强乡村环境整治，推进农业适度规模经营，促进第一、二、三产业融合发展。壮大县域经济，畅通城乡要素双向流动，科学统筹乡村基础设施建设和公共服务布局。

习近平实事求是地分析新时代我国城乡关系的发展现状，坚持战略思维与系统观念。"战略问题是一个政党、一个国家的根本性问题。战略上判断得准确，战略上谋划得科学，战略上赢得主动，党和人民事业就大有希望。"② "加快推进城乡发展一体化，是党的十八大提出的战略任务，也是落实'四个全面'战略布局的必然要求。"③ 2020年12月28日，习近平在中央农村工作会议上对未来一段时期城乡融合发展进程做出了精准判断，"今后15年是破除城乡二元结构、健全城乡融合发展体制机制的窗口期"④。党的二十大把推进城乡融合发展作为高质量发展的重要方面，明确到2035年基本实现新型工业化、信息化、城镇化、农业现代化，基本公共服务实现均等化。"如果在现代化进程中把农村4亿多人落下，到头来'一边是繁荣的城镇、一边是凋敝的农村'，这不符合我们党的执政宗旨，也不符合社会主义的本质要求。"⑤ 2023年1月31日，习近平在中共中央政治局第二次集体学习时就推进城乡融合发展进行了再部署再动员，强调推进城乡融合发展，增强城乡经济联系，畅通城乡经济循环。近年来，我国深入推进城乡融合发展，城乡居民生活水平差距不断缩小，人民群众的幸福感、获得感不断增强，这进一步彰显了社会主义道路的正确性和社会主义制度的优越性。我国的宝贵经验为其他国家尤其是正在寻找符合本国国情的城乡融合发展道路的发展中国家提供了中国经验和重要借鉴。

---

① 习近平：《坚持把解决好"三农"问题作为全党工作重中之重，举全党全社会之力乡村振兴》，《求是》，2022年第7期，第4~22页。

② 习近平：《习近平谈治国理政》（第2卷），北京：外文出版社，2017年，第10页。

③ 习近平：《论"三农"工作》，北京：中央文献出版社，2022年，第156~159页。

④ 习近平：《坚持把解决好"三农"问题作为全党工作重中之重 举全党全社会之力推动乡村振兴》，《求是》，2022年第7期，第4~22页。

⑤ 习近平：《把乡村振兴战略作为新时代"三农"工作总抓手》，《求是》，2019年第6期，第3~18页。

第三章

城乡关系的全球视野与镜鉴

第三章
城乡关系的全球视野与镜鉴

城乡差别自古有之,但现代城市的兴起与城乡关系走向对立则是工业革命之后的现象。无论是欧美资本主义国家,还是苏联等社会主义国家,在工业化的过程中都无一例外地追求人口和资源向城市的集中集聚。① 显而易见,这种集聚提高了城市的规模经济效应,也造成了城市的急剧扩张与乡村的持续衰败。我国的城乡关系发展模式既不同于西方以工业化和城市化进程的资本驱动劳动力由乡入城的欧美模式,又不同于南美洲国家超前城市化与落后工业化并存的拉美模式,更区别于非洲大陆工业化滞后于城市化的非洲模式,还区别于国家民主化进程推动的城乡要素自由流动的苏东模式。我国的城乡关系发展模式是基于我国历史和现实的道路选择,是基于我国基本国情与社会主义市场经济发展特征的多重考虑,是基于百年持续探索与实践,在中国共产党领导下,借鉴其他国家城乡关系演变的成功经验与失败教训,因地制宜走出的一条中国特色的工农互助、城乡共荣的融合发展道路。

第一节 发达国家的城乡发展与城乡关系演进

工业革命之前,城乡相互依存,关系基本保持稳定。以技术进步为核心的工业革命,在极大促进生产力发展与雇佣劳动需求的同时,推动了城乡关系的剧烈变化,加速了城乡关系由城乡依存向城乡分离和城乡对立的转变。近年来西方发达国家也在积极推进城乡一体化发展,其城乡关系依次经历了城乡依存—城乡分离—城乡对立—城乡一体的发展阶段。本节分别探讨英国、美国、德国、日本和韩国的工业化、城市化发展脉络与城乡关系演进历程。其中,城乡之间的各种要素流动是城市"拉力"和乡村"推力"的核心,是优化城乡产业结构资源、重塑城乡空间形态、促进城乡一体化发展的重要前提。

---

① 张慧鹏:《毛泽东构建新型工农城乡关系的探索与启示》,《马克思主义与现实》,2017年第6期,第185~192页。

一、英国城乡发展与城乡关系演进历程

(一) 工业革命加速城市化进程和城乡分离

工业革命发轫于英国,英国城乡关系在资产阶级革命与工业革命的共同催化下经历了由低水平稳定向快速城市化进程的演变。乡村城市化加速演进,推动现代工业、服务业取代传统农业成为国民经济中的主导产业,推进劳动力由乡村向城市转移、由农业向非农业转移,城乡关系逐步从城乡依存向城乡分离与对立转变。马克思恩格斯在《共产党宣言》中就一针见血地指出,"资产阶级在它的不到一百年的阶级统治中所创造的生产力,比过去一切世代创造的全部生产力还要多、还要大;……它创立了巨大的城市,使城市人口比农村人口大大增加起来,因而使很大一部分居民脱离了农村生活的愚昧状态;……资产阶级使农村屈服于城市的统治"[①]。

在工业革命之前,农业一直在英国经济占主导地位,是国民经济的基础产业。1750年,农村人口约占英国全部人口的3/4,属于典型的农业社会。18世纪中叶开始的工业革命引起了英国生产方式和经济结构的重大变化,工业取代农业成为国民经济的第一大产业,人口向城市的集中引发了人口结构的变化。从表3-1中我们可以看到英国1801—1955年国民经济结构的变化情况。英国农村劳动力的剩余与城市工人的匮乏两相结合,促成了农村"羊吃人"圈地运动的兴起,刺激了农业生产力的发展。与此同时,城市工人收入高于农村人口收入的事实,进一步推动了农村人口进入城市,为自己谋求更好的发展。

表3-1 英国1801—1955年国民经济结构变动表(单位:%)

年份	农林牧渔业	制造业、采矿和建筑业	商业、交通运输和海外收入	政务、家庭和其他服务业	住房
1801	32.5	23.4	17.4	21.3	5.3
1851	20.3	34.3	20.7	18.4	8.1
1901	6.1	40.2	29.8	15.5	8.2
1955	4.7	48.1	24.7	19.2	3.2

注:1801年、1851年、1901年的数据不包括北爱尔兰。
资料来源:《欧美农村劳动力的转移与城市化》,社会科学文献出版社1999年版。

---

① 马克思,恩格斯:《共产党宣言》,北京:人民出版社,2018年,第32页。

（二）新技术革命推动城乡关系由分离走向一体化

英国大城市人口的增长速度在 1821—1831 年间达到顶峰，19 世纪下半叶开始增速有所放缓。这一时期英国城市化进展迅速，从 1750 年到 1801 年，英格兰和威尔士的城市化率由 25% 提高到 33.8%；1851 年提升到 50.2%，基本实现了城市化；1911 年进一步发展到 77.1%，实现了高度城市化。[①] 在英国城市化过程中，大城市、港口和旅游城市的人口快速增长，而一些工业化程度较低和交通运输不便的城市，人口增长则相对缓慢。英国大城市的人口增长速度在 1821—1831 年期间达到顶峰，在这十年间，布莱顿的人口增长了 69.7%，布拉德福增长了 65.5%，索尔福德增长了 55.9%，利兹增长了 47.3%，利物浦增长了 45.8%。[②] 经过持续约半个世纪的快速增长之后，英国大城市的人口增长速度从 19 世纪下半叶开始有所放缓。进入 20 世纪之后，新技术革命的兴起使英国的经济结构发生重大调整，南部新兴工业区城市人口迅速增加，北部老工业基地城市人口增速则明显放缓。到 20 世纪中叶，除两次世界大战期间之外，农村人口向城市流动的规模逐渐减小，城市之间的人口流动规模增大。随着英国城市化进程的不断推进，城乡基本公共服务已经实现了均等化，城乡居民可以自由迁徙并定居，城乡经济社会实现了一体化。

二、美国城乡发展与城乡关系演进历程

美国高度发达的经济得益于城乡关系的处理得当与城市化进程的顺利推进。总体而言，美国的城乡关系演进基本遵循了刘易斯－费景汉－拉尼斯模型，其演进特征为：先发展城市，后发展乡村，逐步实现城乡一体化。美国的城市化发展进程，大体可以划分为三个阶段，即城市化发展阶段、郊区化发展阶段和城乡一体化发展阶段。

（一）城市化发展阶段

19 世纪 20 年代之前，美国工业化进展缓慢，农村人口向城市转移不明显。1810 年美国城市化率仅为 7.3%，是一个典型的农业国家，大量人口被束缚在农村。工业革命开启了美国城市化发展。19 世纪 20 年代到南北战争这段

---

① 王章辉，黄柯可：《欧美农村劳动力的转移与城市化》，北京：社会科学文献出版社，1999 年，第 21 页。

② 王章辉，黄柯可：《欧美农村劳动力的转移与城市化》，北京：社会科学文献出版社，1999 年，第 27 页。

时期，美国北方地区基本实现了工业化，经济实力得到较大提升。19世纪30年代到50年代期间，轰轰烈烈的"西进运动"掀起了开发美国西部的浪潮，在促进西部地区农业经济发展的同时，也加快了中东部工业化、城市化进程。在1850—1920年城市化发展的初期阶段，美国采取优先发展城市，同时注重农村的发展策略。在此期间，美国农业技术水平迅速提升，并不断朝着规模经营的方向发展，农业劳动生产率大幅提高，在人口可以自由迁徙和定居的法律体系支持下，农业的规模经营为城市工业化发展提供了大量自由劳动力，工业取代农业成为主导产业。而美国南北战争的结果是工业化程度较高的北方战胜了要求保留农奴制的南方，束缚经济发展的奴隶制被消灭，人口等要素流动的障碍被破除，使美国城市化进一步加速、工业化进程全面加快，二者与农业现代化同步推进并逐步进入高速发展期。美国城市人口从1860年的1000万激增到1920年的5400万，1860年的城市人口比例仅为19.8%，1920年就已经达到51.2%。① 在这一期间，铁路网络等基础设施逐步完善，东西部之间的人流、物流和资金流加速流动，城市发展逐步由单中心向多中心结构转变，且以集中型城市化模式为主导，各种要素集中在城市，要素边际报酬递增提高了要素利用效率。

1921年到1950年是美国城市化高速发展时期，这一时期中心城市规模迅速扩大，城市数量日趋增加，高速公路将一些中心城市与卫星城镇连成一片，形成了都市群。人口从大城市中心向郊区和农村小城镇回流的郊区化现象开始出现端倪。

（二）郊区化发展阶段

到1970年，美国的城市化率达到73.6%，进入高度城市化国家的行列。此后，美国大城市人口趋于"饱和"，"大城市病"日益显现，美国城乡关系出现了"郊区化"或"逆城市化"发展倾向。20世纪六七十年代，随着人口大量向城市迁移，美国工业和人口过度集中于大城市，出现了交通拥挤、环境污染、住房紧张等一系列"大城市病"。在这一时期，汽车逐渐在美国普通家庭中普及，四通八达的高速公路网使城乡人口流动变得更为便利，这使得中产阶级可以选择在郊区生活而在中心城市工作，大城市人口逐渐向城市郊区和小城

---

① 王玉武：《美国城镇化给我们的几点启示》，《农业发展与金融》，2013年第11期，第43~47页。

镇迁移，出现了城市郊区化现象。[①]

郊区化将城市、郊区和农村地区紧密联系起来。从其演进阶段来看，首先是城市收入较高的富人由城市中心向郊区转移，随后大量中产阶级搬往郊区；其次是其他收入阶层的市区人口向郊外转移；最后是工业厂房、文化商业设施与娱乐场所等迁入郊区，郊区逐步由居住属性向文化娱乐、生产工作属性转变，城市和郊区的差异逐渐缩小。美国城市郊区化进程伴随着城乡关系由一体发展向融合发展的转变，以及人们可支配收入水平的提高与生活质量的改善。可见郊区化使得城市空间不断向外扩展，在这个过程中，郊区逐步向周边农村蔓延。城市地区间的郊区相互融合，农村、郊区和城市紧密相连，不分彼此。城市有资金、人才、信息和教育等优势，农村有劳动力、原材料、土地等优势，郊区则是城乡资源优势的聚集地，是城乡要素互动的载体和平台，郊区成为城乡之间的纽带。

（三）城乡一体化发展阶段

经过多年的城市郊区化发展建设，到1990年左右，美国城乡差别基本消失，经济社会进入了城乡一体化发展的新时期。20世纪90年代以来，随着经济的发展以及科学技术水平的不断提高，美国工业化、城市化与农业现代化互相促进，缩小了城乡居民的收入差距，改善了农村的基础设施，使农村较好的自然条件得以凸显，吸引着大量的城市居民。这些因素最终使得乡村和城市的生活方式不断融合，城乡经济上的差别逐渐缩小，城乡界限日益模糊。当然，尽管美国的城市和乡村差别越来越小，有更多的美国居民选择在城市工作、居住在郊区，但是总体来看，美国的城乡一体化的特点依然是以大都市区为核心，向其周边扩散。

三、德国城乡发展与城乡关系演进历程

德国因其自身特殊历史，现代化进程发展曲折。与之相应，德国的城乡发展与城乡关系演进主要经历了从依托小城镇沟通工农、连接城乡，到大力发展中小城市建设，再到实施乡村更新计划、促进农业产业化经营，直至建立完善的城乡社会保障体系从而促进城乡一体化发展的过程。

---

① 白永秀，王颂吉，鲁能：《国际视野下中国城乡发展一体化模式研究》，北京：中国经济出版社，2013年，第50页。

（一）由慢而快的工业化进程加速城乡关系演变

德国近代城乡关系变迁起步于19世纪30年代。19世纪之前，德意志地区由一些封建农奴制占统治地位的农业邦国构成，城乡发展差别不大，此时的德意志地区在政治上四分五裂，经济发展远远落后于英法等国。19世纪30年代，德意志地区开启了工业化进程，城乡关系由依存向分离转变。虽然德意志地区在制造业、交通建设等领域取得了较大发展，但工场手工业仍然是其主要的生产组织形式。总体而言，这一时期德意志地区的工业化进程相对缓慢，是德国现代化的奠基阶段。1871年普鲁士统一德意志各邦，建立德意志帝国，由此开启了德国城乡关系的现代化转型。1871—1910年是德国近现代历史上经济社会结构巨变的时期，这一时期，该国工业化迅速发展，农业人口持续减少，重工业体系迅速崛起，工业产值在国民经济中的占比由1860年的24%上升到1907年的39%，农业产值占比则降至18%，完成了农业国向工业国的转型，成为当时仅次于美国的工业强国。[①] 在农业经济方面，德国的土地资源逐步集中到容克地主手中，建立了大量的资本主义大农场，劳动生产率和机械化水平、农业种植技术和耕作技术不断提升，农业生产的规模化和科技化发展极大地解放了生产力，为城市非农业产业的发展提供了充足的剩余劳动力。

（二）中小城市占主导的城市体系格局

由于历史原因，德国城乡关系的一大特点是中小城市极为发达，城乡社会保障体系比较完善。虽然德国大城市偏少，人口集聚度弱于欧美等其他国家，但中小城市成为吸纳农业剩余劳动力的主要力量，在10万居民以上的城市里居住的人口比例从1871年的4.8%上升到1910年的21.3%。[②] 第二次世界大战结束后，大规模重建使城市成为德国经济和生活的中心，乡村人口数量大量减少。为加快城乡经济社会协调发展，联邦德国政府出台《联邦德国空间规划》，将城乡等值化确定为区域空间发展和国土规划的战略目标，大力发展中小城市，通过实施乡村更新计划，加快发展生态农业，促进农业产业化经营，推进城乡一体化发展。

（三）政策引导下的城乡一体化发展

在推进德国城乡一体化发展进程中，政府这只"看得见的手"发挥了重要

[①] 白永秀，王颂吉，鲁能：《国际视野下中国城乡发展一体化模式研究》，北京：中国经济出版社，2013年，第43页。

[②] 徐继承：《德意志帝国时期的高速城市化与公共卫生危机》，《史学集刊》，2020年第4期，第79~88页。

作用。其一，制定相关法律法规促成中小城市发展。在推进城乡一体发展进程中，德国各级政府既充分发挥市场机制的作用，又顾及社会公共利益的需要，在广泛征求民意的基础上统筹城乡发展规划，制定实施了《空间秩序法》《建设法典》《田地重划法》等法律法规，为城乡协调发展奠定了基础。其二，实施乡村更新计划。从1954年开始，德国政府在大力发展中小城市的同时，由国家出资实施乡村更新计划，在发展乡村经济的同时，保护好乡村的社会、生活和文化空间，改善乡村基础设施与发展环境。经过几十年的不懈努力，德国的乡村更新计划取得了明显成效，工业企业向农村地区扩散，农村基础设施建设水平与城镇相差无几。目前在德国，有超过一半的人口在乡村居住，这在发达国家并不多见。其三，大力发展生态农业。从20世纪中期开始，德国就先后制定了《农业法》和《土地整治法》等法律法规，为农场主提供优惠贷款，鼓励农场合并，发展农业合作社，促进农业规模化、产业化发展。从1949年到2009年，德国农场数量由160万个下降到33万个，同期农业人口由480万人降到85多万人，[①] 农业生产效率大幅提高。截至2009年，德国共有2675个农业合作社，社员约180万，几乎德国所有的农民都是一个或多个合作社的成员。[②] 同时，德国对农业实施多种补贴，推动农业提质增效，提高了农产品质量和农民生活水平。其四，建立城乡一体的社会保障体系。德国在世界上最早建立了社会保障制度，随后将城市社会保障制度逐步向农村推广，并逐渐构建起城乡一体的社会保障体系。自1886年5月颁布实施《关于农业企业中被雇佣人员工伤事故保险法》以来，德国为完善农村养老保险制度相继颁布了一系列关于农村社会保障的法律法规，[③] 为城乡一体化发展夯实了社会保障基础。20世纪90年代以来，德国政府进一步给予农村养老保险大量补贴，改善农业经营状况，建立完善普惠城乡的社会保障体系。

四、日本城乡发展与城乡关系演进历程

日本是典型的人多地少的国家，其陆地面积只有不到38万平方千米，截至2005年其耕地面积仅占世界耕地总面积的约0.34%，人口却近世界总人口

[①] 孟广文，Hans Gebhardt：《二战以来联邦德国乡村地区的发展与演变》，《地理学报》，2011年第12期，第1644~1656页。

[②] 李敬锁：《德国农业合作社的历史、现状及发展趋势》，《中国农民合作社》，2010年第9期，第53~55页。

[③] 刘向：《德国农村综合发展新思路》，《中国社会报》，2006年3月9日。

的 2%。① 日本在 1868 年明治维新之后逐步走上了资本主义发展道路，并迅速融入世界经济洪流，工业化、城市化快速推进，城乡经济加快发展并逐步进入一体化发展进程。第二次世界大战结束后，日本加快发展出口加工贸易，工业化水平不断提升，城市化率不断提高，逐步跻身高度城市化的发达国家行列。

（一）工业化进程加速城乡分离

明治维新之后，在"脱亚入欧"战略的指引下，日本拉开了工业化的序幕，城市人口迅速增多。1890 年日本城市人口约 320 万，城市化率为 7.8%；1920 年日本城市人口约为 1000 多万，城市化率为 18%；1930 年日本城市人口达到 1544 万人，城市化率为 24%。工业化、城市化水平螺旋式上升，加速其城乡分离。日本政府通过征收高额的农业税为工业发展积累资金，工业化得以迅猛发展，形成了京滨工业带、中京工业带、阪神工业带和北九州工业带。从 20 世纪 30 年代开始，日本政府加大了对新兴产业的扶持力度，着力运用政策引导产业良性发展，有序引导人口由乡到城的单向流动。1931—1940 年间，日本城市人口年均增长率超过 1%，1940 年全国城市人口的占比达 37%。但随着第二次世界大战期间大量城市居民因躲避轰炸而迁居于乡村，日本又出现了非正常的"逆城市化"景观，至 1945 年城市化率降至 27.8%，全国接近 1/3 的人口处于贫困之中。

（二）城市化加速发展时期

日本政府于 1946 年出台了相关法律法规，对处于贫困线之下的国民提供最低生活保障，帮助贫困人口渡过难关。在第三次产业革命蓬勃发展的大背景下，日本迎来了经济高速发展的黄金时期，大量农业人口加速向东京、大阪、名古屋等"三湾一海"的大都市圈聚集。日本城市化水平从 1945 年的 27.8% 上升到 1955 年的 56.1%，这是其城市化率最快的阶段。自 1956 年之后，日本经济发展步入黄金发展时期，人均 GDP 达到 3000~10000 美元，1968 年，日本超过西德成为世界第二大经济体。从空间分布来看，日本的人口持续向东京、大阪、名古屋三大都市圈集中。1965—1975 年，三大都市圈人口增加了 1500 万人，城市人口占全国总人口的 76%。城市化的高速发展优化了产业结构，更主要的是城市经济结构的优化提升了城市化质量。这一时期，日本的经济结构特别是制造业实现了从重化工业向精加工工业的转换，农业的规模经济效应不断增强，农业现代化水平也同步提升，城乡关系开始协调发展。1950

---

① 于培伟：《日本的城乡统筹共同发展》，《宏观经济管理》，2007 年第 9 期，第 71~74 页。

年日本国会制定通过了《国土综合开发法》，初步形成了国家－地区－特殊地域三个层次的乡村规划体系。① 1961 年日本颁布实施了《农业基本法》，标志着工业反哺农业进程的开始，次年颁布的《第二次全国综合开发计划》进一步巩固了"全国－区域－地方"的乡村规划框架。② 1967 年日本出台了"结构政策的基本方针"，1968 年设立了综合资金制度，1969 年颁布实施了《农业振兴地区整治建设法》，农业振兴地区规划制度从此确立。③ 1970 年日本政府再次修改了《农地法》和《农协法》，设立了农民养老金制度。1971 年的《农村地区引入工业促进法》鼓励城市工业向农村转移，为农民提供非农就业机会。这些法律法规的出台极大地提升了农村的劳动生产率，促进了农村经济的繁荣发展。

（三）城乡逐步协调走向一体化发展

1975 年之后，日本在完成工业化和城市化的历史使命后，逐步进入了后工业发展时期，经济增速放缓，城乡关系在此时逐步协调并走向一体化发展，城市第三产业比重逐步提高，逐渐成为国民经济支柱产业，对农业劳动力的吸纳效果增强。日本通过实施一系列"工业反哺农业"政策举措，调整改善了农村规划体系。1960 年最富的东京与最穷的鹿儿岛人均收入相差 3.35 倍，至 1980 年缩小到 1.95 倍。从日本城乡家庭收入来看，农村家庭收入与城市家庭收入之比由 1960 年的 0.7 上升到 1975 年的 1.03。④ 此外，日本政府在 1984 年修改了相关法律，着力加强农村地域环境建设，并于 1987 年颁布了《村落地域建设法》，规范了农村及其周边地域土地利用秩序，促进了落后农村的发展。同时，日本政府加强农业基础设施建设，巩固农业的基础性地位，推进农业现代化、产业化经营，增加农民非农收入，提高农民消费水平，不断缩小城乡收入差距，加快了日本城乡等值化发展进程。

---

① 周力行，刘宇：《二战后日本乡村规划发展历程对我国的启示》，《安徽农业科学》，2021 年第 4 期，第 209~215 页。
② 刘洋：《日本城市化过程中农地保障政策及对中国的启示》，《社会科学辑刊》，2016 年第 1 期，第 109~116 页。
③ 周力行，刘宇：《二战后日本乡村规划发展历程对我国的启示》，《安徽农业科学》，2021 年第 4 期，第 209~215 页。
④ 于培伟：《日本的城乡统筹共同发展》，《宏观经济管理》，2007 年第 9 期，第 71~74 页。

五、韩国城乡发展与城乡关系演进历程

截至 2024 年,韩国领土约 10 万平方千米,耕地 152.8 万公顷,人口 5121.7 万,人多地少,农业资源缺少比较优势。自 20 世纪 60 年代以来,韩国推行工业优先发展战略,集中人力、物力、财力发展工业,在短短 30 年间便跃居新兴工业化国家之列。① 韩国的工业化发展战略从进口替代工业向出口导向工业转变,逐步实现了劳动密集型、资本密集型、技术密集型的连续性产业升级。20 世纪八九十年代,制造业对韩国国民生产总值增长的贡献率为 25%,2000—2010 年为 38%。2010 年,技术密集型产业占韩国制造业增加值的 52%,资本密集型产业占 35%,劳动密集型产业占 13%。1988 年汉城奥运会的成功举办标志着韩国正式跻身发达国家俱乐部。

在韩国工业化高速发展过程中,其农村建设严重滞后,农业增收困难,结构性矛盾突出,城乡发展差距不断扩大,农村衰败倾向明显,部分地区的农业濒临崩溃的边缘。为此,韩国于 20 世纪 70 年代实施了"新村运动",以此为契机协调城乡关系均衡发展。其中,1970—1980 年间"新村运动"主要是政府主导,1980 年 12 月后"新村运动"逐渐从政府主导向民间主导转变,到 20 世纪 90 年代之后,韩国的"新村运动"完全转变为民间主导模式。

在"新村运动"初期,韩国政府无偿为村庄提供水泥、钢筋等建筑材料并给予资金方面的支持和基础设施建设上的指导。水泥和钢筋用于改善农村环境,如修建道路、改造屋顶、修建饮用水设施、建造小桥、建设村民会馆等公共设施。在"新村运动"全面发展时期,逐步开启"农村启蒙"计划,在乡村组建"新村运动"研修院,着力培养新村领导人,开展村民新教育、伦理教育和科学技术普及工作,通过调整农村产业结构来增加农民的非农收入,向农民推荐优良种子,推广先进技术,为农民提供优惠贷款,为专业化生产乡村特产提供指导,不断提高农业劳动生产率。在"新村运动"的后期,政府重点倡导国民教育,加强国民的共同体意识,致力于国民伦理道德建设,不断提升农民的民主和法治素养等。1988 年之后,"新村运动"走出农村,面向整个社会,提出了国民运动新理念——"共同和谐生活"。

---

① 陈昭玖等:《韩国新村运动的实践及对我国新农村建设的启示》,《农业经济问题》,2006 年第 2 期,第 72~77 页。

六、发达国家促进城乡发展和处理城乡关系的经验

在文明发展的进程中,城乡关系及演变往往是社会变革的先导和标志。[①] 英、美、德、日、韩诸国作为工业革命的受益者,同时作为工业化和城市化的先行者,在处理城乡关系的过程中积累了不少值得我国学习的有益经验与务实举措,概括起来主要有以下三个方面。

(一)有效市场与有为政府的有机融合

市场机制与政府宏观调控在推动城乡关系从分离向一体化转变的演进过程中发挥着重要作用,但各自职能有所差异。具体而言,英国和美国城乡关系演进的主导力量是市场,主要是利用市场机制对"自发秩序"与资源配置的决定性作用,以此来调整不适应生产力发展的城乡关系;而德国则采取了有为政府的调控方式来调整城乡关系,走出了一条中小城市与村庄共同发展的城乡一体化发展道路。

我们必须看到,市场对资源配置的作用追求各生产要素经济效益最大化。由于农业收益相对较低且农村规模经济不明显,农业农村发展过程中市场失灵现象时有发生,政府缺位现象也较为突出,从而导致城乡发展失衡,马太效应的消极影响也愈发明显。在现阶段我国城乡二元结构藩篱有所固化的背景下,必须以发挥市场对资源配置的决定性作用为前提,尊重市场运行规律,同时充分发挥政府的宏观调控与积极作为在城乡协调发展中的重要作用。

(二)工业化、城市化与农业现代化互促互进

发达国家城乡关系演进历程表明,工业化、城市化与农业现代化三者呈一种互相促进的关系。一方面,工业化是城市化的前提条件,工业化使工业生产的各个环节、各个生产部门以及各类配套服务部门集中于城市,向社会提供大量的工作机会,从而推动城市化进程。英法等国的工业革命,使得城市成为工厂林立的空间主体,吸收了大量农村剩余劳动力,而农村剩余劳动力的转出,为农业劳动生产率的提升创造了条件,农业的规模经济效应不断显现,单个农民所能供养的人口逐渐增加。例如,美国每个农业劳动者所能供养的人数(包括本人在内)在 1820 年是 4.1 人,1900 年是 7.0 人,1950 年为 15.5 人,

---

[①] 刘景华:《欧洲历史上城乡关系的演变》,《光明日报》,2018 年 8 月 13 日。

1964年为33人，1970年则增加至47人。① 工业化、城市化极大地提升了农业的现代化水平，三者形成良性互动。另一方面，工业的发展带动城市化水平提升的同时，为现代农产品提供了庞大的市场空间，工业化的进步为农产品生产的机械化与农业技术进步提供了先进的设备、技术支持，有力地推动了农业现代化的发展。美国的大农场发展模式，正是这种工业化、城市化和农业现代化良性互动发展的典型代表。

（三）推动城乡等值与公共服务均等化

在工业化、城市化发展进程中促进城乡一体化发展的重要启示还在于从城市和乡村两大地域单元的价值层面入手来统筹规划。列斐伏尔基于政治经济学视角来看待空间，他认为，"空间是人类社会实践的产物"，"空间里弥漫着社会关系；它不仅被社会关系所支持，也被社会关系所生产"。② 发达国家随着城市化水平的提高，重点运用城乡空间等值化理念来思考城乡关系，逐步运用公共服务均等化举措来弥合城乡差距。英国、美国、德国、日本和韩国在工业化、城市化发展到一定水平之后，都基于城乡均等化发展原则（在发展时序上略有差别），加大了乡村公共服务体系建设力度，着力推进城乡公共服务均等化发展。

第二节 亚非拉及苏东国家的城乡发展与城乡关系演进

第二次世界大战后，亚非拉国家的城乡关系演进不同于发达国家有质又有量的相对持续稳定演进，呈现出曲折坎坷的特征。大部分亚非拉国家的城乡发展和城乡关系都存在发展不平衡、"大城市病"突出、"贫民窟"现象明显和乡村凋敝等影响城乡协调发展的问题。苏联及其加盟国（即东欧诸国）的城乡关系长期呈现出二元对立的核心特征，形成"以农养工"的剥削性结构，最终导致经济僵化与社会矛盾。

---

① 王章辉、黄柯可：《欧美农村劳动力的转移与城市化》，北京：社会科学文献出版社，1999年，第65页。

② 列斐伏尔：《空间的生产》（第三版），刘怀玉等译，北京：商务印书馆，2021年，第3页。

一、拉美国家的城乡发展与城乡关系演进

不少拉美国家曾经作为潜在的新型工业化国家,一直在国际社会中备受关注。20世纪二三十年代,不少拉美国家经济增速较快,城市化水平不断提升,城乡关系与生产力水平和社会分工总体相适应。但第二次世界大战后,拉美国家在处理城乡关系时误入歧途,工业化水平滞后于城市化发展,城市化进程的"混乱""无序"致使大部分国家陷入"中等收入陷阱"。联合国人居署发布的《2020年世界城市报告》显示,在全球六大地区中,拉美和加勒比地区是发展中国家城市人口比例最高的地区,2020年城市化率达到81.2%,仅次于北美地区82.6%的城市化率,高于欧洲地区74.9%的城市化率、大洋洲68.2%的城市化率以及亚洲51.1%和非洲43.5%的城市化率。联合国人居署预测,到2035年,拉美和加勒比地区的城市化率将达到84.7%。[①] 拉美国家缺乏健全的、具有比较优势的工业体系,精英阶层为了经济发展快速超前推进城市化,严重透支了拉美国家的工业发展潜力与经济增长潜能。拉美国家在处理城乡关系上的经验教训对我国构建符合新时代发展要求和新阶段发展目标的新型城乡关系有重要参考价值。

(一)巴西的城乡发展与城乡关系演进

第二次世界大战前,巴西的城乡关系相对平稳,城市人口维持缓慢增长,农业的规模化经营并未大规模普及,工业化、城市化进程并未全面铺开。这主要是因为,作为一个移民国家,在被殖民统治的近三百年中,巴西一直是为宗主国源源不断提供原材料的生产地,本身缺乏工业革命启蒙的基础与动力,也缺乏工业化发展的物质基础、人才储备与技术支持。直到20世纪二三十年代,巴西仍然是一个以农产品为主的初级产品和原材料出口国,工业化基础薄弱,城市化发展缓慢,城乡关系长期处于低水平均衡状态。与此同时,大庄园制的土地占有制度加剧了巴西农业的萧条和农村的贫困。[②] 巴西农业资源禀赋较高,2022年其耕地面积约为5560万公顷,农业发展潜力巨大。但是,巴西农业耕地资源分布不均,极少数大庄园主占据大量的农耕地,这些大庄园除部分土地采用现代化生产方式以外,普遍存在土地抛荒现象,造成土地资源浪费与

---

① UN-Habitat, *World Cities Report 2020*, The Value of Sustainable Urbanization, 2021, p. 12.
② 余斌,罗静,靳军:《城市化与城乡发展:世界不同类型国家比较与启示》,《地域研究与开发》,2005年第5期,第17~20页。

利用率低下等问题。其中，占地 2000 公顷以上的大庄园的土地利用率不足 50%。①

20 世纪 30 年代之后，巴西凭借国有资本的力量，大量投资原材料生产、能源和交通基础设施建设，重工业开始起步发展。第二次世界大战后，巴西开始实施"进口替代"的工业化发展战略，农村人口城市化加速推进，城市化进程进入黄金发展期。20 世纪 50 年代末，围绕圣保罗地区中心城市建立起的大量的中小型规模的工业产业，逐渐成为国民经济的主导产业。20 世纪 50—80 年代是巴西城市化飞速发展时期，城市人口数量从 1878 万猛增至 8201 万，城市化率由 36.16% 猛增到 67.70%——发达国家花了五十多年才达到同样的城市化水平，巴西仅用三十年就实现了。巴西城市人口在此期间激增，1950—1980 年巴西第一大城市圣保罗的人口数量从 250 万增至 1350 万，短短三十年时间，人口数量增长了约 5 倍多；同期第二大城市里约热内卢人口数量也由 290 万增加至 1070 万。关于这一时期巴西城市化人口的发展情况，具体见表 3-2。

表 3-2　1950—1980 年巴西人口城市化进程一览表

年份	1950 年	1960 年	1970 年	1980 年
农村人口（人）	33161506	38987526	41603839	39137198
城市人口（人）	18782891	32004817	52904744	82013375
人口总计（人）	51944397	70992343	94508583	121150573
城市化率（%）	36.16	45.08	55.98	67.70

数据来源：巴西国家地理与统计局——人口普查。

与此同时，巴西历届政府都推行"进口替代"的工业化发展战略，这加速了巴西城市化进程，再加上不断增长的自然人口与殖民时代遗留下来的大庄园制的土地所有制度，推动了包括圣保罗地区在内的城市快速扩张。农民的土地被农业资本家吞并，导致农民无法返回农村，大量农民涌入城市，城乡关系逐步走向分离和对立。城市取代农村成为物质和人力资本的聚集地，成为重要的经济增长极。然而，与人口的快速增长不相匹配的经济、社会发展水平使巴西逐步走向了"虚假的城市化"，城乡关系的不协调引发了一系列环境与社会问题。② 其中的典型问题是环境污染、高犯罪率与住房紧张，大量进城人员只能

---

① 王文靖：《世界各国农业经济概论》，北京：农业出版社，1991 年，第 431 页。
② 来源：《环境史视野下的巴西城市化问题与原因探析》，《世界环境》，2020 年第 4 期，第 82~85 页。

居住在非正式的临时搭建的简陋住房集中地——"法维拉"（favela），即贫民窟。同时，巴西政府执政能力不强，尤其是在工业化和城市化的快速发展期，政府无法有效解决失地农民的就业以及社会公平正义等问题，[①]导致贫富差距极为明显，社会问题频发。世界银行以年度为单位的估计结果显示，1931—2018年，巴西基尼系数的平均值为0.578，是世界上贫富差距最大的国家之一。

1973年石油危机爆发后，石油进口量较大的巴西贸易环境恶化，引发了债务危机，此后财政紧缩、通货膨胀等带来的剧烈经济波动，严重影响了巴西经济发展。同时，进口替代工业化战略和重工抑农政策也造成一系列经济和社会问题，巴西自1980年后陷入了长达二十多年的经济停滞。20世纪90年代，巴西政府放弃了举债发展的进口替代工业化模式，大力实施对外开放政策，经济逐渐恢复，城市化速度逐渐放缓并趋于平稳。巴西20世纪80年代之后每十年的城市化率相比之前明显放缓，详见表3—3。总体而言，此时巴西的城市化率已经超过同期欧洲发达国家的城市化水平，超前的城市化与落后的工业化形成鲜明对比。在巴西城市化进程中，农业农村发展滞后，农民大规模、无序化地涌入城市，既造成城市的混乱，也带来城乡发展的失衡与城乡关系的不协调。

表3—3　1985—2013年巴西城乡人口数量及城市化率

年份	农村人口（万人）	城市人口（万人）	城市化率（%）
1985	4106.1	9518.5	69.9
1990	3902.6	11062.4	73.9
1995	3623.8	12561.0	77.6
2000	3280.6	14161.9	81.6
2005	3192.6	15406.1	82.8
2010	3053.7	16440.9	84.3
2011	3028.2	16665.2	84.6
2012	2999.5	16866.0	84.9
2013	2971.1	17065.0	85.1

数据来源：中国国家统计网——国际数据。

---

① 邓新生：《赴巴西、阿根廷考察的几点启示》，《政策》，2007年第8期，第56~57页。

(二)阿根廷的城乡发展与城乡关系演进历程

阿根廷位于南美洲西南部,国土面积约278万平方千米,截至2022年总人口约4604万人,其中大部分居民为西班牙和意大利移民及其后裔。相较于巴西而言,作为南美洲第二大国的阿根廷在城乡关系问题的处理上更是"坎坷不堪",曾经的准发达国家深陷"中等收入陷阱"泥潭之中无法自拔,其中的经验教训非常值得借鉴。

阿根廷的城市化率自1950年起持续上升,2000年后升至90%以上,长期保持在高位,详见图3-1。美国有关部门2020年的统计数据显示,阿根廷的城市化率为92.1%,超过北美和西欧大部分国家。按理说,这么高的城市化率通常应该对应较高的工业化率和高质量的生活水平,但恰恰相反,2019年底阿根廷人均国内生产总值为9912美元,相比2017年和2018年总共缩减了31.5%,低于我国同期水平。

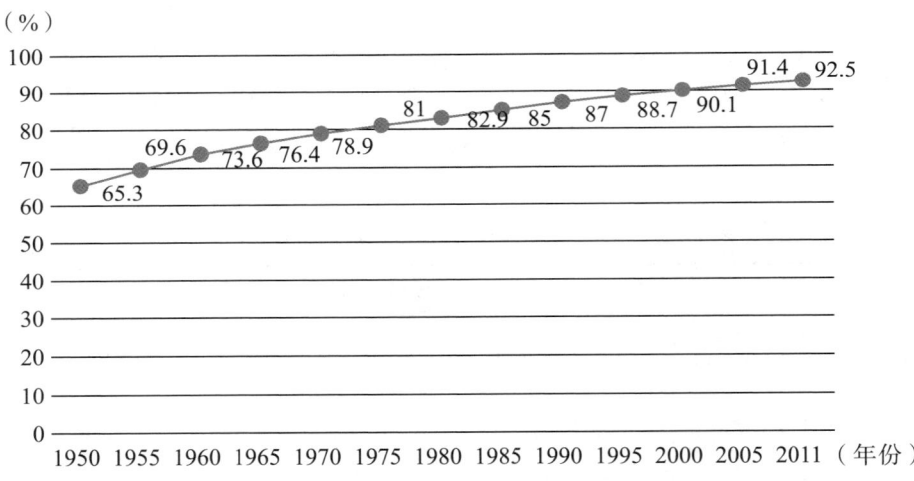

图3-1 1950—2011年阿根廷的城市化率

资料来源:世界银行。

阿根廷在处理城乡关系上的失误导致了其虚高的城市化率与衰退的国民经济。过去的半个世纪,阿根廷经济一直处于不停挣扎的浮沉怪圈之中,"发展—衰退—再发展"已成宿命,究其根源在于未能妥善处理城乡关系。阿根廷是一个典型的移民国家,自1816年宣布独立以来,从1820年到1930年,大量欧洲移民涌入阿根廷,为阿根廷社会、经济等方面的发展做出了不可磨灭的贡献。欧洲移民促进了阿根廷城市人口的增长,提升其城市化率,优化了经济结构,加快了阿根廷的发展进程。这一阶段,阿根廷在经济上仍以初级产品出口为主，工业化开始起步，经济发展蒸蒸日上，社会发展保持了相对繁荣的局面。工业化为进城农民提供了大量就业岗位，同时城市景观和公共服务有了较大改善，阿根廷逐步向欧洲城市看齐。但从城市化蔓延的范围来看，城市基础设施建设的逐步完善主要反映在首都布宜诺斯艾利斯及其周边地区，城市化进程也仅限于局部地区，国土空间范围内的其他地区的城市化进程相对缓慢且不够明显。

从 1950 年开始，阿根廷进入快速城市化发展阶段，首都布宜诺斯艾利斯被称为"永远没有边界的城市"，人口由 1950 年的 530 万人增加到 1980 年的 1010 万人。到 2013 年左右，布宜诺斯艾利斯加上周边 24 个卫星城总人口达 1383 万，占全国人口近 35％。[①] 阿根廷的大量农村失地农民进入城市，超过了城市就业增长和岗位创造的能力，城市的失业问题困扰着阿根廷构建和谐的城乡关系。

同时，阿根廷政府在经济改革中偏好重工轻农的政策，加剧了农村的衰败和农业的落后。在军人出身的胡里奥·罗加执政的第一个周期（1880—1886），确立了土地寡头政治模式，一个代表大地产主利益的政党——民族自治党开始长期执政，极大地损害了小农的权益，加剧了失地农民进城"闯荡"所引发的社会风险。阿根廷农村农业的凋敝，反过来加剧了其城市化进程中的贫困问题。以农业立国的阿根廷曾是世界的"粮仓和肉库"，20 世纪 50 年代政府推行进口替代工业化战略后，大量农村人口涌入城市，农业生产被忽视，以致政府需通过征收出口税限制出口的方式保证国内粮食供应。同时，粮食价格增长过快导致城市生活成本不断上升，城市边缘群体的贫困现象日益加剧。[②] 此后，阿根廷的多个执政党都延续了重工轻农政策，但又缺乏构建相对完整工业体系的长远打算，进口替代工业化战略的延续和城市大量非正规就业群体的存在加剧了收入分配差距，基尼系数居高不下，长期处于 0.4 以上的警戒位置，详见表 3－4。

表 3－4 1996—2016 年阿根廷基尼系数一览表

序号	年份	基尼系数（％）
1	2016	42.4
2	2014	41.4

① 叶书宏：《城市化"大跃进"的拉美教训》，《新华每日电讯》，2014 年 7 月 31 日。
② 叶书宏：《城市化"大跃进"的拉美教训》，《新华每日电讯》，2014 年 7 月 31 日。

续表 3—4

序号	年份	基尼系数（%）
3	2013	41.0
4	2012	41.2
5	2011	42.3
6	2010	43.0
7	2009	43.9
8	2008	44.5
9	2007	46.3
10	2006	46.6
11	2005	47.7
12	2004	48.3
13	2003	50.7
14	2002	53.8
15	2001	53.3
16	2000	51.1
17	1999	49.8
18	1998	50.7
19	1997	49.1
20	1996	49.5

数据来源：根据世界银行集团发展研究局数据整理所得。

（三）其他拉美国家的城乡发展与城乡关系演进

其他拉美国家在处理城乡关系上几乎都沿用了重工轻农的经济政策和城市化超前的发展策略，造成农业的衰落和农村的"空心化"问题，小农大量破产，大批农业人口离开农村涌入城市，导致"城市病"日益严峻。例如，墨西哥在工业化进程中奉行进口替代战略，进口了大量资本密集型生产资料（大型现代化机器设备等），耗费了大量外汇，却没有根据实际集中发展劳动密集型产业，导致工业发展对剩余劳动力的吸纳不足，对就业的改善乏善可陈，使得工业产出的增长快于工业就业的增加，大量的城市劳动力无法找到合适的工作岗位。同时，资本密集型工业在提升工业生产率的同时，也摧毁了对就业吸纳能力较强的本土农村手工业，导致墨西哥陷入失业率飙升、城市过度膨胀与城市失业人口逐渐增多的恶性循环。墨西哥资本密集型工业的增多，也加剧了财富和权力分配的不平等，先进技术在给一部分熟练工人带来更多收入的同时，也剥夺了那些非熟练工人的生计，使其流离失所，变为城市贫民窟中的一员。

拉美国家的城乡关系处理失当衍生出的经济问题向社会蔓延，社会问题又危及经济发展的软环境。再加上进口替代工业化战略的实施，经济结构、社会结构与就业结构的畸形，民族宗教矛盾的叠加以及反政府武装势力的壮大，还有新自由主义改革的风生水起，导致拉美国家的政府掌控力下降，治安状况无法得到真正改善。而政府的无能与官员腐败进一步削弱了国家治理能力，也就无法对城乡关系进行高效协调和妥善处理,①形成了"虚假繁荣"的城市经济景观，使得拉美国家的城市化进程充满了激进、无序与混乱。1920年拉美地区城市人口占比为22%，1950年达到41.8%，1950—1980年拉美国家总人口增加了1倍，而同期城市人口却增加了4倍。②

（四）拉美国家促进城乡发展和处理城乡关系的总结及经验借鉴

拉美国家地域文化接近，除了巴西官方语言为葡萄牙语以外，其他大部分国家都使用西班牙语，因而在城乡发展与城乡关系制度设计方面具有某些共通之处。将其作为一个整体来分析，有助于我们归纳概括其城乡关系模式与城市化进程中的经验教训。

拉美国家大都是城市化超前、工业化滞后的发展中国家。典型特征是，其城市化水平明显脱离于经济发展的阶段性。2000年拉美主要国家的制造业产值占国民生产总值的比重大都低于20%，其中巴西为19.8%，阿根廷为16.1%，墨西哥为21.2%，委内瑞拉为15.1%,③但其城市化率大都高于80%，比肩欧美发达国家的城市化率。拉美国家走出了一条自发性和盲目性交错的工业化滞后、城市化超前的城乡关系失衡型发展道路，主要具有以下几个特点。

一是政府缺乏宏观规划与有序引导。在工业化发展不足的情况下，让大量小农破产，被迫到城市"闯荡"，而城市吸纳就业人口的有限性与城市化进程的盲目性和自发性交织在一起，形成了城市超前、乡村滞后的城乡发展格局。经济问题的负面影响向社会蔓延，畸形发展的城市服务业难以吸纳大量涌入的

---

① 冀福俊：《资本的空间生产与中国城镇化道路研究》，武汉：武汉大学出版社，2017年，第25页。
② 袁东振：《混乱和无序：拉美城市化的教训》，《科学决策》，2005年第8期，第36~39页。
③ 郑秉文：《拉丁美洲城市化：经验与教训》，北京：当代世界出版社，2011年，第30页。

失地农民,导致城市失业率居高不下。

二是收入分配差距大,城市贫困问题严重。拉美国家少数富人控制了国民经济和社会发展的命脉产业,收入畸高,而70%的低收入者仅占国民收入的1/3,基尼系数长期超过警戒线,其高失业率和土地集中的大地主型农业发展模式,更加剧了居民收入分配不均。

三是社会保障体系等公共服务覆盖面窄,贫民窟现象突出。20世纪下半叶,拉美国家虽然进行了社会保障制度改革,但相对于规模庞大的城市人口而言显得杯水车薪,覆盖面过于狭窄,而且医疗卫生和教育等公共资源分配严重不公。尤其是城市居民住房严重不足,2005年拉美国家1.27亿个家庭中住房缺口大约为5000万套,① 这导致拉美贫民窟"遍地开花"。

二、非洲的城乡发展与城乡关系演进历程

非洲是全球人口增长率最高的大洲,截至2022年,非洲总人口约14.27亿。非洲大部分国家城乡经济发展缓慢,城乡关系随着城市化进程的加快而逐步走向分离与对立,城市繁荣与乡村衰落的二元景观大量存在。

(一)非洲城市化进程及概况

第二次世界大战后,民族独立运动浪潮在全世界蔓延,非洲不少国家纷纷独立。"1950年非洲城市人口占总人口的14.4%,仅为同期世界平均水平的一半(28.4%)。"② 此后,非洲城市化速度逐步加快,城市空间加速外扩并逐步形成区域经济走廊。20世纪60—80年代非洲城市年均人口增长率在六大洲中居于首位。③ 而从城市空间分布来看,非洲的城市大都集中于沿海地区,地中海、几内亚湾和印度洋沿岸的地区大都城镇密集,承载着快速增长的城市人口。

然而,非洲城市人口的增长并未带来经济的快速发展,城市化水平与经济发展长期脱节。从20世纪60年代开始,非洲城市化快速推进,1960—1970年,非洲城市化年增长率达到4.9%,1970—1980年为5.0%。④ 与高速城市化形成鲜明对比的是,非洲国家除20世纪60年代初至20世纪70年代中期的

---

① 郑秉文:《拉丁美洲城市化:经验与教训》,北京:当代世界出版社,2011年,第79页。
② 张同铸:《非洲经济社会发展战略问题研究》,北京:人民出版社,1992年,第156页。
③ 李晶、车效梅:《非洲城市化的现状、特点和发展趋势》,《非洲研究》,2013年第4期,第260~273页。
④ 舒运国:《非洲城市化剖析》,《西亚非洲》,1994年第1期,第45~50页。

经济发展较快之外，之后大多数国家经济都出现了停滞甚至衰退迹象。①

    2021年联合国人居署发布的《2020年世界城市报告》显示，截至2020年末，非洲城市人口达到5.88亿，城市化率为43.5%，预计到2035年，非洲城市人口将达到9.66亿，城市化率将达到50.9%；从非洲城市化率的变化率来看，2000—2035年，其城市化率的平均年变化率高达1.076%，是全球六大地区中最高的，详见表3-5。到2040年，非洲城市人口将上升至10亿，非洲也将成为全世界城市化速度最快的地区。②然而，非洲国家在快速推进城市化进程中，经济发展可能无法与城市化速度有机协调。就目前的情况来看，相较于其他地区的发展中国家，非洲国家在同等城市化的水平下却只有更低的收入水平，贫穷与落后始终笼罩着非洲大地。

---

① 李晶，车效梅，贾宏敏：《非洲城市化探析》，《现代城市研究》，2012年第2期，第96~104页。

② 李志伟：《城镇化，非洲发展的大趋势》，《人民日报》，2017年3月20日。

表 3-5 全世界城市人口变化率（2000—2035 年）

时间地区	城市人口（百万）								城市化率（%）							
	2000 年	2005 年	2010 年	2015 年	2020 年	2025 年	2030 年	2035 年	2000 年	2005 年	2010 年	2015 年	2020 年	2025 年	2030 年	2035 年
全球	2868	3216	3595	3981	4379	4775	5167	5556	46.7	49.2	51.7	53.9	56.2	58.3	60.4	62.5
高收入国家	822	870	919	955	989	1019	1049	1076	76.8	78.6	80.0	80.9	81.9	82.8	83.9	85.0
中等收入国家	1935	2211	2511	2825	3145	3456	3757	4045	41.6	44.7	47.9	50.8	53.7	56.5	59.0	61.5
低收入国家	109	133	162	199	243	296	359	432	25.7	27.2	28.9	30.9	33.2	35.7	38.3	41.2
非洲	286	341	409	492	588	698	824	966	35.0	36.9	38.9	41.2	43.5	45.9	48.4	50.9
亚洲	1400	1631	1877	2120	2361	2590	2802	2999	37.5	41.2	44.8	48.0	51.1	54.0	56.7	59.2
欧洲	517	525	538	547	557	565	573	580	71.1	71.9	72.9	73.9	74.9	76.1	77.5	79.0
拉美及加勒比地区	397	433	470	505	539	571	600	627	75.5	77.1	78.6	79.9	81.2	82.4	83.6	84.7
北美洲	247	262	277	291	305	320	335	349	79.1	80.0	80.8	81.6	82.6	83.6	84.7	85.8
大洋洲	21	23	25	27	29	31	33	35	68.3	68.0	68.1	68.1	68.2	68.5	68.9	69.4

资料来源：世界银行（基于联合国人口司数据）。

（二）非洲城乡发展与城乡关系演进中的不协调因素

一是第一、二产业发展失调，城乡发展不平衡。例如，2015年工业在非洲国民生产总值中的占比只有11%，缺少产业发展支撑的城市化无法吸纳大量进城的农村剩余劳动力，城市失业问题日渐突出。2001年非洲15岁以下的年轻人口达44.4%。人口年轻化既为非洲城市化发展储备了充足的劳动力资源，也使城市成为高失业率的主要场所，导致城市居民收入增速缓慢。目前非洲城市化率40%，人均收入约为1000美元。与之相比，阿拉伯地区、东亚地区达到同一城市化水平时，人均收入则分别为1800美元和3600美元。①

二是城市发展模式落后。低效的土地市场、混乱的产权管理、法制不健全和城市基础设施建设投入不足等因素，② 尤其是交通基础设施建设的滞后，使非洲城市的经商和生活成本居高不下。"摊大饼"式的低效发展导致政府缺乏公共服务供给能力，增加了商品流通和交易的成本。据统计，与同等收入水平国家相比，非洲城市消费水平高出29%，而住房成本则高出55%。非洲城市商品、服务价格高昂，与收入水平形成鲜明对比。与同样收入水平的其他地区相比，非洲城市商品、服务成本高出29%，家庭生活成本高出20%~31%。③

三是非洲不少国家陷入工业化滞后于城市化发展速度的恶性循环。城市内部住房短缺、失业与贫困问题相互交织，农村内部的劳动生产率增长缓慢、人地矛盾突出，自然灾害频发的现实更是加剧了农村的凋敝与农业的落后。再加上受殖民统治的时间长，非洲地区的沿海、沿河、沿铁路和公路等交通枢纽处兴起了众多殖民城市，"这些殖民城市具有较高的经济起点和发展水平，凸显现代城市的属性"④。反观非洲的传统部落，"刀耕火种"的部落民居与随着城市文明发展而来的基础设施形成了鲜明对比，城乡两个世界的各自演变成为二元经济结构特征，进一步加剧城乡分化，反过来导致乡村人口大量向城市转移。

---

① 李志伟：《城镇化，非洲发展的大趋势》，《人民日报》，2017年3月20日。
② 智宇琛：《非洲城市化》，《中国投资》，2017年第10期，第96~98页。
③ 李志伟：《城镇化，非洲发展的大趋势》，《人民日报》，2017年3月20日。
④ 潘兴明：《英国殖民城市初探》，《世界历史》，2006年第5期，第26~25页。

三、苏东国家的城乡发展与城乡关系演进历程

（一）苏联的城乡发展与城乡关系演进

苏联幅员辽阔，却人口稀少、劳动力短缺。该国拥有较好的工业基础，其国土空间范围内蕴藏着丰富的矿产资源。十月革命前，沙皇俄国已经逐渐建立起冶金、机械、电气、化学等基础工业，1913年沙俄工业产品生产量占世界工业产品产量的2.46%。

十月革命后不久，消灭城乡对立和建立社会主义城乡关系便作为苏共的正式纲领被提出。1919年召开的第八次代表大会所通过的纲领中明确指出："鉴于城市与乡村之间的对立乃是农村的经济落后与文化落后的一个最深刻的基础，而在目前进入深刻的危机时期，无论城市，无论乡村，都将面临衰落与灭亡的威胁，苏联共产党就把消灭这种对立，认为是共产主义建设的基本任务之一。"① 这一时期该国城乡关系发展的主要特征在于严格管制城乡之间的要素流动和城市、乡村内部的要素流动，并将这种管制办法逐渐发展成计划经济制度。

1921年，苏俄进入"为了国家普遍的需求和未来发展的根本改造"的新经济政策时期。除了已按土地国有法令"将从前属于大地主、修道院和教会的土地一亿五千万公顷"全部收归国有，并"无代价地交给贫农与中农们耕种"②之外，这一时期的主要工作任务为"通过国家所调节的商业把工业和农民经济联系起来"③。为了达到这样的目标，列宁主要采取了两个办法，一是将生产资料和生活资料尽可能地收归国有，国家通过设立的管理机构有计划地统一调配人力和物力；二是按照国家政权及其管理机构的计划，将农村居民纳入城市或将城市居民派往农村，通过人口的双向流动最终实现人口和生产力的合理分布，达到消灭城乡对立的目标。④ 苏俄的城乡关系得到恢复与调整。

从1926年起，随着社会主义工业化建设的全面启动，重构苏联城乡关系也进入以生产联系为主的新时期。苏联模式的社会主义城乡关系逐步成形，在经济层面上表现为工农业互助合作与社会层面的农村组织化。苏联实施的重工

---

① 柯什列夫：《苏联消灭城乡对立的道路》，华五译，北京：世界知识社，1951年，第11页。
② 柯什列夫：《苏联消灭城乡对立的道路》，华五译，北京：世界知识社，1951年，第12页。
③ 《斯大林选集》（上卷），北京：人民出版社，1979年，第232页。
④ 邓杰：《斯大林和苏联限制大城市规模的缘起》，《党政研究》，2018年第1期，第58~67页。

业优先发展战略,要求从农业中提取大量的资金、粮食和其他原材料用于工业化建设。在劳动力不足的情况下,工业帮助农业生产、支援农业现代化建设成为当时城乡关系的工作重点。而农业合作化与农村社会组织改造则被认为是推动农业现代化和消灭农村资本主义生产关系的重要法宝。在国家政权的强有力推动下,到第二个五年计划结束时,苏联的 2500 万个体农户被改造成 24.3 万个大规模集体农庄,集体农庄集合了全部农民经济的 93.5% 和全部耕种土地面积的 99.5%。①

对于苏联的社会主义城乡关系而言,集体农庄不仅消除了农村中的资本主义因素从而"根本打破了农村中的分化"②,而且通过大规模地使用拖拉机、收割机等农业机械,使农业劳动生产率与产量都有大幅度提高,农业农村面貌和生产方式发生了巨大变化。集体农庄的这种优势使得斯大林在 1929 年时就认为,"集体农庄使得城乡之间的关系问题已经建立在新的基础上,城乡之间的对立将加速消除"③。

然而,苏联的城乡关系固然有符合生产力发展及具体国情的一面,但更多的是苏联政府运用计划手段实现城乡经济社会发展的"均衡"与城乡关系的"协调"。人口集聚所带来的集聚经济效应是经济增长的源泉这一客观规律贯穿于整个城乡发展进程与城乡关系调整之中,即使"最发达的社会主义国家"也难以摆脱规律的桎梏。苏联经济发展过程中,工业生产浪费严重,劳动生产率降低。④ 单位产品所消耗的原材料为西方国家的 2.5 倍,能源消耗为西方国家的 1.5 倍;而工业劳动生产率却只为西方的 1/4。同时,苏联的农业长期落后,效率低下。虽然苏联把国家投资的 27%(美国为 5%)、劳动力的 20%(美国为 3%)用于农业,但农业劳动生产率只有美国的 1/7。最终,不遵循客观规律的城乡发展与不和谐的城乡关系葬送了苏联的命运。

(二)东欧国家的城乡发展与城乡关系演进历程

东欧国家,指由波罗的海东岸至黑海东岸一线向东达乌拉尔山脉的欧洲东部地区各国,至少包括曾是苏联加盟共和国的白俄罗斯、爱沙尼亚、拉脱维亚、立陶宛、摩尔多瓦、俄罗斯、乌克兰等国,亦包含波兰、罗马尼亚、保加利亚、匈牙利等前社会主义国家,详见表 3-6。

---

① 巴突林斯基:《论苏联城乡对立的肃清》,高齐云译,北京:光明书局,1950 年,第 20 页。
② 《斯大林选集》(下卷),北京:人民出版社,1979 年,第 278 页。
③ 《斯大林选集》(下卷),北京:人民出版社,1979 年,第 210 页。
④ 李慎明:《苏联亡党亡国的根本原因、教训与启示(中)——写在苏维埃社会主义共和国联盟成立 100 周年之际》,《世界社会主义研究》,2022 年第 7 期,第 96~107 页+第 120 页。

表 3-6 东欧国家基本概况一览表（2023 年）

国家	面积（平方千米）	人口（人）	GDP（百万美元）	人均 GDP（美元）
波兰	312,679	41,026,068	744,000	18,100
罗马尼亚	238,391	19,892,812	305,000	15,300
保加利亚	110,994	6,687,717	72,000	10,800
匈牙利	93,032	10,156,239	188,000	18,500
捷克	78,866	10,495,295	282,000	26,900
塞尔维亚	77,474	7,149,077	63,000	8,800
立陶宛	65,300	2,718,352	78,000	28,700
拉脱维亚	64,589	1,830,212	34,200	18,700
克罗地亚	56,594	4,008,617	62,000	15,500
波黑	51,197	3,210,848	20,000	6,200
斯洛伐克	49,033	5,795,199	100,000	17,200
爱沙尼亚	45,339	1,322,766	25,700	19,400
阿尔巴尼亚	28,748	2,832,439	19,000	6,700
北马其顿	25,713	2,085,679	14,000	6,700
斯洛文尼亚	20,273	2,119,675	58,000	27,400
黑山	13,812	626,485	5,000	8,000
合计	1,331,277	121,355,330	1,910,900	15,700

数据来源：根据 Worldometer2023 年东欧人口数据、Statista2023 年中东欧国家人口数据、世界银行《2024 年全球经济指标》、欧盟统计局及各国统计局统计数据整理所得。

由于东欧国家大都为原社会主义国家，或是苏联的加盟共和国，其城乡发展大都长期以斯大林模式为蓝本，以计划经济手段控制生产要素流动和人口的自由迁徙，并以农业支持工业、乡村支持城市为手段，通过城乡发展的不平衡来实现经济上的高度集中、要素控制与生产分配。东欧国家在经济转型过程中，也伴随着激烈的政治民主改革和市场化、城市化发展，而"休克式"经济转轨方式，导致国家轻重工业发展失衡的弊病不断暴露，城市集聚膨胀与乡村凋敝现象长期存在，不少计划经济时期的生产基地在人口可以自由流动的时代背景下，瞬间土崩瓦解。城市化快于工业化的发展步伐，使得东欧国家难以恢复往日的"雄风"，纷纷陷入经济发展的"滞胀"泥沼。从某种意义上讲，没有正确处理好城乡关系是其"病因"之一。

第四章

以农村为中心的城乡关系初探阶段（1921—1949年）

第四章

以农村为中心的城乡关系初探阶段（1921—1949年）

中国共产党对城乡关系的探索跨越了革命和建设两个历史时期。在新民主主义革命初期，受苏维埃革命的影响，中国共产党把重心放在城市，主要开展城市工人运动。在城市工人运动中，以毛泽东为代表的中国共产党人逐渐正确认识了近代以来中国城乡社会矛盾发展的客观规律，最后创造性地提出了"农村包围城市"的斗争策略。围绕该斗争策略，中国共产党带领广大人民在农村地区进行了一系列以农村土地制度改革为代表的经济改革，历经土地革命、抗日战争、解放战争，最终领导中国革命走向成功。

第一节 对城乡关系的早期探索（1921—1927年）

一、城市工人运动与农村农民运动

1921年7月，中国共产党第一次全国代表大会在上海召开，宣告了中国工人阶级政党——中国共产党的成立。会上通过的中国共产党的第一个党纲明确规定以实现社会主义和共产主义为奋斗目标，实现这个奋斗目标的第一步是组织和领导工人、农民和士兵夺取政权，建立无产阶级专政。大会讨论了党的实际工作问题，确定党在成立之后主要集中力量组织工人阶级，领导工人运动。大会讨论和通过了中国共产党的第一个决议，强调要成立工会组织的研究机构，其主要研究对象是："工人运动史，组织工厂工人的方法，卡尔·马克思的经济学说，各国工人运动的现状。"[①] 党的一大的这些具体规定表明，中国共产党在成立之初，工作的重心主要放在城市，主张依靠城市工人的斗争去夺取政权，建立无产阶级专政。

1922年7月在上海召开了中国共产党第二次全国代表大会，这次大会从工会运动的角度进一步强调发展城市工人斗争。会议讨论并通过的《关于"工会运动与共产党"的议决案》，在分析工会运动的现状和明确工会运动的地位的基础上，确定了今后工会运动中应该遵循的根本方针。[②] 党的二大讨论和通

---

① 中央档案馆：《中共中央文件选集》（第1册），北京：中共中央党校出版社，1989年，第6~8页。

② 中央档案馆：《中共中央文件选集》（第1册），北京：中共中央党校出版社，1989年，第76~82页。

过的这一议决案，表明中国共产党在当时依然是以城市斗争为中心任务，把产业工人尤其是铁路工人、海员、矿工这些重要行业的产业工人作为斗争的主要力量，主要精力是去组织和领导城市工人。

1924年，中国共产党领导的革命运动从城市斗争转向农民运动，开启了崭新一页。毛泽东对以韶山为代表的中国农村社会状况进行了翔实具体的调研，收集了大量农民生产生活资料。他通过开办二十余所农民夜校，团结贫农和知识分子成立农民协会，组织和领导农民与土豪劣绅做斗争。在实践中，他对中国革命过程中城市和农村、工人和农民之间的关系有了全新的认识，认为对于当时中国的现实情况而言，农民的作用比工人"更直接、更可靠"，是革命潜在的巨大力量。对农村革命力量的全新认识成为中国共产党领导中国革命实践的转折点。

二、轰轰烈烈的农村土地革命

从1925年1月党的四大开始到1927年大革命失败前，中国共产党早期领导人在坚持以城市工人斗争为重点工作的同时，逐渐重视农民斗争，形成了城市斗争和乡村斗争同时并举的局面。

1925年，《中国社会各阶级的分析》一文发表。针对当时党内存在的"右倾"机会主义和"左倾"机会主义都忽略了农民在革命中重要作用的问题，该文对中国社会各阶级情况作了分析。为了区分中国革命的敌人和朋友，文中指出，中国无产阶级的最广大和最忠实的同盟军是农民，中国革命应关注农村和农民问题。[①] 此后，《中国农民中各阶级的分析及其对于革命的态度》《中国农民问题》《国民革命与农民运动》等文章，相继提出农民问题是革命的中心问题、农民问题决定革命的成败等观点。

1925年10月，中国共产党第四届中央执行委员会第二次扩大会议进一步讨论了农民运动问题，分析论述了组织工农联盟的重要性。会议发表的《告农民书》首先做出了中国农民受到地主、外国资本家、军阀、贪官和劣绅的重重压迫和剥削的判断，认为要解除农民的困苦，最根本是要实行"耕地农有"的办法。要达到这些目的，就必须将农民和工人联合起来革命打倒反动军阀政

---

① 《毛泽东选集》（第1卷），北京：人民出版社，1991年，第3~11页。

府。① 会议通过的《中国现时的政局与共产党的职任议决案》指出农民问题就是土地问题，强调了土地问题的重要性，主张没收军阀、官僚、寺院、大地主的土地，并将其分给农民是革命的重要问题。该议决案强调，制定农民问题政纲是必要的，"中国共产党是中国无产阶级的代表，我们要能和农民结合巩固的同盟，才能尽自己的历史上的职任"②。

1926年1月，毛泽东在《中国农民》上发表《中国农民中各阶级的分析及其对于革命的态度》一文，在全面考察农村居民的经济地位和革命态度的基础上，将其划分为大地主、小地主、自耕农、半自耕农、贫农、雇农、乡村手工业者与游民等阶层，强调自耕农、半自耕农、贫农、雇农、乡村手工业者与游民等是农村中的极艰苦者，极易接受革命的宣传，是革命的重要力量。③

同年，毛泽东在广州主办《农民问题丛刊》，在杂志的序中讲到革命离开了农民是不会成功的。他把开展农民运动的重要性放到了一个很高的位置，要求广大的同志必须立刻下决心去组织农民运动，无论环境多么恶劣都要深入农村，去了解农民的疾苦和要求，引导他们，把他们组织起来。④

1926年9月，毛泽东在《国民革命与农民运动》中论述了农民运动与革命的关系，并将农民运动与夺取政权联系起来，认为只有推翻地主阶级反动政权，农民才能获得自身的解放。他指出，工人阶级如果没有和农民结成同盟，靠无产阶级的孤军奋战是不可能推翻封建地主阶级的特权统治的，军阀与帝国主义势力也不会被连根拔起。因此要有大批的同志，到农村中去组织农民参加革命运动，研究农民的现实问题，引导农民和工人、学生、中小商人合作，建立联合战线，参与反帝国主义反军阀的革命运动，和压迫剥削农民阶级的土豪劣绅做斗争。

1926年底，全国范围的农民运动蓬勃发展，引起了帝国主义、封建军阀等反动势力的恐慌，他们开始制造谣言诋毁农民运动。在此情况下，为了呈现农民运动的真实情况，毛泽东写就《湖南农民运动考察报告》，认为农民问题已成为我国革命的中心问题，只有农民建立政权和进行武装，推翻封建特权，

---

① 中央档案馆：《中共中央文件选集》（第1册），北京：中共中央党校出版社，1989年，第509~517页。
② 中央档案馆：《中共中央文件选集》（第1册），北京：中共中央党校出版社，1989年，第463页。
③ 毛泽东：《中国农民中各阶级的分析及其对于革命的态度》，《中国农民》，1926年第1期，第13~30页。
④ 《毛泽东文集》（第1卷），北京：人民出版社，1993年，第37~41页。

才能取得革命胜利。①

至此,中国共产党人对城乡关系中农村和农民的重要作用有了一个全新的认识,为中国革命找到了一条正确路径。

第二节 重视农村的城乡关系初步探索(1927—1945年)

在大革命时期、土地革命时期、抗日战争时期,中国共产党立足于人民解放事业,对城乡关系不断产生新的认识,对正确处理城乡关系进行了初步探索。

一、以农村为主建立革命根据地

1927年大革命失败,中国共产党和中国人民在付出了血的代价后找到了"农村包围城市"这条正确的革命道路,党的工作重心和革命力量从城市转移到了乡村。一直到新中国成立,党的工作重心主要是在农村和农民身上,这段时间中国共产党主要是以农村为主建立革命根据地进行武装斗争。

1927年3月,毛泽东在《湖南农民运动考察报告》中,充分评估了农民在反帝国主义、反军阀的中国革命中的伟大作用,明确指出中国共产党在农村建立革命政权和建立农民革命武装的必要性,提出了中国革命的中心问题——农民问题的理论和政策。毛泽东指出:在农民人口占大多数的中国,只有最广大的农民参加中国革命,才能建立广泛的群众基础,形成强大的势力,才能产生激烈的社会变革,进而动摇统治阶级的政权,最终取得革命胜利。②

1927年9月,毛泽东领导了湘赣边界的秋收起义,随后进军井冈山,创建了中国第一个农村革命根据地。在领导井冈山革命根据地斗争的实践过程中,毛泽东提出了"工农武装割据"的观点。中国共产党在井冈山进行革命斗争时,在总结1927年冬到1928年冬土地革命斗争经验的基础上制定了《井冈山土地法》,该法是中国共产党在土地革命战争初期制定的第一部较为成熟的与土地相关的法律法规。它的颁布和实施,改变了几千年来地主剥削农民的封

---

① 《毛泽东选集》(第1卷),北京:人民出版社,1991年,第12~44页。
② 《毛泽东选集》(第1卷),北京:人民出版社,1991年,第12~44页。

建土地关系,从法律上保障了农民对土地的合法权益,为以后中国共产党进行伟大的土地革命斗争提供了宝贵的经验。①

二、农村包围城市思想的提出

1928年,毛泽东发表了《中国的红色政权为什么能够存在?》《井冈山的斗争》这两篇重要文章,提出"工农武装割据"的思想,分析中国的红色政权能够存在和发展的原因,对工农武装割据、建立农村革命根据地的重要性作了充分的肯定。②

1930年初,《星星之火,可以燎原》一文指出,半封建半殖民地的中国在无产阶级领导之下的农民斗争的最高形式表现为红军、游击队和红色区域的建立和发展,这也是促成中国革命高潮的最重要因素。文章肯定了以农村为中心进行革命的正确性,指出只有"深入土地革命,扩大人民武装的路线",才能动摇反动经济的基础,增强革命信心,提升红军革命能力,促进革命高潮的来临。③

1935年,遵义会议确立了以毛泽东为代表的新的中央的正确领导。此后,毛泽东相继发表《中国革命战争的战略问题》《战争和战略问题》等一系列文章,完善和发展了"农村包围城市"思想。"农村包围城市"思想在军事上体现为以游击战为主要斗争形式,在政治上表现为加强农村根据地的政权建设,在经济上展现为农村要自给自足。通过以上做法,把农村改造成"军事上、政治上、经济上、文化上的伟大的革命阵地"。

1936年后,毛泽东总结了土地革命战争与抗日战争的经验,撰写了《中国革命战争的战略问题》《实践论》《矛盾论》《战争和战略问题》《中国革命和中国共产党》等一系列理论著作,形成了完整的"农村包围城市"的道路理论。

三、抗日战争后期开始重视城市

随着抗日战争局势的发展,出于战略的考虑,中国共产党提出,全党同志

---

① 中共中央文献研究室:《毛泽东年谱(1893—1949)》,北京:中央文献出版社,2013年,第257页。
② 《毛泽东选集》(第1卷),北京:人民出版社,1991年,第47~56,57~84页。
③ 《毛泽东选集》(第1卷),北京:人民出版社,1991年,第97~108页。

应把开展敌后大城市工作视为党的最重要的任务。在全面抗战初期,在乡村建立抗日根据地,开展游击战争,是正确的选择,而随着战争态势的发展,则要依靠乡村打入城市,积极开展城市工作,消灭党的工作与大城市的隔离。"抗日战争没有长期艰苦的城市工作的配合,最后的胜利是不可能的。"① 1941年4月,《中央城委关于敌后大城市群众工作的指示》提出了开展敌后大城市工作中应该坚持的基本方针,指出"实行党的隐蔽政策时,敌后城市中的党不是脱离群众使党孤立起来,而是以适当的方法建立广泛的社会统一战线,适当地进行群众工作,密切党与群众的联系,使党能得到社会掩护,真正地埋藏于广大群众中,这是巩固与加强党的基本问题"②。

1945年4月,中国共产党第七次全国代表大会在延安召开。毛泽东在大会上提出我国需要建设强大的工业和大型城市的观点。工厂与合作社才是新民主主义社会的基础,现在的农村根据地只是暂时性的,传统的家庭农业和手工业不能成为新民主主义社会的基础,必须发展工业、获得机器,没有工业和机器的革命不会胜利。这表明中国共产党对于未来建设时期的城乡关系已经有了初步的思考,并形成了城市领导农村的观点。毛泽东向大会提交了《论联合政府》的书面政治报告,并就报告中的一些问题以及其他问题作了长篇口头报告。

《论联合政府》的书面政治报告对中国工业问题进行了专门论述。此时抗日战争即将胜利,中国共产党的目光开始转移到革命胜利后发展的若干问题上面,认为要发展工业必须进行政治改革,因为在国民党统治下,我国生产力遭到了严重破坏,只有国家和民族实现独立,才能进行工业化建设。要废除国民党一党专政,成立联合政府,使军队真正成为人民的军队,进行土地改革,解放农村生产力,才有可能建设大规模的工业。新民主主义革命胜利后,在人民政府及全国人民的努力下,"在若干年内逐步地建立重工业和轻工业,使中国由农业国变为工业国"。③

---

① 中央档案馆:《中共中央文件选集》(第12册),北京:中共中央党校出版社,1991年,第490~493页。

② 中央档案馆:《中共中央文件选集》(第13册),北京:中共中央党校出版社,1991年,第72页。

③ 《毛泽东选集》(第3卷),北京:人民出版社,1991年,第1031~1096页。

第三节　工作重心逐渐转移到城市（1945—1949年）

一、在解放区进行农村土地制度改革

抗日战争胜利后，国内局势发生重大变化。中日间的民族矛盾基本得到解决，中国人民同国民党反动派的矛盾成为新的主要矛盾。解放战争爆发初期，国民党占据人力、物力、财力的绝对优势地位，几乎控制着所有的有较为雄厚现代化工业基础的大中城市，而中国共产党只拥有部分乡镇和偏远地区。

解放战争爆发后，在国共两党力量悬殊的背景下，中国共产党在经济发展策略上通过发动群众进行土改，巩固根据地建设，为革命提供了物质保障。1946—1948年，中共中央在解放区进行了土地改革，在广大农村实行了紧紧依靠贫雇农，坚定团结中农，有步骤消灭封建势力的改革策略。通过实施这一策略，不仅解决了农民梦寐以求的土地问题，而且动员了广大农民积极支持解放战争（见图4—1）。

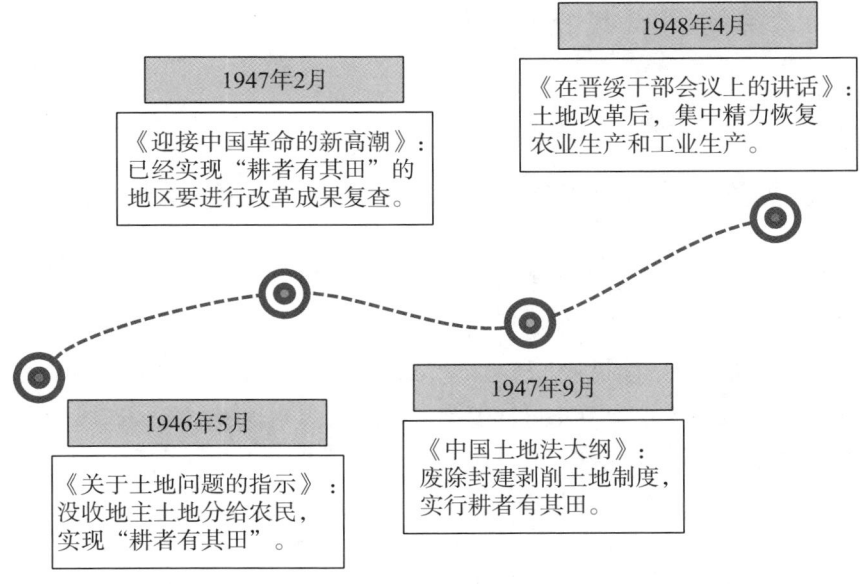

图4—1　解放战争时期土地改革政策文件

二、明确城市是新中国建设时期的工作重心

1949年3月,中国共产党第七届中央委员会第二次全体会议作出了把党的工作重点从农村转移到城市的方针以及实施这一方针的相关要求,明确了新中国成立后党的首要任务是恢复城市生产。会议指出,在全国胜利即将到来的情况下,党的工作重心就要发生变化,农村包围城市的工作方式已经结束,城市领导农村的工作方式即将开始,党的工作重心由农村转移到城市。[①] 新中国成立后将面临新的社会环境和历史任务,中国共产党对我国现代化的设想已经超出了单纯工业化的范围,最终形成了四个现代化的目标,强调新中国成立后的首要任务就是尽快使城市恢复生产,只有工业的发展才能促进其他产业的发展。

根据七届二中全会提出的城乡关系思想,党和人民政府把工作重点放在城市,集中力量在城市中恢复国营工业、私营工业、手工业和交通运输业,同时调整国营工商业与私营工商业的关系。经过全党和全国人民的努力,到1952年底,我国主要工农业产品的产量都已经达到或超过了历史上的最高水平,旧中国遭到严重破坏的国民经济得到恢复。

第四节　城乡关系的相关文件和论述梳理

一、关于城乡关系重要战略、文件的相关阐述

中国共产党对农民阶级的革命性和乡村斗争的重要性的认识,经历了一个渐进的发展过程。

中共一大通过的中国共产党第一个纲领在阐述党的社会主义和共产主义奋斗目标时,强调实现这个奋斗目标的第一步是组织和领导工人、农民和士兵夺取政权,建立无产阶级专政。[②]

---

① 《毛泽东选集》(第4卷),北京:人民出版社,1991年,第1424~1439页。
② 中央档案馆:《中共中央文件选集》(第1册),北京:中共中央党校出版社,198年,第3~5页。

第四章

以农村为中心的城乡关系初探阶段（1921—1949年）

1922年7月的中国共产党第二次全国代表大会宣言，分析了农民阶级参加工人阶级领导的革命斗争的可能性，并进一步明确了农民阶级在中国革命中具有重要地位。① 同年11月，中国共产党制定《中国共产党对于目前实际问题之计划》，在重申农民阶级的革命的重要地位的基础上，强调中国共产党不应忽视农民阶级，并明确提出发动农民阶级参加工人阶级领导的革命斗争的具体措施。②

中国共产党对农民阶级和农民斗争的这些认识，为党的第一代领导人全面深入认识农民阶级和乡村斗争问题做了必要的准备。

1925年1月，中国共产党第四次全国代表大会在上海召开，会上深入探讨了城市斗争和乡村斗争问题，形成了城市斗争与乡村斗争并举的思想。③ 会议提出了工农联盟的思想，并指出占全国人口大多数的农民在军阀混战、官厅苛税地主重租和外货入侵的影响下，已经开始参加革命运动。"已表示他们是中国革命运动中的重要成分，并且他们因利害关系，天然是工人阶级之同盟者"，④ "务必在反帝国主义反军阀的民族革命时代努力获得最大多数农民为工人阶级之革命的同盟"⑤。这些关于城乡关系问题的论述，表明党在重视城市斗争的同时，也开始重视乡村斗争，形成了城市斗争与乡村斗争同时并举的思想。

1939年12月，毛泽东在《中国革命和中国共产党》一文中，进一步论述了中国革命先占领乡村再占领城市的必要性，强调坚持以乡村为中心的同时也要重视城市工作。以农村革命根据地为依托进行长期的革命斗争，实质就是中国共产党领导下进行的农民革命战争，那些忽视以农村为革命根据地，对农民进行艰苦工作的观点，都是错误的。"借以在长期战斗中逐步地争取革命的全部胜利……中国革命有在农村区域首先胜利的可能。"⑥ "着重农村根据地上的工作，不是说可以放弃城市工作和尚在敌人统治下的其他广大农村中的工作；

---

① 中共中央文献研究室：《建党以来重要文献选编》（第1册），北京：中央文献出版社，2011年，第133页。
② 中共中央文献研究室：《建党以来重要文献选编》（第1册），北京：中央文献出版社，2011年，第198页。
③ 中央档案馆：《中共中央文件选集》（第1册），北京：中共中央党校出版社，1989年，第346页。
④ 中央档案馆：《中共中央文件选集》（第1册），北京：中共中央党校出版社，1989年，第333页。
⑤ 中央档案馆：《中共中央文件选集》（第1册），北京：中共中央党校出版社，1989年，第364页。
⑥ 《毛泽东选集》（第2卷），北京：人民出版社，1991年，第635页。

相反，没有城市工作和其他农村工作，农村根据地就处于孤立，革命就会失败。而且革命的最后目的，是夺取作为敌人主要根据地的城市，没有充分的城市工作，就不能达此目的。"①

1940年9月，中共中央发出《关于开展敌后大城市工作的通知》，提出了开展敌后大城市工作的方针。通知指出，过去我们曾经长期忽视与放弃敌后城市工作，在城市工作中出现了共产党与敌后大城市隔离，特别是与大工业区广大工人群众隔离的现象。随着抗日战争局势的发展，出于战略的考虑，中国共产党提出：全党同志应把开展敌后大城市工作视为党的最重要的任务。

毛泽东在中国共产党第七届中央委员会第二次全体会议上的报告中，全面论述了"把党的工作重点从农村转移到城市"的方针以及实施这一方针的相关要求。他指出：在全国胜利即将到来的情况下，党的工作重心就要发生变化，"农村包围城市"的工作方式已经结束，城市领导农村的工作方式即将开始，党的工作重心应从农村转移到城市。从城乡关系认识的角度看，"从现在起，开始了由城市到乡村并由城市领导乡村的时期。党的工作重心由乡村移到了城市"②。毛泽东指出，"城乡必须兼顾，必须使城市工作和乡村工作，使工人和农民，使工业和农业，紧密地联系起来。决不可以丢掉乡村，仅顾城市，如果这样想，那是完全错误的"③。

其他领导人也阐述了党的工作重点从农村转移到城市的问题。如1949年3月，刘少奇在党的七届二中全会上作了《关于城市工作的几个问题》的发言，他在阐述城乡关系的问题时，提出了城乡一体化的观点。他提出："我们要以城市工作为重心来领导全党工作，就要想到、照顾到这种种问题，'单打一'的做法必须改变，否则就要犯错误。"④

二、城乡关系思想分析

从中国共产党第一代领导人的城乡关系思想的发展可以看出，正确认识我国城乡的基本状况是正确认识和处理城乡关系的前提。

大革命的失败与当时党的领导人对城乡基本状况的错误认识有关。由于错误估计了敌我双方的力量对比，对共产国际给予的指导照搬全收，未考虑中国

---

① 《毛泽东选集》（第2卷），北京：人民出版社，1991年，第636页。
② 《毛泽东选集》（第4卷），北京：人民出版社，1991年，第1427页。
③ 《毛泽东选集》（第4卷），北京：人民出版社，1991年，第1427页。
④ 《刘少奇选集》（上卷），北京：人民出版社，1981年，第419页。

的现实国情，这一时期我党领导的革命以工人阶级在大城市盲目发动工人运动为主，导致我党有生力量在土地革命战争前期遭受巨大损失。第五次反"围剿"的失败，更是当时党的领导人错误的城乡基本状况认识导致的结果。

以毛泽东为主要代表的党的领导人对城乡基本状况展开深入分析，对中国的主要矛盾以及各阶层作出正确判断，提出只有把工作重点转入乡村，建立乡村革命政权，建立以农民为主体的革命武装力量，实行工农武装割据，组织和领导农民进行革命斗争，才能为革命的继续发展奠定坚实的基础。解放战争后期，毛泽东提出党的工作重心必须发生变化，从农村转向城市，不再延续以往的"农村包围城市"思想，工作重心要以城市为中心。

毛泽东为主要代表的党的领导人在正确认识基础上提出的"农村包围城市"等理论、方针和政策，指引中国革命取得了胜利，并为新中国建设和社会主义改造的胜利，为社会主义建设的发展奠定了思想理念基础。以毛泽东为主要代表的党的领导人始终坚持理论联系实际的工作作风，坚持实事求是，始终尊重社会发展的客观规律。这一理念不仅贯穿了抗日战争与解放战争时期，而且在新中国成立后的社会主义改造和优先发展重工业、三线建设中继续得以发扬。

第五章
以农村支持城市的城乡分离阶段（1949—1978年）

第五章

以农村支持城市的城乡分离阶段（1949—1978年）

新中国成立后，城乡关系调整先后围绕着社会主义改造、优先发展重工业、三线建设展开。城乡关系先后经历了最初的适度兼顾（1949—1956年）到城乡分离的形成（1956—1966年）再到城乡分离的固化（1966—1978年）三个阶段。这一时期，新中国迅速建立起相对完整的国民经济体系，城市工业迅速发展，为20世纪70年代末以后的改革开放奠定了产业基础。

第一节　城乡关系的适度兼顾（1949—1956年）

一、进行城市工商业社会主义改造和农村土地制度改革

新中国成立之初，为稳定经济社会发展，在党中央的领导下，社会主义国营经济逐步掌握市场主动权，为国民经济的恢复和发展创造了良好条件。

基于1949—1953年国民经济恢复发展的瞩目成就，进行生产资料所有制社会主义改造，建立社会主义公有制经济是大势所趋。总路线的实质就是社会主义工业化和社会主义改造同时并举，以工业化为主体，"三大改造"为两翼，二者相互适应、相互促进、协调发展，把生产资料资本主义私有制转变为社会主义公有制。在生产资料所有制改造过程中，采取的是平稳过渡的方式。其中，在农业方面，采取的是合作化的方式，坚持自愿互利原则，鼓励单干农民自愿加入农业生产合作社，逐步实现农业的现代化，为国家大规模工业化提供原料支持；对手工业和资本主义工商业，采取"和平赎买"的政策，让国家逐步掌握生产资料；同时，没收官僚资本企业，极大解放社会生产力。积极建立和发展国民经济，对国营企业开展民主改革和生产改革，依靠国营经济加强对经济计划的调控，充分发挥好国营经济在经济体系中的主导地位，以此为龙头带动整个社会经济的快速恢复和发展。[①]

1950年，中央人民政府颁布了《中华人民共和国土地改革法》，明确土地改革的宗旨是"废除地主阶级封建剥削的土地所有制，实行农民的土地所有制，藉（借）以解放农村生产力，发展农业生产，为新中国的工业化开辟道

---

① 中国共产党中央委员会：《关于建国以来党的若干历史问题的决议》，《人民日报》，1981年7月1日。

路"。此后在新解放区展开了以"耕者有其田"为目标的大规模土地改革运动。

1950年6月，刘少奇在《关于土地改革问题的报告》指出："土地改革的基本目的，不是单纯地为了救济穷苦农民，而是为了要使农村生产力从地主阶级封建土地所有制的束缚之下获得解放，以便发展农业生产，为新中国的工业化开辟道路。"① 土改后农村社会各阶层的心态发生很大的变化，"贫雇农得地开心，中农有利放心，富农不动定心，地主劳动回心"②。

土地改革运动的开展，免除了各种苛捐杂税，结束了几千年以来的封建土地所有制，使得农民真正翻了身。贫困的农民无偿地获得了土地等生产资料，这使劳动人民成为土地的主人，实现了"耕者有其田"的愿望，巩固了工农联盟和人民民主政权。土地改革的顺利完成大大解放了农村生产力，提高了农民的生产积极性，促进了农业经济的快速发展，也为并行的社会主义改造创造了条件。到1956年底，我国农业、手工业和资本主义工商业的社会主义改造基本完成，我国确立了社会主义的基本制度。

二、有计划地开展经济建设和促进社会主义工业化起步

1951年，中央对土改后的城市和农村工作任务做出了指示，要求完成土改的地区应把提高农业生产和农民的政治觉悟作为中心任务。在这些地区成立各级人民代表大会，健全党的领导组织，建立农业生产互助组和合作社，在农村工作的干部应抽调一批去城市工作，以此加强党对各级城市的领导。③ 城市的工作中心就是恢复和发展生产。这表明中央已经意识到城乡物资交流对经济发展的重要性。

截至1956年，在集体经济基础上，全国普遍开展了规模不等的农田水利基本建设工程，为以后农业的机械耕作、机械排灌奠定了有利基础。④ 同时，我国采用渐进的方式对手工业和资本主义工商业进行改造，资本主义经济逐渐转变为社会主义经济，为大规模建设提供了经济保障。

1957年，毛泽东提出了工农业并举的发展方针，指出我国是一个农业大

---

① 《刘少奇选集》（下卷），北京：人民出版社，1985年，第34页。
② 董辅礽：《中华人民共和国经济史》，北京：经济科学出版社，1999年，第87页。
③ 中共中央文献研究室：《建国以来重要文献选编》（第2册），北京：中央文献出版社，1992年，第353~354页。
④ 中共中央文献研究室：《建国以来重要文献选编》（第8册），北京：中央文献出版社，1994年，第2~4页。

国，农村人口占到了 80% 以上，在发展工业的同时必须发展农业；同时，随着农业不断向现代化方向发展，农业发展的许多配套设施需要工业来提供。"发展工业必须和发展农业同时并举，工业才有原料和市场，才有可能为建立强大的重工业积累较多的资金。"①

三、逐步确立以农补工的统购统销政策

1953 年，中共中央颁布《关于实行粮食的计划收购与计划供应的决议》，决议指出，现在在粮食供销方面所表现出的紧张情况，反映了工人阶级的领导与农民自发势力和资产阶级反限制的立场之间的矛盾，归根结底，反映了社会主义因素与资本主义因素之间的矛盾。"在现在的条件下可以妥善地解决粮食供求的矛盾，更加切实地稳定物价，和有利于粮食的节约。"② 实行粮食统购统销的政策，"是把分散的小农经济纳入国家计划建设的轨道之内，引导农民走向互助合作的社会主义道路，和对农业实行社会主义的改造所必须采取的一个重要步骤，它是党在过渡时期的总路线的一个不可缺少的组成部分"③。

调整城乡关系的政策制度的出台，促进了"一五"计划时期国民经济迅速发展。我国开始加快工业化的步伐，实行大规模的工业化建设，这也有效地推动了城市的发展，改变了城市的经济面貌。城市化的发展促进了城市与乡村人口的流动，呈现出双向流动的局面，有效地促进了国民经济的发展。在此期间，为了让农村居民获得更多的利益，缩小工农产品之间的价格，党和国家提出了一系列稳定工业产品价格的政策。总体来看，1957 年以前我国的城乡关系处于基本协调的状态。

---

① 《毛泽东文集》（第 7 卷），北京：人民出版社，1999 年，第 370 页。
② 中共中央文献研究室：《建国以来重要文献选编》（第 4 册），北京：中央文献出版社，1993 年，第 479 页。
③ 中共中央文献研究室：《建国以来重要文献选编》（第 4 册），北京：中央文献出版社，1993 年，第 479 页。

第二节　城乡分离的形成（1956—1966 年）

一、国民经济调整任务的完成

工业化是城市化的根本推动力量，"一五"计划的实施大大促进了我国城市化的发展。"一五"计划对工业布局做出了科学合理的规划，为了促进落后地区的经济发展，在原有城市的基础上改造和新建了一批工业城市，如以包头钢铁和武汉钢铁为中心的工业基地建设，形成了一批与工业发展水平相适应的工业城市。同时，铁路和公路等大型交通运输工程的建设，联通了交通闭塞的贫困地区，改变了当地贫苦落后面貌。"一五"计划的实施改变了过去工业集中在沿海地区的状况，内陆地区建立的工业基地带动了工业城市的兴起和发展，工业的发展需要大量的劳动力，吸引了农村剩余劳动力向城市的转移。

1949 年我国工业总产值为 140 亿元，农业总产值为 326 亿元。在过渡时期总路线的指引下，至 1956 年我国工业总产值为 642 亿元，农业总产值为 610 亿元，工业产值首次超过了农业产值。[①]"一五"计划时期我国取得的经济建设成就，证明了以实现社会主义工业化为主体的过渡时期总路线的正确性，中国由农业社会稳步地向工业社会转变。到 1957 年，工业总产值增长 128.5%，钢产量、机床产量、原煤产量、发电量等都成倍增长，一大批工业城市形成，工业化基础初具规模。

二、"十大关系"的提出

1956 年，毛泽东在《论十大关系》中指出要发挥中央和地方两个积极性，避免苏联那种什么都集中到中央的弊端，给地方更多的自主权，"中央要发展工业，地方也要发展工业"。[②]

[①] 胡新年：《建国以来我国的工农业总产值一览表》，《上饶师专学报（社会科学版）》，1981 年第 4 期，第 51 页。

[②]《毛泽东文集》（第 7 卷），北京：人民出版社，1999 年，第 31～32 页。

毛泽东在《论十大关系》中讨论第一个关系就是重工业和轻工业、农业的关系，提出要想真正发展重工业就要多发展轻工业和农业，这会使基础更加稳固。不发展工业就无法完成社会主义工业化，而农业和轻工业的落后又会使人民生活水平长期处于低下的状态。毛泽东用辩证的思维正确处理了三者的关系，对我们当下的发展仍然具有重要的意义。

1956年9月，党的八大对重工业和轻工业的关系进行了阐述，指出为了使国民经济摆脱落后的境地必须优先发展重工业；同时，会议批评了只重视重工业而轻视轻工业发展的现象，对发展轻工业的意义作了分析，提出应该适当地发展轻工业。[①] 1957年2月，毛泽东在《关于正确处理人民内部矛盾的问题》一文中再一次对重工业、轻工业和农业的关系进行了深刻分析，认为"我国的经济建设是以重工业为中心，这一点必须肯定"。

1961年1月召开的党的八届九中全会，正式确立了对整个国民经济实行调整、巩固、充实、提高的方针。这次会议之后，中央相继制定或批转了一系列关于国民经济调整的条例或规定。这些条例和规定的贯彻实行，对于国民经济的恢复起了重要的作用。

三、城市工业化导向的二元户籍制度的确立

新中国成立之初，我国实施户籍管理制度，对城乡之间的人口流动进行了严格的控制。在城市与乡村相互分离的这种城乡二元结构的情况下，户籍制度成为一种最基本的社会保障。

"一五"计划优先发展重工业的战略导向掀起了社会主义工业化建设的浪潮，遍布全国各地的工业项目需要大量劳动力，吸引了农村居民向城市转移，使城市人口数量迅速增加。在此情况下，1958年，我国对户籍迁移进行了严格的控制，颁布了户籍管理法律法规，即《中华人民共和国户口登记条例》，将城市与乡村的居民严格地划分开来。政府对人口的自由流动实施了严格的限制和管制，也是第一次很明确地将城市居民与乡村居民区分开来，分为"农业户口"和"非农业户口"这两种不同的户籍。这一户籍制度法规的颁布，标志着我国以严格控制农村与城市人口自由流动为核心的户口迁移制度的形成。以出生地性质为基础，我国将人口从制度方面划分为城市人口和农村人口，同时

---

① 中共中央文献研究室：《建国以来重要文献选编》（第9册），北京：中央文献出版社，1994年，第58～59页。

也逐步形成了城市与乡村两种不同的户籍管理制度，严格控制了城市与乡村之间户籍的转换。

这种将城市与乡村完全分割的户籍管理制度，在一定程度上避免了农村剩余劳动力过度向城市流动，使我国没有出现拉美国家过度城市化导致的贫民窟、环境恶化等严重问题；同时，将农村剩余劳动力固定在农村的措施，客观上促进了农村工业化的发展，广大乡村地区也自主开始发展工业，吸收了大量农村剩余劳动力，避免了人口盲目向城市流动；但是这一政策后来也导致一系列城乡之间的矛盾，造成了城乡二元结构。

四、建立稳定非城镇人口的人民公社

为了确保农产品的供应目标和保障农业战线快速向社会主义过渡，党带领广大农民开展了农业合作化运动，建立合作社，随之又以激进的方式构建了人民公社制度。这种制度的建立初衷是好的，在这种体制下，从事农业生产的群众、农村积累资金和土地都被集中起来统一使用，在其运行过程中，农业生产、农村教育文化事业也取得了一定的发展。但广大农民被束缚于土地上，没有择业和流转活动的自由。

1956年，随着农业合作化运动的基本结束，农业生产关系已经完成了大变革，接下来就要发展农村工业以促进农业机械化的实现。毛泽东认为在农村地区发展工业可以提高地方的积极性，能有效地提高农业生产效率，改变乡村地区贫困落后的局面，还可以引导农业走上机械化道路。1958年12月党的八届六中全会通过了《关于人民公社若干问题的决议》，决议认为人民公社制度的深远意义是指明了农村逐步工业化的道路和向全面所有制过渡的道路，指出人民公社大办工业可以缩小乡村和城市的差距，还对公社大办工业的原则、服务对象、生产技术等作了要求。[1]

为推动国民经济的全面调整，中共中央于1962年1月中旬至2月上旬召开了扩大的工作会议，即七千人大会。这次会议总结了1958年以来经济工作中的经验和教训，对国民经济的继续调整和全面调整起了重要的推动作用。一是精简职工，减少城市人口。二是压缩基本建设规模，缩短工业战线，对某些企业实行必要的关、停、并、转。三是调整农村政策，实行"三级所有，队为

---

[1] 中共中央文献研究室：《建国以来重要文献选编》（第11册），北京：中央文献出版社，1995年，第610页。

基础",即以生产小队为基本核算单位,切实纠正"一平二调"的"共产风",同时加强工业对农业的支援。四是调整商业,严格限制机关和企事业单位购买消费品,调整农产品收购政策,疏通商品流通渠道,对日用品实行合理分配和供应。同时,轻工业和重工业的比例关系也有所改善,财政收支略有结余,城乡人民生活水平也有所提高。这使我国的国民经济渡过了严重困难的时期,为国民经济的进一步调整和发展做了准备。

第三节 城乡分离的固化(1966—1978年)

一、国民经济曲折前行

20世纪60年代至70年代,"左"倾错误在城市和乡村的泛滥,给中国经济发展造成了严重的后果。1968年秋以后,全国形势有所稳定,党中央和国务院采取了一些发展经济的措施。1969—1973年,我国工农业总产值虽然每年都有所增长,但增长的幅度比较小。1974年,工农业总产值比上年仅增长40亿元,而同年工业总产值则比上一年下降了11亿元。1975年,邓小平主持中央日常工作,对党和国家的各方面工作进行整顿,当年的工农业总产值比上年增长了460亿元。1976年,工农业总产值在1975年的基础上仅增长69亿元。[①]

二、城乡联系受到阻碍

"左"倾错误在城乡的泛滥,不但破坏了城乡的稳定局面,给国民经济的发展造成了严重的后果,而且扭曲了正常的城乡关系,造成了城乡关系的疏离。

首先,城市的生产不能满足乡村的生产和生活需要。"文化大革命"期间,重工业在全国投资总额中所占的比重,在强调优先发展重工业的"一五"(1953—1957年)时期为36.1%,而"三五"(1966—1970年)、"四五"

---

① 以上数据来自《中国统计年鉴(1983)》,北京:中国统计出版社,1983年,第13~23页。

(1971—1975 年）时期却分别达到 51.1% 和 49.6%。① 由于片面发展重工业，重工业和轻工业的比例失调。在工业净产值中，轻工业由 1966 年的 47.2% 下降到 1976 年的 40.4%，而同期重工业则由 52.8% 上升到 59.6%。② 由于轻工业生产能力不足，满足不了城乡居民对生活用品的需要，导致城市中很多生活用品需凭票定量供应，在乡村更是买不到生活用品。虽然重工业得到较大发展，但并未生产出适用于农村生产的各种农业机械。

其次，乡村的生产也不能满足城市生产和生活的需要。"文化大革命"期间，农业总产值逐年有所增加，但增长缓慢。由于片面强调"以粮为纲"生产原则，在农业总产值中粮食的比例一直偏重，棉花、油料作物的增长慢于粮食。1976 年和 1965 年相比，粮食产量增加了 47%，棉花产量则减少了 2%，油料产量只增长了 11%。③ 从农业中的种植业和林、牧、副、渔业的比例来看，种植业所占比重居高不下，林、牧、副、渔业所占比例一直偏低。1966 年，种植业在农业中占 76.1%，林、牧、副、渔业占 23.9%；1976 年，种植业在农业中占 76.9%，林、牧、副、渔业占 23.1%。④

最后，城市和乡村之间的经济联系受到阻碍。商业和交通运输业是城市和乡村经济联系的重要纽带。但这一时期商品交换受到极大的限制。遍及全国乡镇的集体所有制的供销合作社由于利润上缴国家，丧失了发展商品供销的积极性。小商贩被看做是"投机倒把"，基本上被取缔。农村的集市贸易和城市的农副产品市场有的被取消，有的受到严格限制。从交通运输业的情况来看，铁路公路运输能力严重不足。从 1965 年到 1975 年，全国铁路只增长 52%，每万人拥有公路仅有 9 千米，而同期印度为 21 千米、苏联为 54 千米、美国为 289 千米。⑤ 加上铁路机车陈旧、公路汽车缺少等因素，严重影响了城乡生产要素流动。

---

① 柳随年、吴群敢：《中国社会主义经济简史》，哈尔滨：黑龙江人民出版社，1985 年，第 417 页。
② 赵德馨：《中华人民共和国经济史（1967—1984）》，郑州：河南人民出版社，1989 年，第 347 页。
③ 柳随年、吴群敢：《中国社会主义经济简史》，哈尔滨：黑龙江人民出版社，1985 年，第 474 页。
④ 《中国统计年鉴（1983）》，北京：中国统计出版社，1983 年，第 151 页。
⑤ 赵德馨：《中华人民共和国经济史（1967—1984）》，郑州：河南人民出版社，1989 年，第 120～121 页。

三、"三线"建设大规模展开

20世纪60年代国际局势急剧恶化，新中国陷入了四处受敌、举步维艰的境地。新中国成立初期建设的重工业、国防工业过于集中在一线地区的大城市，"仅全国14个100万人口以上的大城市，就集中了约60%的主要民用机械工业，50%的化学工业和52%的国防工业"[①]。这些城市大多集中在沿海地区，交通线密集，一旦遭施空袭，我国工业、交通将会陷入大规模瘫痪。在经济布局方面，经济重心同样集中在为数不多的几个重点城市，越靠近内陆地区，经济水平越为低下。在此局面下，国家迫切需要推进区域经济均衡发展战略，以实现外御强敌、内强自身的目标。

以毛泽东为核心的第一代中央领导集体在严峻的国际局势下，改变"三五"计划指导思想，做出了实施"三线"建设战略的决策。1964年5月，中共中央工作会议召开，会议着重讨论了"三线"建设问题，做出了"集中力量，争取时间，建设'三线'，防备外敌入侵"的战略决策。

"三线"建设开展后，我国将部分工业生产力移至西南、西北内陆地区。在此过程中，冶金、交通、国防工业等核心工程得到快速发展。20世纪70年代初，"三线"建设全面铺开，一大批事关国计民生的骨干企业如雨后春笋般在西部地区拔地而起，形成了以攀钢、酒泉钢铁集团为代表的钢铁基地；以酒泉、西昌为代表的航天中心；以六盘水、渭北为中心的煤炭基地；以重庆、湘西为代表的常规兵工基地；以江汉、长庆、中原为代表的煤气田。与此同时，资金、技术、人才和机器设备等生产要素迅速向中西部地区聚集。一大批科技人员和技术工人也随之迁移到"三线"地区，他们作为先进生产力的代表，把先进技术、管理经验也传输到了中西部，为中西部地区的工业文明注入了强大活力。

四、"上山下乡"运动的展开

在城市日益增大的就业压力和农业合作化运动蓬勃兴起的背景下，中国共产党把解决城市失业问题同改变农业生产落后的状况结合起来，探索了一条知

[①] 中共中央文献研究室：《建国以来重要文献选编》（第19册），北京：中央文献出版社，1998年，第10页。

识青年"上山下乡"的道路。

早在 1957 年 6 月 29 日至 7 月 10 日,当时的中央安置领导小组(即国务院农林办安置领导小组)就召开了各大区城市精简职工和青年学生安置工作领导小组组长会议。1958 年 1 月 9 日,中共中央、国务院《关于动员和组织城市知识青年参加农业社会主义建设的决定(草案)》明确指出,知识青年下乡前要进行三个月的农业生产训练,掌握知识本领和技术。1965 年 12 月 28 日,国务院在批转 1966 年城市下乡安置工作计划中写道:"1966 年计划下乡 67.4 万人,其中到国营农、林、牧、渔场 19.8 万人。各省、自治区、直辖市应结合动员城市知识青年上山下乡,重点试办半农半读的劳动大学,为逐步推行两种教育制度积累经验,促进科学种田造就人才。"①(见表 5—1)

表 5—1 知识青年上山下乡相关数据

年份	下乡人口(万人)	知青人口(万人)
1968	259.68	199.68
1968—1970	1225	573.4
1971	274	140
1972	—	67
1973		89
1976	—	188
1977	—	171.6

数据来源:《中国知识青年上山下乡始末》,人民日报出版社 2009 年版。

第四节 城乡关系的相关文件和论述梳理

一、第一代中央领导集体关于城乡关系的论述

1956 年 4 月,毛泽东在中共中央政治局扩大会议上作了《论十大关系》

---

① 顾洪章:《中国知识青年上山下乡始末》,北京:人民日报出版社,2009 年,第 59 页。

的讲话，重点阐述了统筹兼顾重工业、轻工业和农业的关系问题。他指出，重工业是我国经济建设的重点。我们在社会主义建设中必须优先发展生产资料的生产，这是坚定不变的，但是决不能因为优先发展生产资料就忽视生活资料尤其是粮食的生产。如果没有足够的粮食和其他生活必需品，首先就不能养活工人，就谈不上发展重工业。"所以，重工业和轻工业、农业的关系，必须处理好。""我们现在的问题，就是还要适当地调整重工业和农业、轻工业的投资比例，更多地发展农业、轻工业。"①

1957年1月，毛泽东在省、市、自治区党委书记会议上作了重要讲话，强调在重视发展工业的同时，也要重视发展农业。"要说服工业部门面向农村，支援农业。要搞好工业化，就应当这样做。"②

1957年2月，毛泽东在最高国务会议第十一次扩大会议上作了《关于正确处理人民内部矛盾的问题》的讲话。他指出："我国的经济建设是以重工业为中心，这一点必须肯定。但是同时必须充分注意发展农业和轻工业。"③他强调，发展工业必须和发展农业同时并举，工业才有原料和市场，才有可能为建立强大的重工业积累较多的资金。

1957年2月，毛泽东在《关于正确处理人民内部矛盾的问题》的讲话中指出，必须经常注意从生产问题和分配问题上处理国家、合作社、农民个人之间的矛盾。"我们的方针是统筹兼顾、适当安排。"④讲话阐述了农村分配领域要统筹兼顾地处理好国家税收、合作社积累、农民个人收入三者之间的关系。

周恩来在论述城乡关系的时候，首先论述了城乡关系的重要性。1949年12月，他在《当前财经形势和新中国经济的几种关系》的讲话中强调了农民和农村的重要性，指出中国的城乡关系是一种非常重要的关系。中国革命要取得最后胜利，必须依靠农民和广大的乡村，通过以乡村包围城市的方式夺取敌人的阵地，最后解放城市，"回过来，再以城市领导乡村，恢复和发展生产，进行建设"⑤。

他在《当前财经形势和新中国经济的几种关系》的讲话中又指出："今天

---

① 《毛泽东文集》（第7卷），北京：人民出版社，1999年，第24页。
② 《毛泽东文集》（第7卷），北京：人民出版社，1999年，第200页。
③ 中共中央文献研究室：《建国以来重要文献选编》（第10册），北京：中央文献出版社，1994年，第101页。
④ 《毛泽东文集》（第7卷），北京：人民出版社，1999年，第228页。
⑤ 《周恩来选集》（下卷），北京：人民出版社，1984年，第8页。

我们确定了城市领导乡村、工业领导农业的方针。城市领导乡村、工业领导农业。"①

二、中央农村工作会议、中央经济工作报告等关于城乡改革的阐述

1949年9月,中国人民政治协商会议第一届全体会议召开,会上通过了《中国人民政治协商会议共同纲领》(以下简称《共同纲领》)。《共同纲领》对新中国的工农关系、城乡关系做了具体的规定,指出新中国工人和农民之间的关系依然是工人阶级领导之下的工农联盟为基础的工人阶级与农民阶级的密切合作。新中国党和人民群众的基本奋斗目标,是由农业国转变为工业国,城市与乡村之间是互助关系。"中华人民共和国经济建设的根本方针,是以公私兼顾、劳资两利、城乡互助、内外交流的政策,达到发展生产、繁荣经济的目的。"②《共同纲领》中关于新中国的工农关系、城乡关系的规定,全面贯彻了中共七届二中全会关于新中国的工农关系、城乡关系的基本方针。

1955年7月召开的第一届全国人民代表大会第二次会议讨论通过的《中华人民共和国发展国民经济的第一个五年计划》(以下简称《一五计划》)也从稳定市场的角度论述了城乡关系问题。《一五计划》指出:许多商品供不应求的现象在短时期内是很难避免的,这主要是由于人民生活得到了改善,工业企业增加产量需要经过一个时期,农业原料增产缓慢不同程度地限制某些轻工业品的大量增产等原因所致。"国家必须分别主要商品生产的不同情况,逐步地推行计划收购和计划供应的政策,以便有计划地掌握货源和组织供应,严厉地同投机商作斗争,不让私商有操纵市场的可能。"③《一五计划》强调:"掌握货源的措施必须能够促进生产的发展。商品收购量的增加,是要在计划增产的基础上来达到的。"④ "组织供应的措施是要根据人民各方面的需要,加以适当

---

① 《周恩来选集》(下卷),北京:人民出版社,1984年,第8页。
② 中共中央文献研究室:《建国以来重要文献选编》(第1册),北京:中央文献出版社,1992年,第7页。
③ 中共中央文献研究室:《建国以来重要文献选编》(第6册),北京:中央文献出版社,1993年,第511页。
④ 中共中央文献研究室:《建国以来重要文献选编》(第6册),北京:中央文献出版社,1993年,第511页。

的照顾和必要的调剂。"①

1955年7月,毛泽东在《关于农业合作化问题》的报告中,结合农业合作化步骤与社会主义工业化步骤的关系问题和工农联盟问题,论述了城乡社会主义改造互相促进的问题,提出工业和农业协调发展的思想。"如果我们不能在大约三个五年计划的时期内基本上解决农业合作化的问题,即农业由使用畜力农具的小规模的经营跃进到使用机器的大规模的经营,包括由国家组织的使用机器的大规模的移民垦荒在内(三个五年计划期内,准备垦荒四亿亩至五亿亩),我们就不能解决年年增长的商品粮食和工业原料的需要同现时主要农作物一般产量很低之间的矛盾,我们的社会主义工业化事业就会遇到绝大的困难,我们就不可能完成社会主义工业化。"②"社会主义工业化的一个最重要的部门——重工业,它的拖拉机的生产,它的其他农业机器的生产,它的化学肥料的生产,它的供农业使用的现代运输工具的生产,它的供农业使用的煤油和电力的生产等等,所有这些,只有在农业已经形成了合作化的大规模经营的基础上才有使用的可能,或者才能大量地使用。"③

1955年10月,毛泽东在中国共产党第七届中央委员会扩大的第六次全体会议上作的《关于农业合作化和资本主义工商业改造的关系问题》报告中指出,"只有在农业彻底实行社会主义改造的过程中,工阶级同农民的联盟在新的基础上,就是在社会主义的基础上,逐步地巩固起来,才能够彻底地割断城市资产阶级和农民的联系,才能够彻底地把资产阶级孤立起来,才便于我们彻底地改造资本主义工商业。我们对农业实行社会主义改造的目的,是要在农村这个最广阔的土地上根绝资本主义的来源"④。

三、执政理念和执政重点调整分析

新中国成立后的土地改革运动是新民主主义革命在新的历史条件下的继续;同时,土地改革运动为新中国向社会主义过渡夯实了政治、经济基础,为中国工业化、现代化发展创造了必要条件,是新中国全面进行社会主义建设的

---

① 中共中央文献研究室:《建国以来重要文献选编》(第6册),北京:中央文献出版社,1993年,第513页。
② 《毛泽东文集》(第6卷),北京:人民出版社,1999年,第431页。
③ 《毛泽东文集》(第6卷),北京:人民出版社,1999年,第432页。
④ 中共中央文献研究室:《建国以来重要文献选编》(第7册),北京:中央文献出版社,1993年,第307页。

起点。毛泽东和党的其他领导人关于以农业为基础、工业为主导的一系列论述,以及中央农村工作会议、中央经济工作报告等内容,反映了有关处理城乡关系的执政理念,也体现了其执政重点在城与乡之间的协调。

首先,新中国成立初期采取了以农业带动工业发展的执政理念。过渡时期总路线包含着用乡村农业的社会主义改造来促城市工业发展的思想。具体而言,是把规模狭小的、落后的个体农业改造成规模较大的、先进的社会主义集体农业,进而在农业生产中采用先进的机械设备、先进的科学技术,扩大耕地面积和农业产品的产量,为工业的发展提供必要的农业产品,并为工业的发展提供更广大的市场和积累资金。1956年党的八大进一步将我国社会的主要矛盾确定为建立"先进的工业国"的理想同"落后的农业国"的现实之间的矛盾。毛泽东多次强调,我国的建设应以重工业为核心,"优先发展生产资料的生产"。①

其次,要统筹兼顾重工业、轻工业和农业的发展。这也是统筹城乡关系、妥善处理城乡关系问题的思想。我国在这一时期的城乡经济关系,从生产力方面看,主要是工业和农业的关系。在工业和农业的关系问题上,毛泽东和党中央提出了"以农业为基础,以工业为主导"的方针。中国是个农业大国,没有农业的发展作基础,其他任何事业都不可能发展。但同时,工业在整个国民经济中处于支配地位。没有工业的发展,农业的发展就会受到影响。农业的根本出路在于机械化,就是说农业的发展从根本上说要靠工业的发展才能实现。

这一时期,中国共产党执政的重点从工业优先逐渐向工农城乡兼顾转换。实践证明,只有优先发展工业,才能生产出足以满足社会主义建设的生产资料,为国民经济其他部门的生产提供前提条件。以工业带动其他产业的发展,迅速提高全社会的生产效率,实现国民经济的迅速发展,改善人民生活条件,才能巩固人民民主专政的社会主义地位。1960年秋,党中央和毛泽东开始采取措施调整国民经济,国民经济的调整一直持续到"文化大革命"前。

---

① 中共中央文献研究室:《建国以来重要文献选编》(第9册),北京:中央文献出版社,1994年,第57页。

第六章

以经济体制改革促发展的城乡统筹阶段（1978—2012年）

第六章
以经济体制改革促发展的城乡统筹阶段（1978—2012年）

自1978年开始的改革开放，改变了之前的城乡分离固化局面。这一时期，伴随城乡经济改革和新型城镇化快速发展，城乡互动频繁。在农村施行家庭联产承包责任制，在城市进行经济体制改革，解放和发展了城乡生产力。但在城乡人均收入水平迅速增加的同时，经济差距也在逐渐拉大。为调整城乡关系、缓解城乡矛盾，党和国家先后出台了统筹城乡发展、城乡一体化的政策指施，城乡关系逐渐从城乡差距扩大向工业反哺农业转变。

第一节　城乡经济改革和城镇化快速发展（1978—1992年）

一、农村经济改革率先取得突破

以1978年12月召开的党的十一届三中全会为标志，中国进入了改革开放的新时期。十一届三中全会公报明确指出，四个现代化目标的实现，必须大幅度地提高生产力，"也就必然要求多方面地改变同生产力发展不适应的生产关系和上层建筑，改变一切不适应的管理方式、活动方式和思想方式，因而是一场广泛、深刻的革命"[①]。"必须首先调动我国几亿农民的社会主义积极性，必须在经济上充分关心他们的物质利益，在政治上切实保障他们的民主权利。"[②] 会议通过了《中共中央关于加快农业发展若干问题的决定》，提出集中全国人民的力量，同心同德，维护好安定团结的局面，集中力量，共同进行社会主义现代化建设的新长征。邓小平指出："我们的改革是先从经济上，从改善人民生活上做起，不是从政治上做起。"[③]

党的十一届三中全会揭开了改革开放的序幕，为农村经济改革及农村的发展创造了前提条件。农村改革在政策上实行联产承包责任制，允许农民拥有更多的经营管理权。在向市场经济转型的改革中，首先默许安徽凤阳小岗村"包

---

① 中共中央文献研究室：《三中全会以来重要文献选编》（上），北京：人民出版社，1982年，第4页。

② 中共中央党史研究室等：《中国新时期农村的变革（中央卷）》（中），北京：中共党史出版社，1998年，第8页。

③ 中共中央文献研究室：《邓小平思想年谱（1975—1997）》，北京：中央文献出版社，1998年，第457页。

产到户"的改革创新,进而在1981年月召开的全国农村工作会议上,充分肯定改革旧的农业经济管理体制、建立生产责任制的实践。如给农民以土地承包经营的自主权,实行包产到户的家庭联产承包的生产形式;取消农产品统派购制度,给予农民对自己生产产品的自由处理权;开启农村税费改革,给予农民不纳税的权利,减轻农民负担;等等。通过这些经济权力的下放,农民能在农村改革中获得实实在在的经济利益。

1993年7月,第八届人大二次会议通过的《中华人民共和国农业法》规定,要"在发展生产的基础上,增加农业劳动者的收入,提高其生活水平"。由于党和国家的高度重视及采取的有效措施,农村经济的快速发展促进了农民的收入,改善和提高了农民生活水平。从1978年到1998年,农村居民年均纯收入由134元增加到2162元,年均增长14.9%,扣除物价因素,平均每年增长7.9%,收入增加额是1949—1978年29年增加额的近23倍。①

二、城市经济体制改革取得突破

1981年,国务院全面推行国有企业经济责任制改革,1983年实行"利改税",1984年明确国有企业拥有10项自主权。② 1984年10月召开的中共十二届三中全会是中国共产党在改革开放初期召开的一次重要全会。以全会通过的《中共中央关于经济体制改革的决定》(以下简称《决定》)为标志,中国的改革开放进入从农村改革转向城市全面改革的新时期。《决定》破除"左"的思想束缚,总结十一届三中全会以来改革开放经验,在诸如商品经济、价值规律等一些重大理论和现实问题上实现了突破,就全面经济体制改革进行了系统阐述,为开展全面经济体制改革指明了方向。城市改革涉及工、商、科、教等各个行业,其中最具决定性的是经济体制改革。《决定》明确指出,城市经济体制改革还只是初步的,城市经济体制中严重妨碍生产力发展的种种弊端还没有从根本上消除,只有坚决地系统地进行这方面改革,城市经济才能兴旺繁荣,推动整个国民经济更快更好发展。中国经济体制改革的重心便由农村转向城市。1984—1988年,城市改革成效初现,推动了经济较快发展。

1984—1988年,我国经济经历了一个加速发展的飞跃时期。农业和工业、

---

① 韩俊,刘振伟:《邓小平农业思想论》,太原:山西人民出版社,2000年,第100页。
② 中国改革与发展报告专家组:《透过历史的表象——中国改革20年回顾、反思与展望》,上海:上海远东出版社,2000年,第27~30页。

农村和城市、改革和发展相互促进，整个国民经济提高到一个新水平。1985年确立劳动合同制，并相应进行企业配套体制改革。1988年由原卫生部牵头进行职工医疗保障制度改革，逐步完善城镇职工医疗保障制度。

我国城市对外开放是从沿海地区城市开始。1979年第一批确定实施对外开放的城市有四个，分别是深圳、珠海、厦门、汕头。以上四市确定为我国的经济特区，实行"特殊政策、灵活措施"。1984年，以兴办经济技术开发区为优惠政策，确定北海、湛江、广州、福州、温州、宁波、上海、南通、连云港、青岛、烟台、天津、秦皇岛、大连14个港口城市对外开放。1988年建立海南经济特区，1990年浦东实行经济技术开发区和某些经济特区的政策。我国从沿海到内陆城市逐步实现了对外开放。这些城市的对外开放、各级各类城市设置的开发区，推动了城市经济的快速发展。

党的十三届三中全会，是我国新时期以来具有历史阶段性标志的一次重要会议。会议的决策使中国的改革开放和经济社会发展进入"治理整顿"阶段。这个阶段的"治理整顿"，不仅治理和部分改革了前十年积累下来的体制问题，也调整了因经济发展过快而出现的结构失衡问题，为1992年以后的改革和发展做好准备。

以1992年邓小平南方谈话和党的第十四次全国代表大会的召开为标志，我国改革开放和现代化建设进入向社会主义市场经济体制转变的新阶段。江泽民在十四届五中全会上关于正确处理第一、第二、第三产业关系的论述，在党的第十五次全国大表大会上关于把农业放在经济工作首位，确保农业和农村经济发展、农民收入增加的论述，均体现了中国共产党对我国城乡基本状况深入而科学的认识。

三、家庭联产承包责任制的推行实施

在小岗村的首倡及引领下，广大农村地区纷纷开始试验家庭承包责任制，发展农村经济。

1982年，中央第一个关于农村工作的"一号文件"——《全国农村工作会议纪要》正式出台，明确包产到户、包干到户都是社会主义集体经济的生产责任制，从此拉开了农村经济体制改革开放的大幕。仅仅经过两年多的试验和推广，农村经济就获得了大发展，解决了农民的温饱，巩固了农村社会稳定局面。1983年1月中共中央公布了关于农村工作的第二个"一号文件"——《当前农村经济政策的若干问题》，由此，以家庭承包经营制为基础、集体经济经营协同发展的双层经营体制正式确立下来,取代了人民公社体制下的单一集体经济体制,破除"单干就是小资"、家庭生产就是"走资本主义道路"的理论误区,这也是党的农村政策的稳固基石。

家庭承包制不仅是对计划经济体制下农业生产经营方式的改革,它获得成功也是农民主观能动性的体现,同时推动了农民主体性的重塑,激发了农民创新创造能力。我国农村改革是在广大农民的推动下开展和进行的,这一政策的提出和新的农村经营体制的实施,受到了农民的欢迎和支持,激发了农村发展的潜力,很快解决了农民的吃饭和农村的稳定问题。家庭承包经营体制在现实基础上适应生产力的发展,激发了农村的生产活力,促进了农业的快速发展。

得益于家庭联产承包责任制的推行,改革开放初期的农业总产值和主要农产品产量均实现大幅增长,解决了长期以来困扰中国的吃饭问题,农民的收入水平和生活水平得到了大幅提升。1978年至1982年这五年间,中国农林牧渔业总产值指数(以1952年为100)从1978年的206.26增加到1982年的266.5,增长幅度30%左右。① 1982年,在粮食作物播种面积连续几年减少的基础上,粮食产量达到了35450万吨、棉花产量359.8万吨、油料产量1181.7万吨。②

四、农产品价格逐渐走向市场化

改革开放后,我国通过对粮食等农副产品购销体制的改革,废除了阻碍农产品流通体制的障碍,使得广大农民获得农产品自由交换的权利,调动了农民生产和销售农副产品的积极性。农产品购销体制的改革促进了农村商品经济的发展,促使广大农民逐渐成为相对独立的商品生产者,对于转变农民商品经济观念以及促进农村商品流通体制格局的形成,具有非常重要的意义。

1982年1月1日,"中央一号文件"正式公布,对农副产品统购统销制度改革作了原则规定,并强调"农副产品收购,要坚持国家、集体、个人三兼顾"的原则,为以后改革统购统销体制埋下了伏笔。

1982年1月,中共中央批转《全国农村工作纪要》时指出,农业经济要计划经济为主、市场经济为辅,规定对二类农副产品实行派购时要确定合理的

---

① 国家统计局国民经济综合统计司:《新中国五十年统计资料汇编》,北京:中国统计出版社,1999年,第31页。
② 国家统计局国民经济综合统计司:《新中国五十年统计资料汇编》,北京:中国统计出版社,1999年,第33页。

收购基数；对某些不便确定基数的农产品品种的购留比例要合理确定。随着农产品产量的逐年增长，留给农民按照集市贸易价格出售的农副产品要逐年增加。

1983年1月，中共中央、国务院在《当前农村经济政策的若干问题》中再次指出，为搞活商品流通和促进商品生产，需要调整购销政策。"对关系国计民生的少数重要农产品可以继续实行统派购制度；而对于农民剩余的粮食等农副产品以及部分不在统购派购范围内的产品，应当允许农民通过多渠道方式自由经营，供销社和其他农村合作商业组织可以灵活购销。农民有自由经营的权利，可以到城市、到县域外或出省经营。"①

1985年，中央决定取消统购，实行合同定购。1991年5月，广东、海南率先实行粮食购销同价改革。1992年4月1日，中央政府决定在全国范围内推行这一改革。1992年10月，党的十四大确立了我国经济体制改革的目标是建立社会主义市场经济体制之后，全国各地先后放开粮食及其他产品价格，实行购销同价，促进粮食产销与市场接轨。2001年，原国家粮食局决定不再办理市镇粮食供应转移证明，统销才算彻底退出历史舞台。

五、乡镇经济的兴起与城镇化浪潮

我国乡镇企业的发展可以追溯到20世纪50年代的"社队企业"，也就是从1958年开始由人民公社兴办的非农企业。60年代中后期，随着农村体制的变化，生产大队和生产小队在生产经营方面被赋予了一定的自主权，可以从事一些副业和非农产业的经营，这一阶段兴起的农村非农企业就被称为"社队企业"。这一时期党和政府主张人民公社必须大办工业，为此也制定了一些发展工业的政策，但农村工业一直未能蓬勃发展而成为农村经济发展的主体，发挥其应有的历史作用。

党的十一届三中全会以后，党和国家大力扶持和鼓励发展乡镇企业，乡镇企业终于异军突起，在国民经济中确立了相应的地位，促进了农村经济的全面发展。邓小平曾深入分析了乡镇企业的出现对我国工业化和城市化发展的影响，提出中国农村发展应坚持以乡镇企业为主体、小城市为载体的工业化、城镇化道路。邓小平对此指出："农村改革中，我们完全没有预料到的最大的收

---

① 郑有贵、李成贵：《一号文件与中国农村改革》，合肥：安徽人民出版社，2008年，第339~340页。

获,就是乡镇企业发展起来了,突然冒出搞多种行业,搞商品经济,搞各种小型企业,异军突起。"①

乡镇企业以轻工业消费品为主要产品,在短缺经济时代能够有效提供计划经济体制下城市工业部门未能供给的日常消费品,极大地满足了城乡居民压抑已久的消费需求。乡镇企业发展速度极为迅猛,1988 年全国乡镇企业职工人数占全国从业人员的比例最高达到 17.6%,② 占乡村从业者比例达 23.8%③,与农业部门和城市工业部门一起构成了中国经济的"三元结构"④。1979 年全国乡镇企业数共有 148.04 万个,1984 年共有 607.34 万个,1985 年则达到了 1222.46 万个,比 1984 年增加了一倍还多。⑤

乡镇企业的发展使得乡镇成为吸纳非农业人口,实现"离土不离乡,进厂不进城"的"自下而上城镇化"的重要空间载体,非农就业人口和产业的集聚也使小城镇迎来了一轮建设高潮,对这一阶段我国工业化和城镇化进程的推进做出了巨大贡献。乡镇企业的发展改变了传统经济体制和发展战略下形成的失衡的城乡关系,打破了长期存在的二元经济社会结构,为我国找到了一条具有中国特色的农村工业化和城镇化道路。

我国城市经济体制改革之前,工业化、城镇化进程相当缓慢,其根本原因是与城乡二元结构体制相辅相成的传统的计划经济体制。这种体制下,政府是资源配置的主体,强制抑制乃至排斥市场发育和市场竞争。以外延扩张为特点的赶超型发展战略,只有通过暂时牺牲农业、限制第三产业以及延期支付城市化费用,才有可能付诸实施,导致城市化明显滞后于工业化。⑥

20 世纪 90 年代,为缓解国有企业改制出现的就业压力,国家实施积极、灵活的就业政策,鼓励非公有制经济发展。户籍限制的逐步放宽,推动中国城镇化进入高速发展通道。随着人口流动管制的逐步放松,鼓励农民向城市转移,对大城市发展规模的控制也进一步放宽。一系列的改革措施极大地提升了

---

① 《邓小平文选》(第 3 卷),北京:人民出版社,1993 年,第 238 页。
② 国家统计局国民经济综合统计司:《新中国五十年统计资料汇编》,北京:中国统计出版社,1999 年,第 2 页。
③ 《中国乡镇企业年鉴》编辑委员会:《中国乡镇企业年鉴 1993》,北京:中国农业出版社,1993 年,第 146 页。
④ 李克强:《论我国经济的三元结构》,《中国社会科学》,1991 年第 3 期,第 65~82 页。
⑤ 中华人民共和国农业部:《新中国农业 60 年统计资料》,北京:中国农业出版社,2009 年,第 47 页。
⑥ 许经勇:《论以理顺城乡关系为主轴的中国经济体制改革演变历程》,《浙江社会科学》,2018 年第 1 期,第 10~18 页。

城市的吸引力,非公有制经济的就业吸引力不断增强,大量人口向城市转移。非城镇户籍、远距离到城市就业的"农民工"大量涌现。1978年城镇常住人口1.7亿,城镇化率仅17.92%,到1996年城镇常住人口3.7亿,城镇化率增长至30.48%,并分别于2003年、2011年突破40%、50%,2011年城镇常住人口高达6.9亿,① 推动城镇经济蓬勃发展。

第二节 城市偏向政策持续实施(1992—2003年)

一、城乡关系进入新阶段

1992年春,邓小平在视察武昌、深圳等地时发表著名的南方谈话,一方面强调要始终如一地坚持党的基本路线不动摇,另一方面强调应坚持将社会主义建设发展与中国具体实际结合在一起,解放思想,实事求是,以是否有利于生产力发展、综合国力和人民生活水平的提高为尺度。南方谈话为我国建设中国特色社会主义奠定了思想基础,城市经济体制改革随之也进入了一个崭新的发展阶段。

进入市场经济体制时期,我国城乡市场割裂问题仍然严峻。一方面,市场对资源配置的作用不断地扩大,有效地推动了经济的发展。另一方面,从整体角度出发,市场对资源不合理的配置,使得城乡之间的差距越来越大。与此同时,与市场配置相关的法律法规还不健全,在资源配置方面,市场的调节作用没有得到充分的发挥。这种城乡市场分割的现象严重地阻碍了城乡之间要素的自由流动,甚至影响我国整个社会的经济发展。在财政方面,虽然国家一直强调中央财政要加强对农村农业的支持力度,加大对农业的补贴,但是在财政资金的占比上看,并没有完全地改变城市偏向的政策,对农业的补贴仍然很少,甚至出现下降的趋势——1991年是10.3%,2001年下降到5.1%,与国民生产总值中农业15.2%的份额非常不对称;同年农业相关税收占国家税收的18.7%,高出中央财政用于支农比重13.6个百分点,上交金额达到2352.7亿

---

① 陈明星,叶超,周义:《城市化速度曲线及其政策启示:对诺瑟姆曲线的讨论与发展》,《地理研究》,2011年第8期,第1499~1507页。

元，多出财政支农资金 1388 亿元。① 城乡的收入差距在这一阶段开始拉大。

此外，20 世纪 80 年代的城乡建设用地改革，为 90 年代城乡财产差距拉大埋下了伏笔。20 世纪 80 年代，农村乡镇企业和城市开发区大规模占有耕地，耕地急速减少。仅 1980 到 1985 年，就年均减少 737 多万亩耕地。② 1986 年国家颁布了《中华人民共和国土地管理法》，对乡镇企业和城市开发用地做了明确规定，乡镇企业用地权归国家（实际是县级以上政府部门）所有，各地新办企业进入经济开发区。《中华人民共和国土地管理法》之后经过多次修改，规定国有土地使用权可以依法转让，实行国有土地有偿使用制度，土地成为一种资产，土地的主要收益权及其支配权归于政府。③

二、农村政策的不断调整

改革开放后，农村联产承包责任制的建立和人民公社的解体，虽促进了农业生产力的发展，却也同时造成农村社会保障制度的缺失和不到位。1983、1984 年连续两年"中央一号文件"都对农村公共服务设施做出明确规定。1983 年"中央一号文件"关于农村基础设施的规定提出，国家有限的投资只能用于重大基础设施项目建设，农村生产发展利用农田基本建设和农村居民生活实用的基本服务设施建设要靠农民自己的积累。④ 1984 年"中央一号文件"规定乡一级统筹决定农村教育、民兵训练、优扶等各项民办公助事业，由此形成了城市和乡村不同的公共服务供给模式，农村通过"村提留、乡统筹"保障农村公共服务的供给，⑤ 城市依靠政府保障公共服务的供给。随着城市公共服务供给制度逐步完善、国家投入城市的各种公共服务设施的资金连续增加，城乡公共服务的差距越来越大。

在市场经济的条件下，农村并没有从根本上改变其服务的地位，城市的要素很少向农村流动，城市的工业并没有延伸农村的产业链，而城市与工业对农业的剩余价值的持续占有，使得农业的发展由改革开放的初级阶段得到缓解

---

① 朱诗柱：《统筹城乡发展的关键是逐步统一城乡经济社会体制和政策》，《当代经济研究》，2004 年第 6 期，第 61~64 页。
② 王先进：《我国耕地的现状、发展趋势及对策》，《科技导报》，1989 年第 4 期，第 42 页。
③ 赵燕菁：《从城市管理走向城市经营》，《城市规划》，2002 年第 11 期，第 7~15 页。
④ 中共中央文献研究室：《十二大以来重要文献选编》（上册），北京：中央文献出版社，1986 年，第 226 页。
⑤ 中共中央文献研究室：《十二大以来重要文献选编》（上册），北京：中央文献出版社，1986 年，第 369~370 页。

后，又进入了滞后阶段。工业与农业之间呈现出严重的不协调状态，农业进入了相对滞后的时期，而工业进入了快速发展阶段。城乡之间的税收制度未能体现出真正的公平公正，农村居民用于农业的税收负担相对比较重，城市居民收入相对较高，但未承受与之匹配的税收负担。1995年农民平均收入相当于城镇居民的40%，仅税款一项，农民人均支付额相当于城镇居民的9倍。[①]

1993年，党的中央农村工作领导小组成立。为保障农业、农村的发展和农民的生活水平，中央农村工作会议每年召开一次，以部署当年农村和农业工作的重点任务。1994年会议提出的任务是保证粮棉油和"菜篮子"的生产和供应；1995年会议将落实"米袋子"省长责任制作为解决粮食问题的关键措施；1996年会议提出要实现农业可持续发展；1997年会议确定从做好粮食收购等八个方面着手解决三农问题；1998年会议提出调整农业结构、发展小城镇建设；1999年会议则把增加农民收入作为农村工作的重点。这些围绕如何发展农业生产、如何增加农民收入以及如何保持农村稳定的问题所做的部署，体现出农业工作一直是党中央工作的重点。这些部署的实施，也在实际上促进了农村经济的发展、增加了农民的收入、确保了农村社会的稳定，为城乡关系的和谐发展奠定了基础。

三、城市国有企业改组改造

进入20世纪90年代，我国的国有企业改革在80年代的基础上朝着转换机制、政企分开、制度创新、战略调整的方向迈进。国有企业改革成为我国经济体制改革的中心环节，各项重大改革措施稳步推进，促进了国有企业的成长壮大。

企业股份制改造同时展开。1984年4月，国家体改委在常州市召开了城市经济体制改革试点工作座谈会。会议认为，股份制应成为城市集体企业和国营小企业进一步放开搞活的一个办法。同年7月，我国第一个股份公司——北京天桥百货股份有限公司正式成立。1986年12月，《国务院关于深化企业改革增强企业活力的若干规定》发布，指出"各地可以选择少数有条件的全民所有制大中型企业，进行股份制试点"。此后，全国的一些省市随即开始挑选国有大中型企业进行股份制改革试点。

---

① 杨孝光，廖红丰，刘建明：《统筹城乡制度促进农民增收》，《新疆经济》，2004年第5期，第27~30页。

企业承包经营责任制起始于 1987 年，承包期一般为 3 至 5 年，到 20 世纪 90 年代初期，第一轮承包到期。许多企业在第一轮承包期满后，签订了新一轮承包合同，到 1991 年初，有 95％的企业签订了新一轮承包合同。1990 年国家对国营大中型骨干企业实行"双向"承包，国家对企业承包能源和主要原材料的供应，企业对国家承包上交税利、企业发展、企业管理三项指标的合同兑现指标。

1993 年，党的十四届三中全会明确指出：国有企业实行公司制是建立现代企业制度的有益探索，具备条件的国有大中型企业要根据自己的不同情况，分别改组成国有独资公司、有限责任公司或股份有限公司。一般小型国有企业，有的可以实行承包经营、租赁经营，有的可以改组为股份合作制，也可以出售给集体或个人。大型国企实行"公司化"和中小国企实行"民营化"的"抓大放小"国家改革与重组策略初步形成，[①] 这标志着国有企业改革进入了制度创新、配套改革的新阶段。1994 年国务院决定，选择 100 家国有大中型企业进行试点。随后，各地区根据本地区的实际情况，按照"产权清晰，权责明确，政企分开，管理科学"的基本要求，积极稳妥地推进现代企业制度试点工作。

四、城乡二元分治的户籍制度不断松动

1982 年 1 月 1 日，全国农村工作会议纪要明确"严格控制大城市，适当发展中等城市，积极发展小城镇"的城镇化方针，要求大力发展乡镇企业。农村剩余劳动力的流动主要是进入就近的乡镇企业，进城的农村人口数量相当有限。1984 年 10 月《国务院关于农民进入集镇落户问题的通知》规定，在集镇务工、经商、办服务业的农民和家属，在集镇有固定住所，有经营能力，或在乡镇企事业单位长期务工，可以落常住户口，口粮自理，明确了"自带口粮户口"的实施办法，允许务工、经商、办服务业的农民在小城镇落户，但国家不提供粮油指标。随着"农转非"规模的逐渐扩大，落户的政策从小城镇向大中城市发展，一些城市出台了"蓝印户口"[②] 以进行对外来人员的管理，用其区别本地居民的城镇户口。随着 1985 年的《关于城镇暂住人口管理的暂行规定》

---

① 中共中央文献研究室：《十四大以来重要文献选编》（上册），北京：人民出版社，1996 年，第 17~18 页。

② 蓝印户口是一种介于正式户口与暂住户口之间的户籍，因公安机关加盖的蓝色印章，而被称为蓝印户口。2000 年之后，蓝印户口在各地逐步被叫停，渐渐退出历史舞台。

的施行，城镇通过颁发"暂住证"来管理农村进城的流动人口。同年，《中华人民共和国居民身份证条例》实施，全国年满18周岁的城乡居民使用身份证进行管理，使用户口管理城乡居民流动的控制大大减弱。

1987年中共中央发出《把农村改革引向深入》的通知，国家开始允许农村剩余劳动力向劳动力紧缺的地区流动，次年出现了第一次"民工潮"。由于担心外来劳动力冲击当地居民的就业，1989年国家出台了《关于进一步做好控制民工盲目外流的通知》，对农村劳动力流动的导向以"控制盲目流动"为主要原则；1994年，国家颁布《农村劳动力跨省流动就业管理暂行规定》，对农民选择就业行业做了严格的规定。总的来看，1985年到2002年这一期间，虽然城乡之间的人口开始不断地流动，城市的规模开始慢慢扩大，但是由于我国受到长期的二元户籍制度的影响，农村进城务工的劳动者不能享受到与城市的居民同等的福利待遇。

由计划经济体制向市场经济体制转型的过程中，我国的发展战略发生了巨大的调整，城乡分割和相互封闭的格局得到了一定的缓解，城乡的经济社会关系也发生了一定的变化。在推行市场经济体制改革的过程中，长达几十年的农产品统购统销的制度慢慢消失，农产品的价格受到了市场机制的调节，实现了市场定价，与此同时也慢慢地开放了其他的农产品市场，农产品的价格关系随着市场经济体制的改革得到了一定的调整，有效地促进了城乡之间经济的发展。但是由于我国受到城市偏向政策的影响，同时在体制机制上阻碍了城乡之间要素的流动，城市与农村的发展截然不同，导致城乡关系再一次失衡。

第三节　统筹城乡发展加速推进（2003—2012年）

一、"统筹城乡发展"的提出

2002年，党的十六大提出"统筹城乡经济社会发展"，主要内容包括：一是加强农业基础地位，积极推进农业产业化经营，开拓农村市场；二是促进农村富余劳动力向非农产业和城镇转移，通过减少农业人口提高农业现代化水平和农民收入水平；三是坚持党在农村的基本政策，包括加大对农业的投入和支持，通过政策支撑调整城乡关系。2003年10月，党的十六届三中全会提出

"科学发展观",强调按照"统筹城乡发展、统筹区域发展、统筹经济社会发展、统筹人与自然和谐发展、统筹国内发展与对外开放"的要求推进各项事业的改革和发展。党的十六大提出,"统筹城乡经济社会发展,建设现代农业,发展农村经济,增加农民收入,是全面建设小康社会的重大任务",这是党中央根据新世纪我国经济社会发展的时代特征和主要矛盾,致力于突破城乡二元结构,破解"三农"难题,全面建设小康社会所做出的重大战略决策。

党中央、国务院提出统筹城乡发展,是与中国经济发展阶段相适应的。一方面,改革开放以来中国经济社会发展成就为社会主义新农村建设提供了客观可能性。2004年,我国财政收入突破2.5万亿元,达到2696亿元,人均财政收入达到2030元,分别是1978年的23倍和17倍[①],为"以工促农,以城带乡"提供了较为雄厚的财力支撑。另一方面,从农村当时的发展状况来看,基础设施有了极大的改善,经过30年的建设,国家加大对农村基础设施的投入,在农业生产基础设施、农村发展基础设施(交通、村镇、电力、通信、广播电视、教育卫生)等方面都建立了比较完善的体系。我国已经具备了统筹城乡发展的现实基础。

二、全国统筹城乡综合配套改革实验

城乡关系一般是与工业化进程密切相关的。工业化进入中期阶段后,国民经济的主导产业由农业转变为非农产业,经济增长的动力机制主要来自非农产业,不再需要从农业吸纳资本等要素。农业应获得与工业平等发展的机会与权利,并逐步成为接受"补助""补偿"的部门。这个阶段是工农城乡关系开始改善,由城乡分隔走向城乡协调发展的关键阶段。

2007年6月,国家发展和改革委员会批准重庆市和成都市设立"国家级综合配套改革试验区",要求重庆市和成都市从两市实际出发,根据统筹城乡综合配套改革实验的要求,全面推进各个领域的体制改革,并在重点领域和关键环节率先突破,大胆创新,尽快形成统筹城乡发展的体制机制,促进两市城乡经济社会协调发展,也为推动全国深化改革、实现科学发展与和谐发展发挥示范和带动作用。到2012年,我国已初步形成东中西互动、多层次推进的综合配套改革试验格局。各地自主开展了省级综合配套改革试点,各个改革试点定位不同,各有侧重,有利于把实施国家战略任务与尊重地方首创精神结合起

---

① 李佐军:《中国新农村建设报告(2006)》,北京:社会科学文献出版社,2006年,第37页。

来，形成改革合力。在统筹城乡综合配套改革工作中，存在农村产权制度改革与农民财产性收入矛盾问题，城乡建设用地增减挂钩与保证耕地质量问题，进城农村人口土地承包权、宅基地退出和补偿机制问题，进城稳定就业农村人口的市民化问题，城乡基本公共服务制度的衔接和统一问题，这些问题也是统筹城乡综合配套改革工作创新突破的重点。

三、社会主义新农村建设下乡村面貌改观

2005年，在党的十六届五中全会上，胡锦涛提出了建设"社会主义新农村"的重大历史任务。这次会议把加强新农村建设列为"十一五"期间重点建设任务之一。[①] 胡锦涛指出，纵观一些工业化国家发展的历程，社会主义新农村是指在工业化初始阶段，农业支持工业、为工业提供积累是带有普遍性的趋向；但在工业化达到相当程度以后，工业反哺农业、城市支持农村，实现工业与农业、城市与农村协调发展，也是带有普遍性的趋向。生产发展、生活宽裕、乡风文明、村容整洁、管理民主，是十六届五中全会对建设社会主义新农村的总体要求。

社会主义新农村建设的提出，表明中央领导集体的农村改革和农村发展思路已经发生了根本性转变，不再单纯谋求农村经济发展，而是开始全面关注农村政治、经济、文化、社会、生态的协调发展。遵循这一思路，各地以科学发展观为指导，全面推进社会主义新农村发展，取得了令人瞩目的成效。实践证明：新型农村住宅社区建设是社会主义新农村建设的创新模式，是科学发展观在农村的创新实践。

在一些农村经济发展局面较好的农村地区，农民在思想观念上进一步发展，推动农村经济向更加繁荣的局面迈进，被誉为"天下第一村"的华西村，正是通过农村经济的繁荣发展实现了生产发展、生活富裕。[②]

---

① 中共中央文献研究室：《十六大以来重要文献选编》（中册），北京：中央文献出版社，2006年，第1050~1051页。
② 杨勇，赵宇霞：《新农村建设视域下农村集体经济助推农民发展理路研究》，《贵州社会科学》，2013年第12期，第66~70页。

四、"三农"支持体系不断完善、农村基本公共服务水平大幅提高

新中国成立后,为保证国家政权稳定和推进工业化建设,农业税在相当时期内,一直是国家财政的重要来源。1958年,全国人大常委会颁布实施《农业税条例》,统一了全国农业税制度,对纳税人、征税范围、农业收入的计算、税率、优惠减免及征收管理等做出了明确规定。在当时的农业税法律制度框架下,主要有农业税、牧业税和农业特产税。随着农业和农村发展逐渐迈入新阶段,为切实解决"三农"问题,减轻农民负担,保持农业、农村的健康稳定发展,中央开始出台一系列促进农民增收减负的政策措施。2000年3月,中共中央、国务院发出《关于进行农村税费改革试点工作的通知》,以安徽省为试点正式启动了农村税费改革工作。2004年3月5日,第十届全国人民代表大会第二次会议决定,从当年起,逐年降低农业税税率,平均每年降低1个百分点以上,五年内取消农业税。这是农村税费改革实践中迈出的又一实质性步伐。

"十五"时期通过取消"三提五统"的农村税费改革,可直接减轻农民用于承担税费的开支上千亿元,实现粮食增产、农民增收。在国家财政投入稳步增加的同时,农业税收取消,农业补贴增多,农村贫困人口减少。2005年,关于废止《中华人民共和国农业税条例》的决定,经十届全国人大常委会第十九次会议表决通过。从2006年1月1日起,我国全面取消农业税,原定五年取消农业税的目标提前实现。这是从根本上解决"三农"问题的一项重大战略性举措,是中国农业史上的一个重要里程碑,也是我国实行改革开放、发展市场经济的必然结果。

为保障农民的基本医疗需求,减轻农民因病带来的经济负担,缓解因病致贫、因病返贫问题,我国政府于2002年开始建立以大病统筹为主的新型农村合作医疗制度。2003年,《国务院办公厅转发相关部门关于建立新型农村合作医疗制度意见的通知》发布,提出新型农村合作医疗制度是由政府组织、引导、支持,农民自愿参加,个人、集体和政府多方筹资,以大病统筹为主的农民医疗互助共济制度。2004年,《关于促进农民增加收入若干政策的意见》提出要在有条件的地方探索建立农民最低生活保障制度。2006年的《政府工作报告》提出2008年在全国农村基本建立新型合作医疗制度和医疗救助制度。同年劳动和社会保障部出台文件将工伤保险制度覆盖高风险企业的农民工。2007年7月,国务院发布了《在全国建立农村最低生活保障制度的通知》,随

后各地开始建立了农村最低生活保障制度。2008年要求进一步完善农民工社会保障制度。2009年,在全国已经有10%的县(市、区)开展新型农村社会养老保险试点。农民的社会养老保障政策逐步发展,城乡社会保障的体系建设逐步形成,缩小了城乡社会保障的差距。2011年末,新农村合作医疗制度覆盖了全国8.32亿农民,医疗参保率达97.5%。①

第四节 城乡关系的相关文件和论述梳理

一、支持城乡要素流动、"五个统筹"等涉及城乡关系调整的阐述

党的十一届三中全会恢复了解放思想、实事求是的思想路线,确立了改革开放的政策,由此我国在主要矛盾问题上拨乱反正,重新认识和定义了社会发展的主要矛盾。

1979年3月30日,邓小平在党的理论工作务虚会上发表讲话指出:"我们的生产力发展水平很低,远远不能满足人民和国家的需要,这就是我们目前时期的主要矛盾,解决这个主要矛盾就是我们的中心任务。"② 这个判断成为对改革开放后国内主要矛盾判断的基础。

党的十一届三中全会确立了"一个中心、两个基本点"的基本路线,全党全国工作重心全面转移到经济建设上来。1984年10月召开的党的十二届三中全会是中国共产党在改革开放初期召开的一次重要全会,会议分析了我国当前的经济和政治形势,总结了我国社会主义建设正反两方面的经验,特别是这几年城乡经济体制改革的经验,一致认为:必须按照把马克思主义基本原理同中国实际结合起来,建设有中国特色的社会主义的总要求,进一步贯彻执行对内搞活经济、对外实行开放的方针,加快以城市为重点的整个经济体制改革的步伐,以利于更好地开创社会主义现代化建设的新局面。

1987年1月,中共中央政治局通过的《把农村改革引向深入》文件,要

---

① 数据来源:中华人民共和国国家统计局。
② 《邓小平文选》(第2卷),北京:人民出版社,1994年,第182页。

求同级政府不应过多干涉乡镇企业自主权,相关部门要改进税收制度和缴费制度,鼓励乡镇企业扩大生产能力,提高生产技术。① 为促进乡镇企业的顺利发展,国务院于 1990 年 6 月发布《中华人民共和国乡村集体所有制企业条例》,这是一部以关注农村经济走向促进乡镇企业发展的重要行政法规。该条例从法律上为乡镇企业的定位、发展等作了标识,为其发展提供了必要的保障,有助于促进乡镇企业的稳定、健康发展。

从改革开放之初到 20 世纪 80 年代末,我国先后对国有企业实行扩权让利、承包经营责任制、股份制等方面的改革。这些改革措施,对国有企业经济效益的改善和推进中国经济发展起到了积极的作用,使国有企业的活力有所增强,对宏观经济环境和市场变化的适应能力逐步提高,为进一步深化改革积累了经验、奠定了基础。

城市的治理作整顿工作开展的同时,农村改革也在深入推进发展。中共中央、国务院《关于当前农业和农村经济发展的若干政策措施》中明确指出:"深化农村改革,应以培育市场主体、健全市场体系、加强宏观指导和对农业的保护为主要内容。"②

在这一基本路线指引下,为改变农村发展多年来停滞不前、城乡差距日益扩大的困境,调动农业生产积极性,重塑城乡利益分配格局,中共中央、国务院自 1982 年到 1986 年连续出台五个"一号文件",依次从肯定土地联产承包责任制、农业转向商品生产、农民资金自由流动、改革农村经济管理体制、搞活农村经济等方面强调提高农业生产力,激发农业生产积极性,进而调整工农、城乡利益分配。2004—2012 年,党中央连续十八年的"一号文件"均聚焦"三农"问题,强调加大对"三农"的财税金融支持力度,以"农业四补贴"③ 为核心的"强农促农富农"政策更是我国最为重要的农业扶持政策。2006 年出台的《关于推进社会主义新农村建设的若干意见》中指出,根据我国经济社会发展的阶段性特征,应着力加强以工促农、以城带乡"的长效机制建设。2010 年"中央一号文件"中明确指出要"把统筹城乡发展作为全面建设小康社会的根本要求"。

---

① 中共中央文献研究室:《十二大以来重要文献选编》(下册),北京:中央文献出版社,1988 年,第 178~179 页。

② 中华人民共和国农业部:《中国新时期农村的变革(中央卷)》(中),北京:中共党史出版社,1998 年,第 960 页。

③ 粮食直补、良种补贴、农机具购置补贴和农资综合补贴。

二、中央农村工作会议、中央经济工作报告等关于城乡改革的阐述

城乡改革是一个渐进的过程,农产品价格的渐进市场化便是城乡改革的主要内容之一。1983 年"中央一号文件"指出,"对重要农副产品实行统、派购是完全必要的,但品种不宜过多"。1984 年"中央一号文件"又指出,"要随着生产和市场供给的改善,继续减少统派购的品种和范围"。1985 年底,中央提出了"逐步缩小合同订购数量,扩大市场议购"的新方针。农村统购派购体制解体。

1992 年 10 月,党的十四大提出建立社会主义市场经济体制,确立社会主义市场经济体制的改革目标。1992 年底,全国 844 个县(市)放开了粮食价格,粮食市场形成。1993 年 2 月,国务院发出《关于加快粮食流通体制改革的通知》,提出粮食流通体制改革要把握时机,在国家宏观调控下放开价格,放开经营,增强粮食企业活力,减轻国家财政负担,进一步向粮食商品化、经营市场化方向推进。1993 年 11 月,中共中央、国务院《关于当前农业和农村经济发展的若干政策措施》宣布:"经过十多年来的改革,粮食统购统销体制已经结束,适应市场经济要求的购销体制正在形成。"这标志着在农产品销售中市场体制逐渐替代了计划体制,为社会主义市场经济的发展扫除了障碍。

2000 年 3 月,中共中央、国务院《关于进行农村税费改革试点工作的通知》中提出了对农民群众农业生产经营活动"多给予、少索取"的原则,使国民经济分配向农业生产、农村发展与农民生活领域倾斜,让亿万农民群众看到实惠、收获利益。2003 年,在中央农村工作会上,胡锦涛强调"三农"问题对全面建设小康社会、对国民经济稳健发展、对国家稳定团结的重要决定性意义。2003 年党的十六届三中全会上,胡锦涛进一步指出要从统筹城乡、区域、经济社会、人与自然、对内对外发展五个方面着手,更有效地发挥市场作用,为建设小康社会提供保障。在这次会议上,胡锦涛首次全面阐述了科学发展观,并把城乡的统筹发展看作科学发展观的重要组成部分。2006 年 1 月,全国范围内彻底取消了农业税,亿万农民群众从事农业生产经营活动的负担减轻,农业生产经营主体活力释放,农业生产经营活动成本降低。2006 年发布的《"十一五"规划纲要》也把城乡统筹协调发展作为我国社会发展的主要目标。

2008 年 10 月,《中共中央关于推进农村改革发展若干重大问题的决定》

对农业家庭经营制度中的农地关系进行了新的阐释,第一次提出"长久不变"的问题,在政策上强化了农业家庭经营制度的稳定性。"长"与"稳"解决了亿万农民群众从事农业生产经营的"后顾之忧",为几亿农民获得良好的土地经营预期以及农业家庭经营制度的发展创新提供了制度保障。

三、执政理念和执政重点调整分析

在国家工业化发展初期,农业服务于工业,为工业发展提供生产要素的储备;在国家工业化成熟期,工业需要反哺农业,城市需要支持农村。工农业和城乡之间的协调发展,是贯穿国家发展始终的普遍趋向。

改革开放初期,党中央做出改革开放率先从传统计划经济体制发育最薄弱但人口众多的农村开始的决策,目的是"先把农民这一头安稳下来"①,因为"农村人口占我国人口的百分之八十,农村不稳定,整个政治局势就不稳定"②。在促进城乡劳动力流动方面,改革开放初期,有限制地允许农村人口进入城市务工。农村剩余劳动力进入城市,从事建筑业、服务业等行业,为城市的快速发展提供了劳动力支持。但由于农村人口不能享有城镇居民拥有的福利待遇,因此待条件成熟,需要对城乡有别的户籍制度进行改革。因此随着改革逐渐深入,渐进式地调整城乡有别的户籍制度,逐步放宽了农村居民落户城市的条件,促进了户籍城镇化水平的稳步提高。在城乡基础设施建设方面,这一时期加大了对农村水利、电力、医疗、教育等生产生活基础设施的建设,提升了农村的基本公共服务水平。同时,城乡居民享有的社会保障愈发完善,生活质量逐步提高。政策的调整表明,中国共产党将以人民为中心作为一切工作的出发点和落脚点。

新世纪新阶段面对新的历史任务,胡锦涛强调"解决好农村、农业、农民问题,事关全面建成小康社会大局,必须始终作为全党工作的重中之重"③。2004年,胡锦涛在中国共产党十六届四中全会第三次集体会议上指出,"纵观一些工业国家的发展历程,在工业化初始阶段,农业支持工业、为工业提供积累带有普遍性的趋向;但在工业化达到相当程度以后,工业反哺农业、城市支持农村,实现工业与农业、城市与农村协调发展,也是带有普遍性的趋向",

---

① 《陈云文选》(第3卷),北京:人民出版社,1995年,第236页。
② 《邓小平文选》(第3卷),北京:人民出版社,1993年,第237页。
③ 《十七大报告辅导读本》,北京:人民出版社,2007年,第22页。

更是明确指出,我国目前的发展阶段已到达了两个趋向中所指的第二个阶段,"已到了以工促农、以城带乡的发展阶段"。[①] 因此,在城乡建设中,应自觉服从这一规律,以发展现代农业为中心,工业为农业发展创造条件。"两个趋向"论断的提出,体现了党结合解决城乡问题的长期实践,在新的社会发展时期对工业和农业、城市和农村关系认识的进一步深化。伴随以取消农业税为标志的全面惠农政策的陆续铺开,城市支持农村、工业反哺农业在这一时期继续得以贯彻执行。

[①] 中共中央党史和文献研究院:《十六大以来重要文献选编》(中),北京:中央文献出版社,2011年,第311页。

第七章

以融合发展为中心的新型城乡关系阶段（2012年以来）

全面建设社会主义现代化国家，既要建设繁华的城市，也要建设繁荣的农村。党的十八大以来，以习近平同志为核心的党中央统筹推进"五位一体"总体布局、协调推进"四个全面"战略布局，持续深化对城乡关系规律的认识，提出一系列新理念、新思想、新战略，为全面建设社会主义现代化国家提供有力支撑。总体而言，新时代城乡关系经历了从"以工促农、以城带乡、工农互惠、城乡一体"到"工农互促、城乡互补、全面融合、共同繁荣"，再到"工农互促、城乡互补、协调发展、共同繁荣"的转变。这个阶段，政策方向从城乡统筹、城乡一体化逐步调整到城乡融合发展，并将农业农村的现代化及处理好工农关系、城乡关系置于现代化进程中非常重要的位置。

第一节 城乡发展一体化和新型城乡关系的形成（2012—2017年）

一、推动城乡发展一体化

关于"城乡发展一体化"的概念很早就已经出现。2004年，中央经济工作会议提出，"我国现在总体上已经到了以工促农、以城带乡的发展阶段"[1]。随后，《中华人民共和国国民经济和社会发展第十一个五年规划纲要》明确提出"统筹城乡发展，推进社会主义新农村建设……要加强农业基础地位，走中国特色农业现代化道路，建立以工促农、以城带乡长效机制，形成城乡经济社会发展一体化新格局"。2005年，中共中央做出的"两个趋向"的重要论断，表明工农城乡关系进入到推进城乡经济社会发展一体化的新阶段。[2] 2007年，党的十七大在部署农业农村工作时，围绕"统筹城乡发展，推进社会主义新农村建设"的主题，提出了"要加强农业基础地位，走中国特色农业现代化道路，建立以工促农、以城带乡长效机制，形成城乡经济社会发展一体化新格

---

[1]《中共中央关于推进农村改革发展若干重大问题的决定》，《人民日报》，2008年10月13日。
[2] 蔡玉胜：《构建新型城乡关系的问题和途径及改革要点》，《农业现代化研究》，2014年第2期，第129～133页。

局"①,阐明了城乡统筹和城乡经济社会化一体化的关系。

2012年,党的十八大首次提出"促进工业化、信息化、城镇化、农业现代化同步发展"的方向,并将"推动城乡发展一体化"作为推动农业农村工作的总方针,指出"解决好农业农村农民问题是全党工作重中之重,城乡发展一体化是解决'三农'问题的根本途径",强调加快完善城乡发展一体化的体制机制,着力推动城乡基础设施、公共服务等的一体化,形成以工促农、以城带乡、工农互惠、城乡一体的新型工农、城乡关系,让广大农民平等地参与现代化进程,共享现代化的成果。② 这是中央首次提出新型城乡关系的概念,并且将"城乡一体"作为新型城乡关系的最终目标,意味着我们党关于优化城乡关系治理、促进城乡协调发展的认识进一步跃升到新的高度。构建新型工农城乡关系,是解决"三农"问题的根本途径,需要着力在城乡规划、基础设施、公共服务等几个方面系统推进一体化。③

2013年11月,党的十八届三中全会通过了《中共中央关于全面深化改革若干重大问题的决定》,明确将完善发展中国特色社会主义制度,推进国家治理体系和治理能力现代化作为全面深化改革的总目标,更加注重改革的系统性、整体性、协同性。由于城乡二元结构是制约城乡发展一体化的主要障碍,因此必须从推进城乡要素平等交换和公共资源均衡配置等方面,着力抓好基础性、长远性、全局性、系统性的制度设计,"形成以工促农、以城带乡、工农互惠、城乡一体的新型工农城乡关系,让广大农民平等参与现代化进程、共同分享现代化成果"。健全城乡发展一体化的体制机制成为其中重要内容。

具体而言,健全城乡发展一体化体制机制的内容主要包括:一是加快构建新型农业经营体系。坚持农村土地集体所有权,稳定农村土地承包关系并保持长久不变,在坚持和完善最严格的耕地保护制度前提下,赋予农民对承包地占有、使用、收益、流转及承包经营权抵押、担保权能。鼓励承包经营权在公开市场上向专业大户、家庭农场、农民合作社、农业企业流转,发展多种形式规模经营。二是鼓励农村发展合作经济,扶持发展规模化、专业化、现代化经营,鼓励和引导工商资本到农村发展适合企业化经营的现代种养业,推进城乡

---

① 胡锦涛:《高举中国特色社会主义伟大旗帜 为夺取全面建设小康社会新胜利而奋斗——在中国共产党第十七次全国代表大会上的报告摘登》,《人民日报》,2007年10月15日。
② 《中国共产党第十八次全国代表大会文件汇编》,北京:人民出版社,2012年,第1~59页。
③ 蔡玉胜:《构建新型城乡关系的问题和途径及改革要点》,《农业现代化研究》,2014年第2期,第129~133页。

要素平等交换和公共资源均衡配置。①

二、实施新型城镇化战略

改革开放以来，我国城镇人口从 1978 年的 1.7 亿人增加到 2022 年的 8.4 亿人，城乡居民收入增长近百倍，取得了举世瞩目的成就。党的十八大以来，推进新型城镇化成为重要的国家战略，城镇化更加注重以人为核心，强调顺应和满足人民群众的发展需求。《国家新型城镇化规划（2014—2020 年）》强调，我国的城镇化要将创新作为国家发展全局的核心战略，积极推动技术创新、管理创新和模式创新，实现新型城镇化与信息化、新型工业化、农业现代化的深入融合、协同发展。② 党的十九大以来，进一步明确了中国新型城镇化的时代要求、价值导向和发展格局，为推动新型城镇化高质量发展指明了方向。新型城镇化的核心问题不再仅仅是城市的扩张和经济发展，而是中国如何整体构建现代城市文明。③ 按照这一理念，城市与乡村不再是两个相互分割、相互竞争的主体，而具有共为一体、联动发展的关系，城市的发展与农村的繁荣相互促进，标志着城乡关系进入了城乡一体发展的新时期。

推进新型城镇化本质是为了让人民生活更幸福。习近平总书记提出"以人的城镇化为核心""坚持人民城市为人民"等理念，体现了以人民为中心的发展思想。国家发展和改革委员会印发的《2019 年新型城镇化建设重点任务》明确要求，坚持新发展理念，加快实施以促进人的城镇化为核心、提高质量为导向的新型城镇化战略。推进以人为核心的新型城镇化建设，应通过深化户籍制度等关键领域的改革，推动以基本公共服务均等化为中心内容的农民工市民化。具体而言，一是推进城乡基本公共服务均等化，继续把新增公共资源向农村倾斜，提高农村居民享受基本公共服务的水平，让进城农民工及其家庭真正融入城市，享受同等的社会保障、义务教育、保障性住房等基本公共服务。二是着力提高户籍人口城镇化率，通过户籍制度改革实现农民工市民化，这是推

---

① 《中共中央关于全面深化改革若干重大问题的决定》，北京：人民出版社，2013 年，第 3 页+第 22~23 页。
② 中华人民共和国中央人民政府网：国家新型城镇化规划（2014—2020 年）[EB/OL]，2014-03-06，https://www.gov.cn/zhengce/2014-03/16/content_2640075.htm。
③ 王小章：《"乡土中国"及其终结：费孝通"乡土中国"理论再认识——兼谈整体社会形态视野下的新型城镇化》，《山东社会科学》，2015 年第 2 期，第 5~12 页。

进基本公共服务均等化的最有效手段和最终体现。①

推进新型城镇化建设，有利于提升要素配置效率，通过扩大内需促进形成强大国内市场，推动城乡区域协调发展。当前以县域为单元的产业和人口集聚态势比较明显。作为工业化城镇化的重要空间、城镇体系的重要一环、城乡融合发展的关键纽带，县城在经济社会发展中的地位十分重要。以县域为单元的产业和人口集聚能力增强，有助于解决"三农"问题，而"三农"问题的解决，既要靠农村本身，还要靠城市带动。

第二节 乡村振兴战略和城乡融合发展的提出（2017—2021年）

一、实施乡村振兴战略

随着城乡经济社会发展，城乡之间将由对立状态转向融合状态，这是城乡发展的必然结果。新时代我国社会的主要矛盾转变为人民日益增长的美好生活需要与不平衡不充分的发展之间的矛盾，这要求通过乡村振兴实现农业农村现代化。2017年，党的十九大提出实施乡村振兴战略，明确要"坚持农业农村优先发展，按照产业兴旺、生态宜居、乡风文明、治理有效、生活富裕的总要求，建立健全城乡融合发展体制机制和政策体系，加快推进农业农村现代化"②。随后，《乡村振兴战略规划（2018—2022年）》提出，要坚持农业农村优先发展，按照"产业兴旺、生态宜居、乡风文明、治理有效、生活富裕"的总要求，建立健全城乡融合发展体制机制和政策体系，统筹推进农村经济建设、政治建设、文化建设、社会建设、生态文明建设和党的建设，加快推进农业农村现代化，走中国特色社会主义乡村振兴道路。

提出中国特色乡村振兴道路，绝不是不要城镇化，也不能把城乡发展对立

---

① 中华人民共和国国家发展和改革委员会网：2019年新型城镇化建设重点任务（发改规划〔2019〕617号）［EB/OL］，2019-03-31，https://www.ndrc.gov.cn/xwdt/ztzl/xxczhjs/ghzc/202012/t20201224_1260132_ext.html。

② 习近平：《决胜全面建成小康社会 夺取新时代中国特色社会主义伟大胜利——在中国共产党第十九次全国代表大会上的报告》，北京：人民出版社，2017年，第32页。

起来,而是要从我国实际出发引领现代化进程中的城乡格局及其变化。乡村振兴从来不是另起炉灶,而是在脱贫攻坚的基础上推进。党的十八大以来,在脱贫攻坚取得全面胜利、第一个百年奋斗目标如期实现后,作出"三农"工作重心从脱贫攻坚历史性转移到全面推进乡村振兴的部署,旨在回应新时代我国人民日益增长的美好生活需要和不平衡不充分的发展之间的矛盾在农村更加突出的现实要求。党中央从党和国家事业全局出发提出实施乡村振兴战略,表明全面推进乡村振兴对于全面建成社会主义现代化国家的重大意义。

实施乡村振兴战略在"中央一号文件"中得到明确细致的部署。产业兴旺是乡村振兴的基础,重点是不断提高农业竞争力和现代农业发展水平;充分挖掘农业多功能性,大力推进休闲农业、生态农业、创意农业、景观农业、智慧农业等农业发展新产业、新业态发展;延长农业产业链条,大力发展农产品加工业,促进第一、二、三产业融合发展;大力发展农业农村服务产业。同时,促进要素市场化配置,为城乡融合和乡村振兴提供制度保障,包括农村土地第二轮承包到期后再延长 30 年;探索宅基地所有权、资格权、使用权"三权"分置;深入推进农村集体产权制度改革;等等。此外,有效解决乡村振兴的人才和资金短缺,实施新型职业农民培育工程,吸引各类人才投身于乡村振兴事业;确保财政投入持续增长,引导社会资本投资于乡村振兴领域。乡村产业振兴、人才振兴、文化振兴、生态振兴、组织振兴,是实施乡村振兴战略的路径和主攻方向。①

二、建立健全城乡融合发展体制机制

在城乡统筹、城乡一体化发展的基础上,党的十九大报告明确提出了"建立健全城乡融合发展体制机制和政策体系",将实现城乡融合作为新时期城乡发展的重要任务。② 2018 年 12 月,中央农村工作会议进一步提出,坚持以工补农、以城带乡,推动新型工业化、信息化、城镇化、农业现代化同步发展,加快形成工农互促、城乡互补、全面融合、共同繁荣的新型工农城乡关系,走

---

① 中华人民共和国中央人民政府网:中共中央 国务院关于实施乡村振兴战略的意见 [EB/OL],2018-02-04, https://www.gov.cn/zhengce/202203/content_3635295.htm。

② 习近平:《决胜全面建成小康社会 夺取新时代中国特色社会主义伟大胜利——在中国共产党第十九次全国代表大会上的报告》,北京:人民出版社,2017 年,第 32 页。

城乡融合的发展道路。① 随后,《中共中央 国务院关于建立健全城乡融合发展体制机制和政策体系的意见》对城乡融合发展做出了系统部署:坚持农业农村优先发展,以协调推进乡村振兴战略和新型城镇化战略为抓手,以缩小城乡发展差距和居民生活水平差距为目标,以完善产权制度和要素市场化配置为重点,坚决破除体制机制弊端,促进城乡要素自由流动、平等交换和公共资源合理配置,加快形成工农互促、城乡互补、全面融合、共同繁荣的新型工农城乡关系。②

城乡融合是城乡之间的全面融合,本质上是通过城乡开放和融合,推动形成共建共享共荣的城乡生命共同体。城乡融合是一种正确处理城乡关系的理念、方法和实践过程。城市和乡村是相互依存的命运共同体,二者是互补共荣的关系,要将城乡放在同等的地位给予平等的发展机遇,既不是城市偏向,也不是无差别的均衡主义,而是在准确把握城乡发展定位、保留城乡特色、促进协调发展的过程中实现城乡融合发展。

一是城乡要素融合。要素融合是城乡融合发展的重要支撑,即城镇要素和农村劳动力、资金、土地等要素融合,在城乡利益趋同条件下,要素可以从农村向城镇流动,也可以从城镇向农村流动。主要表现为城乡要素自由流动制度性通道基本打通,城市落户限制逐步消除,城乡统一建设用地市场基本建成,金融服务乡村振兴的能力明显提升。本质是在城乡发展要素自由流动、公平与共享基础上实现城乡协调和一体化发展。③ 二是城乡产业融合。产业融合是城乡融合发展的关键内容。要实现农业、工业和服务业有机衔接,发挥工业和服务业对农业发展的支撑和服务作用,为农业发展解决好科技、信息、生产设备、金融服务和销售市场等关键问题;农村内部要实现第一、二、三产业的融合发展,通过现代农业、乡村工业和乡村旅游等新业态和新模式的发展,实现农村内部的产业融合和协同发展。三是城乡社会融合。社会融合是城乡融合发展的底部基础。要求逐步取消城乡二元户籍制度,实现公共权力和公共服务的均等化,实现城乡之间人口的自由流动,进而逐步实现城乡居民在教育、医疗、养老、住房和社会保障等方面享受平等权利。四是城乡空间融合。空间融合是城乡融合发展的良好格局。通过合理规划城乡产业发展、土地利用、环境

---

① 新华社:中共中央农村工作会议[EB/OL],2018-02-04,http://www.xinhuanet.com/politics/2018-12/29/c_1123927106.htm.
② 《中共中央 国务院关于建立健全城乡融合发展体制机制和政策体系的意见》,北京:人民出版社,2019年,第2页。
③ 刘彦随:《中国新时代城乡融合与乡村振兴》,《地理学报》2018年第4期,第637~650页。

保护、基础设施和社会事业发展的空间分布和用地规划,建成符合城乡区域发展特色的多功能区,改善空间功能品质,增强空间治理能力,形成集约高效的城乡空间结构。

新时代以来,我国已经具备了实现城乡融合发展的物质条件、制度条件和社会条件等基本条件。一是物质条件。实现城乡融合,需要生产力发展到一定阶段,物质财富等积累到丰富阶段。通过持续解放和发展生产力,我国综合国力不断提升,目前已成为世界上第二大经济体,人均 GDP 超过 1 万美元,是全球第一大工业国、货物贸易国。在农业农村领域,农业基础地位更加稳固,农村居民年人均可支配收入逐年增加,为促进城乡融合奠定了坚实的物质条件。二是制度条件。在基本制度层面,我国实行的是以公有制为主体、多种所有制并存的基本经济制度,这在根本意义上为破除城乡二元分割提供了基本制度条件;在体制机制层面,我国持续深化城乡户籍制度改革和土地制度改革,逐渐放开了除特大型城市以外的大中小城市落户政策,试点城乡统一的住房制度和土地要素市场机制,探索建立全国统一、城乡统一的医疗报销制度和社会保障制度等[①],逐渐具备了城乡融合发展的体制机制基础。三是社会条件。党的十八大以来,党和国家更加重视调节工农和城乡之间的分工体系,逐渐打破旧的分工体系,初步形成了工农和城乡之间的新分工体系,为新时代城乡融合发展创造了良好的社会条件。四是其他政策支持条件。新时代我国出台了一系列的措施来发展乡村文化和生态旅游等,并投入大量的物力、财力和人力丰富农村居民的精神文化生活,加强农村生态环境保护,让城乡居民望得见山、看得见水、记得住乡愁,为城乡融合发展提供了良好的文化、生态条件。

三、建设国家城乡融合发展试验区

2019 年 5 月,《中共中央 国务院关于建立健全城乡融合发展体制机制和政策体系的意见》发布,提出要选择有一定基础的市县两级设立国家城乡融合发展试验区。2019 年 12 月,国家发展改革委等 18 部委联合发布《国家城乡融合发展试验区改革方案》,确立 11 个国家城乡融合发展试验区(详见表 7-1),提出要"坚持农业农村优先发展,以缩小城乡发展差距和居民生活水平差距为目标,以协调推进乡村振兴战略和新型城镇化战略为抓手,以促进城乡生产要

---

① 韩文龙,吴丰华:《新时代城乡融合发展的理论内涵与实现路径》,《马克思主义与现实》,2020 年第 2 期,第 166~173 页。

素双向自由流动和公共资源合理配置为关键"①。2021年2月,国家发展改革委印发《国家发展改革委办公厅关于国家城乡融合发展试验区实施方案的复函》,原则同意11个试验区的方案。②

国家城乡融合发展试验区瞄准重点领域和关键环节,探索改革的实现路径和实现形式,承担着为改革"探路"的使命,带动城乡融合发展全局。试验区通过提炼行之有效的成熟做法,形成可复制可推广的成功经验,有效促进城乡融合发展改革,对于促进城乡融合发展发挥着积极意义。本部分以其中的东部地区和西部地区的四个试验区为案例,尝试具体分析其探索经验及成果。

表7-1 国家城乡融合发展试验区及其试验重点

区域	试验区	试验重点
东部地区	浙江嘉湖片区	建立进城落户农民依法自愿有偿转让退出农村权益制度;建立农村集体经营性建设用地入市制度;搭建城乡产业协同发展平台;建立生态产品价值实现机制;建立城乡基本公共服务均等化发展体制机制。
	福建福州东部片区	建立城乡有序流动的人口迁徙制度;搭建城中村改造合作平台;搭建城乡产业协同发展平台;建立生态产品价值实现机制;建立城乡基础设施一体化发展体制机制。
	广东广清接合片区	建立城乡有序流动的人口迁徙制度;建立农村集体经营性建设用地入市制度;完善农村产权抵押担保权能;搭建城中村改造合作平台;搭建城乡产业协同发展平台。
	江苏宁锡常接合片区	建立农村集体经营性建设用地入市制度;建立科技成果入乡转化机制;搭建城乡产业协同发展平台;建立生态产品价值实现机制;健全农民持续增收体制机制。
	山东济青局部片区	建立进城落户农民依法自愿有偿转让退出农村权益制度;建立农村集体经营性建设用地入市制度;搭建城中村改造合作平台;搭建城乡产业协同发展平台;建立生态产品价值实现机制。

---

① 《中共中央 国务院关于建立健全城乡融合发展体制机制和政策体系的意见》,北京:人民出版社,2019年,第2页。

② 中华人民共和国国家发展和改革委员会网:关于开展国家城乡融合发展试验区工作的通知发改规划〔2019〕1947号 [EB/OL], 2019-12-27, https://www.ndrc.gov.cn/xxgk/zcfb/tz/201912/t20191227_1216773.html。

续表7-1

区域	试验区	试验重点
中部地区	河南许昌	建立农村集体经营性建设用地入市制度；完善农村产权抵押担保权能；建立科技成果入乡转化机制；搭建城乡产业协同发展平台；建立城乡基本公共服务均等化发展体制机制。
	江西鹰潭	建立农村集体经营性建设用地入市制度；完善农村产权抵押担保权能；建立城乡基础设施一体化发展体制机制；建立城乡基本公共服务均等化发展体制机制；健全农民持续增收体制机制。
西部地区	四川成都西部片区	建立城乡有序流动的人口迁徙制度；建立农村集体经营性建设用地入市制度；完善农村产权抵押担保权能；搭建城乡产业协同发展平台；建立生态产品价值实现机制。
	重庆西部片区	建立城乡有序流动的人口迁徙制度；建立进城落户农民依法自愿有偿转让退出农村权益制度；建立农村集体经营性建设用地入市制度；搭建城中村改造合作平台；搭建城乡产业协同发展平台。
	陕西西咸接合片区	建立进城落户农民依法自愿有偿转让退出农村权益制度；建立农村集体经营性建设用地入市制度；建立科技成果入乡转化机制；搭建城乡产业协同发展平台；建立城乡基础设施一体化发展体制机制。
东北地区	吉林长吉接合片区	建立进城落户农民依法自愿有偿转让退出农村权益制度；建立农村集体经营性建设用地入市制度；完善农村产权抵押担保权能；搭建城乡产业协同发展平台；健全农民持续增收体制机制。

资料来源：《国家城乡融合发展试验区改革方案》，2019年12月19日。

（一）广东广清接合片区国家城乡融合发展试验区的探索

广清接合片区国家城乡融合发展试验区的范围涵盖广州增城区、花都区、从化区，清远清城区、清新区、佛冈县、英德市连樟样板区，面积约9978平方公里，常住人口约504万。根据《国家城乡融合发展试验区广东广清接合片区实施方案》，广清接合片区国家城乡融合发展试验区是粤港澳大湾区发展战略的重点辐射带动区，是深入实施广清一体化的主战场，是推进广州都市圈率先实现城乡融合发展、探索跨区域城乡融合改革经验的先行地。试验区重点围绕5项试验任务和6项自发探索任务开展工作，是全国唯一涵盖了全部11项试验任务的试验区。其试验内容既体现粤港澳大湾区对试验区的辐射带动作用，也体现试验区内广州对清远的辐射带动作用及其内部的城乡融合发展。①

一是探索建立城乡有序流动的人口迁徙制度。如广州片区构建分类弹性落户机制，逐步取消重点人群落户限制，清远片区全面取消城镇落户限制；试行以经常居住地登记户口制度，探索试验区内居住证互认；健全政府、企业、个人共同分担市民化成本机制，推动公共资源按常住人口规模配置；允许符合条件的返乡就业创业人员在原籍地或就业创业地落户；探索利用农村闲置宅基地和农房建设农村人才公寓，供入乡人才使用；等等。

二是促进城乡产业协同发展和深度对接。支持广州花都区狮岭镇、花山镇、梯面镇、花东镇率先打造城乡产业协同发展先行区，推进广清产业园、广佛产业园等一批产业协作平台建设，探索"广州总部＋清远基地""广州前端＋清远后台""广州研发＋清远制造""广州孵化＋清远产业化"等产业合作共建模式，打造现代智能家居、汽车零部件、新材料三个百亿级产业集群。同时，县乡国土空间规划安排不少于10%的建设用地规模，各区县每年安排不少于10%的新增建设用地计划指标，保障乡村振兴新增建设用地需求。

三是推进产权抵押担保探索。清远探索促进金融要素下沉，把更多金融资源配置到乡村发展的重点领域和薄弱环节，推动农村"资产"向"资金"转变。例如，2023年佛冈县将787块土地承包经营权合并办理成两宗土地经营权首次登记，率先发放全市首张《土地经营权证》；邀请第三方公司就农村土地经营权抵押进行价值评估，金融机构向佛冈大苗公司授信全省第二笔承包土地经营权抵押贷款300万元，完成土地经营权颁证—抵押—贷款全流程。通过拓展农村资产担保权能，有效解决农户农企缺乏有效抵押物的融资难问题，丰富了乡村振兴产品体系，提升金融服务效能。

（二）江西鹰潭国家城乡融合发展试验区的探索

鹰潭国家城乡融合发展试验区涵盖鹰潭市全域，面积3556.7平方公里，人口约115万。按照"一年建机制、三年见成效、五年成模式"的要求，到2025年系统构建试验区改革成果体系，城乡居民收入进一步缩小，为中西部地区和中小城市城乡融合发展提供可复制、可推广的"鹰潭模式"。目前，鹰潭承担的五项试验任务已取得初步成效。

一是盘活农村"沉睡"资产。鹰潭围绕农村集体经营性建设用地入市，制

---

① 广东省人民政府网：广东省人民政府关于印发国家城乡融合发展试验区广东广清接合片区实施方案的通知（粤府函〔2021〕76号）［EB/OL］，2021-04-27，https://www.gd.gov.cn/zwgk/wjk/qbwj/yfh/content/post_3270861.html。

定了入市管理、入市交易等6项基础制度,打通城乡土地同等上市、同地同权制度通道,搭建全国首个入市管理系统和交易平台,解决"地怎么交易"的问题。同时,建立确权评估、交易流转等12项机制,探索"一权一品""金融科技+""信易+"三种组合授信新模式,破解农村产权评估难、征信难、抵押难等问题。2023年底,农村集体经营性建设用地累计入市面积达1483.85亩。

二是实现城乡资源合理配置。在全省率先实现教师的去校籍化管理,3200余名农村教师编制全部落在县级教师交流发展中心。把县域内医疗机构合并成紧密型医共体,人事编制实行县管县招乡用,村医实行乡聘村用,实现优质医疗卫生资源共享。一体搭建城乡供水、污水处理、公路交通、电商物流、立垃处理"五张网",推动城镇基础设施向乡村延伸,其中城乡生活垃圾第三方治理模式走在全国前列。

三是缩小城乡居民收入差距。在全省率先整市开展农村"三变"(资源变资产、资金变股金、农民变股东)改革试点和"两闲"(闲置宅基地和闲置农房)盘活利用,推动"三变"与村集体合作社、宅基地"两闲"盘活、村民入股等灵活结合。实施农民职业技能提升行动,选聘合作社辅导员,认定首批农村创新创业拔尖人才。2023年鹰潭行政村集体经营性收入平均达32.49万元,农村居民收入年均增速均超7.1%。

(三)四川成都西部片区国家城乡融合发展试验区的探索

四川成都西部片区国家城乡融合试验区的范围包括温江区、郫都区、都江堰市、彭州市、崇州市、邛崃市、大邑县、蒲江县8个区(市)县全域。自试验区获批以来,成都市按照"替国家试制度、为成都谋发展"的基本要求,主要从四方面紧锣密鼓推进试验区建设,探索走出了一条搭建城乡要素高效配置载体的新路径。

一是推动城乡要素双向流动。在户籍制度改革领域,实现市内农村人口进城"零门槛",引导"四类人才"返乡就业创业。如蒲江县引进常驻型"新村民"150余人、候鸟型"新村民"300余人、顾问型"新村民"80余人。在农村金融制度改革领域,探索经营权直接抵押、"经营权+地上附作物"抵押和第三方全程参与市场化风险处置等模式。如彭州市开办的生猪价格指数保险、蒲江县开办的柑橘冻害气象指数保险均为全国首创。在农村土地制度改革领域,探索集体经营性建设用地入市。2022年试验区完成农村集体经营性建设用地入市成交面积3528亩,成交金额28.62亿元。

二是推动城乡产业差异化融合。推动"三个做优做强"重点片区项目集群攻坚,使区域产业错位协同发展,解决招引"高端产业难""成链发展难"等问题。如彭州市与什邡市共同发展川芎特色产业，川芎销量达到全国的3/4，产值近10亿元。试验区已创建国家现代农业产业园2个，省级农业科技园区6个；邛崃市建设天府现代种业园，搭建"一库一院五中心"重大功能平台，吸引13个行业领军企业落户，共筑产学研用高效协作通道。

三是推动生态产品价值多元转化。聚焦生态经济化、经济生态化，以川西林盘、锦城公园等典型生态区域为突破口开展试点，打通"两山"转化通道。如都江堰市依托世界文化遗产品牌，打造世界旅游目的地，将资源优势转化为发展优势。大邑县在生态产品经营开发方面，依托川西平原优良的自然资源和深厚的文化底蕴，引进社会投资建成南岸美村、稻香渔歌田园综合体等"生态＋文旅"产业项目，促进生态资源产业化和资本化。崇州市探索构建县域GEP核算报表体系、指标体系和数据采集获取机制，形成了技术成果《成都平原县域GEP核算技术规范》。

（四）重庆西部片区国家城乡融合发展试验区的探索

重庆西部片区国家城乡融合试验区的范围包括荣昌、潼南、大足、合川、铜梁、永川、璧山、江津和巴南9个区，面积约15323平方公里。随着《关于建立健全城乡融合发展体制机制和政策体系的实施意见》《国家城乡融合发展试验区重庆西部片区实施方案》相继出台，重庆西部片区建设扎实推进，带动全市以区县域为载体的新型城镇化和城乡融合发展，城乡发展差距逐步缩小。

一是城乡要素双向流动通道更畅。在户籍制度改革领域，全面放开落户限制，且对大中专毕业生、留学回国人员、具有初级以上专业技术职称人员不设就业年限门槛。在农村土地制度改革领域，创新地票交易制度，形成"自愿复垦、公开交易、收益归农、价款直拨、依规使用"制度体系，扩面推进"三变"改革，全面推开"三社"融合。完成农村集体产权制度改革整市试点，9033个村完成集体资产股份合作制改革。

二是城乡产业融合发展成效明显。立足本土产业特色，因地制宜发展都市农业和现代山地特色高效农业，推动生产、加工、科技、品牌一体化发展。累计成功创建重庆柠檬、荣昌猪国家级农业产业集群和江津、潼南国家现代农业产业园。其中，潼南区研发柠檬精深加工技术350余项，相关经验被纳入第三批国家新型城镇化综合试点经验向全国推广。

三是城乡公共资源均衡配置加快实现。重庆统筹编制《重庆市国土空间总体规划（2021—2035年）》、区县空间规划和村庄规划编制，提升村庄编制质量，实现区县乡村功能衔接互补。实施农村人居环境"五沿带动、全域整治"行动，行政村公路通畅率达到100%，水、电、路、讯基础设施网络实现城乡全覆盖。推广区县域教育联合体和卫生健康共同体，开展义务教育阶段教师"县管校聘"管理改革，全面推进行政村卫生室标准化建设，有效消除义务教育"大班额"，医共体"三通"试点实现全覆盖。①

第三节　农业农村现代化和城乡共同繁荣发展（2021年至今）

一、加快农业农村现代化

全面建设社会主义现代化国家最艰巨、最繁重的任务在农村，巨大的潜力和后劲也在农村。2020年10月，党的十九届五中全会明确提出，要坚持把解决好"三农"问题作为全党工作重中之重，走中国特色社会主义乡村振兴道路，全面实施乡村振兴战略，强化以工补农、以城带乡，推动形成工农互促、城乡互补、协调发展、共同繁荣的新型工农城乡关系，加快农业农村现代化。②《中共中央　国务院关于全面推进乡村振兴加快农业农村现代化的意见》再次强调，要走中国特色社会主义乡村振兴道路，加快农业农村现代化，加快形成工农互促、城乡互补、协调发展、共同繁荣的新型工农城乡关系。③

推动形成工农互促的新型工农城乡关系，就要改变以往重工轻农的观念，强化"以工补农"，培育农业新技术、新产品、新业态、新模式，以工业发展带动农业规模化、机械化、设施化、智能化。逐步落实"在要素配置上优先满足，在资金投入上优先保障"的政策。推动形成城乡互补的新型工农城乡关系，重点要从延伸产业链和价值链入手，将城乡居民的供给和需求合理匹配起来，促进城乡产业融合，高效实现以城带乡；促进城乡要素的双向流动，尤其是城市资本、人才、信息、技术等优质要素流向农村，为农业农村现代化创造

---

① 重庆市规划和自然资源局网：重庆市国土空间总体规划（2021—2035年）[EB/OL]，2024-06-17，https://ghzrzyj.cq.gov.cn/ztlm_186/ghgb/ztgh/202406/t20240617_13297790_wap.html。
② 新华社：中国共产党第十九届中央委员会第五次全体会议公报[EB/OL]，2020-10-29，https://www.xinhuanet.com/politics/2020-10/29/c_1126674147.htm。
③《中共中央　国务院关于全面推进乡村振兴　加快农业农村现代化的意见》，北京：人民出版社，2021年，第3页。

有利条件。推动形成协调发展的新型工农城乡关系，应明确城市和农村的比较优势和资源禀赋，同步推进城市工业现代化和农业农村现代化，真正让农村发展起来，让农业繁荣起来，让农民富裕起来，推动形成共同繁荣的新型工农城乡关系。要协同推进乡村振兴战略和新型城镇化，将城市和乡村作为一个整体来统一规划，避免城乡发展同质化，最大限度优化资源要素的配置效率，实现城乡的经济、政治、文化、社会、生态文明的全面繁荣，实现城乡居民社会福利均等化，不断增强城乡居民的获得感、幸福感、安全感。

在现代化进程中，能否处理好工农关系、城乡关系，在很大程度上决定着现代化的成败。有的国家由于没有处理好工农关系、城乡关系，不仅乡村和乡村经济走向凋敝，而且工业化和城镇化也走入困境，甚至造成社会动荡，陷入"中等收入陷阱"。习近平总书记在党的二十大报告中强调："从现在起，中国共产党的中心任务就是团结带领全国各族人民全面建设社会主义现代化强国、实现第二个百年奋斗目标，以中国式现代化全面推进中华民族伟大复兴。"[①] 2023年底召开的中央农村工作会议强调，"坚持农业农村优先发展，坚持城乡融合发展"[②]。这为新时代城乡融合发展指明了前进方向、提供了根本遵循。

农业农村现代化是实施乡村振兴战略的总目标，也是建设农业强国的内在要求和必要条件。农业农村现代化具有丰富内涵。从构成要素看，农业农村现代化既包括"物"的现代化，也包括"人"的现代化，还包括乡村治理体系和治理能力的现代化。加快推进农业农村现代化，必须坚持以人民为中心的发展思想，关注乡村治理和公共服务现代化。农业农村现代化是农村产业现代化、农村生态现代化、农村文化现代化、乡村治理现代化和农民生活现代化的有机整体，与乡村振兴战略的总要求——"产业兴旺、生态宜居、乡风文明、治理有效、生活富裕"息息相关。此外，农业农村现代化也是农村物质、政治、精神、社会、生态五大文明协调发展、全面提升的现代化，既要促进物质文明和精神文明相协调，也要推动人与自然和谐共生，建设宜居宜业和美乡村。

农业农村现代化是消除城乡发展不平衡和乡村发展不充分的过程。全面建设社会主义现代化国家，既要建设繁华的城市，也要建设繁荣的农村，推动工业和农业相互促进、城市与乡村相互融合。坚持农业现代化和农村现代化一体

[①] 习近平：《高举中国特色社会主义伟大旗帜　为全面建设社会主义现代化国家而团结奋斗——在中国共产党第二十次全国代表大会上的报告》，北京：人民出版社，2022年，第21页。

[②] 中华人民共和国中央人民政府网：中央农村工作会议在京召开　习近平对"三农"工作作出重要指示［EB/OL］，2023－12－20，https://www.gov.cn/yaowen/liebiao/202312/content_6921467.htm。

设计、一体推进，健全城乡发展一体化体制机制，推动先进生产要素向乡村流动、公共服务向乡村延伸。把保障国家粮食安全作为农业现代化的首要任务，深入实施"藏粮于地、藏粮于技"战略，加快建设高标准农田，提高农业质量效益。把提高农民生活质量作为农村现代化的根本目的，分步实施具有牵引作用、标志意义的乡村建设行动，提高农村基础设施和公共服务水平，加强农村生态文明建设，改善农村人居环境，提高农村生活品质。

二、统筹推进新型城镇化与乡村全面振兴

习近平总书记指出，在现代化进程中，如何处理好工农关系、城乡关系，在一定程度上决定着现代化的成败。2023年12月，中央经济工作会议强调要统筹新型城镇化和乡村全面振兴，明确要求"把推进新型城镇化和乡村全面振兴有机结合起来，促进各类要素双向流动，推动以县城为重要载体的新型城镇化建设，形成城乡融合发展新格局"①。这为统筹推进新型城镇化和乡村全面振兴指明了方向，表明我国将加大对城乡融合发展的调整优化力度。城镇化是城乡协调发展的过程，不能以农业萎缩、乡村凋敝为代价。在全面推进乡村振兴过程中，不应孤立地就乡村发展乡村，而是要统筹规划好城镇与乡村发展，注重乡村振兴战略和新型城镇化战略的协同推进，二者共同构成了中国式现代化的重要内容。

伴随城镇化的持续推进，大量农村转移人口涌入城市，农村空心化、贫困化等乡村病日益突出。乡村振兴战略是对上述问题的回应，但又超越了"三农"问题，还包含人与自然的和谐共生、乡村治理体系现代化以及城乡关系重塑。当前我国仍处在快速城镇化发展阶段，城镇化驱动力尚未改变。不过，现阶段城镇化的资源配置与发展导向开始由城市偏向向城乡平衡转变。实施乡村振兴战略是顺应城乡关系演变规律的战略抉择，是对城乡关系再调整、新型农业发展的响应。同时，新型城镇化成功的重要标志是乡村振兴。农民进城"市民化"以及农业的现代化、农村产业的非农化是城镇化带动乡村发展的重要途径，也是城镇化的重要任务；实现农业转移人口市民化或就地吸纳农业剩余劳动力，以此带动乡村发展，是衡量城镇化成功的重要标志。

---

① 中华人民共和国商务部网：中央经济工作会议在北京举行 习近平发表重要讲话［EB/OL］，2024-12-12，https://www.mofcom.gov.cn/xwfb/ldrhd/art/2024/art_c4e13147d38b4d1790972f7d1d0e8154.html。

一方面，新型城镇化战略的深入实施为乡村振兴战略奠定了现实基础，提供了良好的制度保障。第一，新型城镇化助推乡村产业振兴。乡村振兴的核心是产业振兴，重点是提高农业生产率，发展现代农业；引导第一、二、三产业融合，走多产业融合发展之路。同时，农业现代化以及第一、二、三产业融合还需要适度的"土地集约"和"人口集中"，为产业发展创造市场，提供现代生产要素和服务。而新型城镇化的"人口集中、产业集聚、土地集约"过程可以满足上述需求。第二，新型城镇化为城乡要素自由流动搭建空间载体。产业振兴的关键是要素自由流动，新型城镇化将产业发展与城镇建设有机结合起来，以城乡接合部为切入点，发展特色小镇、中心村镇，为城乡要素自由流动搭建了有效的空间载体，通过吸引城乡资本、人才、文化、生态等资源要素在此聚集和融合，引导乡村产业发展，推动第一、二、三产业融合，激发乡村发展活力。第三，新型城镇化为农业农村注入现代元素。农业现代化要用现代技术装备武装农业，提高农业的综合生产能力和市场竞争力。更重要的是，农业农村的现代化需要农村人口的现代化，要将农民塑造成"懂技术、会经营、懂管理"的现代新型农民。可见，农业、农村和农民的现代化都离不开新型城镇化。

另一方面，城乡融合发展是一项系统工程，必须以系统思维谋划顶层设计。乡村振兴的关键是建立健全城乡融合发展的体制机制和政策体系，促进城乡融合。不同于"城乡统筹"，"城乡融合"是平等地看待"城市"与"乡村"两个空间的发展，强调"城乡"两个空间的联动，推进"城乡"文化共存共荣。因而，乡村振兴与新型城镇化联动，是推进城乡融合的现实路径。一是"人"的城乡联动。新型城镇化的核心是人的城镇化，是以人的需要和人的全面发展为核心的城镇化。构建新型城乡关系关键是破除"市民"和"农民"的身份二元结构，实现"居民"身份的一元化，特别是"居民"社会福利的趋同化。因而，面向"人"的城乡联动需要深化户籍制度及以户籍为基础的社会福利制度等改革，消除"人"在城乡之间自由流动的障碍。二是"业"的城乡联动。城乡融合必须促进"业"的城乡联动，引导第二、三产业下乡，推进乡村第一、二、三产业融合发展，促进农业现代化和乡村产业多样化发展。三是"地"的城乡联动。通过科学合理的村镇化布局实现乡村适度"人口集中、土地集约、产业集聚"，为乡村振兴和城镇化联动提供空间载体。

城乡融合与新发展格局的战略联动既是一个过程，又是一种状态，标示了未来城乡关系发展的重要方向。新型城镇化与乡村振兴是城乡融合的两个轮子，必须坚持城镇化建设与乡村振兴发展"两条腿走路"，支撑国内国际双循环新发展格局的构建。城乡融合发展事关共同富裕与人民群众对美好生活的向往，推动城乡融合和新发展格局战略联动，首要任务是要畅通要素在城乡间、区域间双向自由流动与平等交换的体制机制，打通城乡间、区域间要素自由流动的障碍，主要包括资本、劳动、信息等由乡及城向城乡双向自由流动转变，打破城乡在价值层面、心理层面与行为层面的价值位阶，拓展乡村要素价值的转化渠道，更好满足国内市场需求，把城乡变成畅通国内大循环的重要空间，把推动城乡融合发展作为促进资源要素顺畅流动的前提条件。促进城乡融合发展与新发展格局的联动发展，必须明确城乡关系的发展脉络是从制度性的割裂状态，城乡之间的要素双向流动、产业融合发展以及福利水平趋同将是城乡融合发展的基本取向。为此，应通过各种政策引导构建促进城乡要素配置、产业发展、基础设施、公共服务等相互融合和协同发展的制度，详见表7-2。

表7-2 新型城镇化建设和城乡融合发展的政策文件

时间	政策文件	政策内容
2020.04	《2020年新型城镇化建设和城乡融合发展重点任务》（国家发展改革委）	加快实施以促进人的城镇化为核心、提高质量为导向的新型城镇化战略，提高农业转移人口市民化质量，增强中心城市和城市群综合承载、资源优化配置能力，推进以县城为重要载体的新型城镇化建设，促进大中小城市和小城镇协调发展，提升城市治理水平，推进城乡融合发展。
2021.04	《2021年新型城镇化建设和城乡融合发展重点任务》（国家发展改革委）	深入实施以人为核心的新型城镇化战略，促进农业转移人口有序有效融入城市，增强城市群和都市圈承载能力，转变超大特大城市发展方式，提升城市建设与治理现代化水平，推进以县城为重要载体的城镇化建设，加快推进城乡融合发展。
2022.03	《2022年新型城镇化和城乡融合发展重点任务》（国家发展改革委）	坚持把推进农业转移人口市民化作为新型城镇化首要任务，促进大中小城市和小城镇协调发展，推动形成疏密有致、分工协作、功能完善的城镇化空间格局。建设宜居、韧性、创新、智慧、绿色、人文城市。以县城为基本单元推动城乡融合发展，推进城镇基础设施向乡村延伸、公共服务和社会事业向乡村覆盖。
2022.05	《关于推进以县城为重要载体的城镇化建设的意见》（中共中央办公厅、国务院办公厅）	坚持以人为核心推进新型城镇化，尊重县城发展规律，统筹县城生产、生活、生态、安全需要，因地制宜补齐县城短板弱项，促进县城产业配套设施提质增效、市政公用设施提档升级、公共服务设施提标扩面、环境基础设施提级扩能，增强县城综合承载能力，提升县城发展质量。

续表7-2

时间	政策文件	政策内容
2022.07	《"十四五"新型城镇化实施方案》（国家发展改革委）	坚持以工补农、以城带乡，以县域为基本单元、以国家城乡融合发展试验区为突破口，促进城乡要素自由流动和公共资源合理配置，逐步健全城乡融合发展体制机制和政策体系。

三、促进县域城乡融合发展

县域城乡经济联系和文化交流密切，融合和迁移成本较低，是推进城乡融合发展的最佳地域单元和重要切入点。截至2023年底，除市辖区及港澳（台）地区外，全国有1299个县、117个自治县、396个县级市、49个旗、3个自治旗、1个特区、1个林区，共计1866个县域单元。以县域为重要切入点推进城乡融合发展，推进以县城为重要载体的城镇化建设和乡村全面振兴，能够较好地统筹产业布局、基础设施、公共服务、生态保护、城镇发展、村落分布等，助力城乡经济循环畅通，率先在县域内破除城乡二元结构。[1]

因此，2021年"中央一号文件"首次提出，要"把县域作为城乡融合发展的重要切入点，强化统筹谋划和顶层设计，破除城乡分割的体制弊端，加快打通城乡要素平等交换、双向流动的制度性通道"[2]。在2022年底召开的中央农村工作会议上，习近平总书记强调，要"破除妨碍城乡要素平等交换、双向流动的制度壁垒，促进发展要素、各类服务更多下乡，率先在县域内破除城乡二元结构"[3]。2023年、2024年的"中央一号文件"均对推进县域城乡融合发展做出了明确部署。坚持以县域为基本单元，加快构建县乡村功能衔接互补格局，体现出深刻的历史逻辑、理论逻辑和现实逻辑。[4]

---

[1] 《中华人民共和国2023年国民经济和社会发展统计公报》，北京：中国统计出版社，2024年，第12页。

[2] 《中共中央 国务院关于全面推进乡村振兴 加快农业农村现代化的意见》，北京：人民出版社，2021年，第17页。

[3] 中华人民共和国中央人民政府网：习近平出席中央农村工作会议并发表重要讲话［EB/OL］，2022-12-24，https://www.gov.cn/xinwen/2022-12/24/content_5733398.htm。

[4] 《中共中央国务院关于做好2023年全面推进乡村振兴重点工作的意见》，北京：人民出版社，2023年，第11页。《中共中央 国务院关于学习运用"千村示范、万村整治"工程经验有力有效推进乡村全面振兴的意见》，北京：人民出版社，2024年，第13页。

（一）历史逻辑：契合城乡融合发展规律的必然选择

新中国成立以来，城乡关系的演进脉络契合了"城市偏向→乡村城市→协调发展"的经典城乡关系理论所揭示的客观规律，又折射出国家战略调整和需要。总体上，从统筹城乡发展到城乡一体化发展，再到城乡融合发展，本质上是一脉相承的，体现了城乡发展理念和政策的逐步升华。推动城乡融合是全面推进乡村振兴、实现共同富裕的重要内容，有利于城市基础设施向乡村延伸、公共服务向乡村覆盖、现代文明向乡村传播，形成繁荣农村与繁华城市相得益彰、农耕文明与城市文明交相辉映的新型城乡形态。

（二）理论逻辑：县域在城乡融合发展中具有突出优势

县域作为区域发展的一种特定形式，在区位特征、治理体系、功能地位等方面具有独特的天然优势。从区位特征看，县域涵盖城和乡，既有县城的综合承载能力，又有广阔的农村发展腹地，并通过作为纽带的乡镇形成具有紧密联系的合理圈层结构。从治理体系看，县域处于宏观与微观的交汇处。习近平总书记深刻指出："在我们党的组织结构和国家政权结构中，县一级处在承上启下的关键环节，是发展经济、保障民生、维护稳定、促进国家长治久安的重要基础。"[①] 从功能地位看，县域连接城市、服务乡村，具有空间网状布局和城乡双重要素禀赋特征，是城乡要素双向流动的重要载体，在国家战略和基层实践之间具有承上启下的重要作用。党和政府从县域入手，出台了多个相关文件，详见表7-3。

表7-3 促进县域城乡融合发展的政策文件

时间	政策文件	政策内容
2021.01	《中共中央 国务院关于全面推进乡村振兴加快农业农村现代化的意见》	把县域作为城乡融合发展的重要切入点，强化统筹谋划和顶层设计，破除城乡分割的体制弊端，加快打通城乡要素平等交换、双向流动的制度性通道。统筹县域产业、基础设施、公共服务、基本农田、生态保护、城镇开发、村落分布等空间布局，强化县城综合服务能力，把乡镇建设成为服务农民的区域中心，实现县乡村功能衔接互补。壮大县域经济，承接适宜产业转移，培育支柱产业。

---

① 《习近平著作选读》（第1卷），北京：人民出版社，2023年，第333页。

续表 7-3

时间	政策文件	政策内容
2022.01	《中共中央 国务院关于做好二〇二二年全面推进乡村振兴重点工作的意见》	大力发展县域范围内比较优势明显、带动农业农村能力强、就业容量大的产业，推动形成"一县一业"发展格局。加强县域基层创新，强化产业链与创新链融合。实施县域商业建设行动，促进农村消费扩容提质升级。加强基本公共服务县域统筹。
2023.02	《中共中央 国务院关于做好 2023 年全面推进乡村振兴重点工作的意见》	统筹县域城乡规划建设，推动县城城镇化补短板强弱项，加强中心镇市政、服务设施建设。深入推进县域农民工市民化，建立健全基本公共服务同常住人口挂钩、由常住地供给机制。推动县域供电、供气、电信、邮政等普遍服务类设施城乡统筹建设和管护。
2023.12	《中共中央 国务院关于学习运用"千村示范、万村整治"工程经验有力有效推进乡村全面振兴的意见（讨论稿）》	适应乡村人口变化趋势，优化村庄布局、产业结构、公共服务配置，扎实有序推进乡村建设，深入实施农村人居环境整治提升行动，推进农村基础设施补短板。统筹新型城镇化和乡村全面振兴，提升县城综合承载能力和治理能力，促进县域城乡融合发展。
2024.02	《中共中央 国务院关于学习运用"千村示范、万村整治"工程经验 有力有效推进乡村全面振兴的意见》	统筹新型城镇化和乡村全面振兴，提升县城综合承载能力和治理能力，促进县乡村功能衔接互补、资源要素优化配置。优化县域产业结构和空间布局，构建以县城为枢纽、以小城镇为节点的县域经济体系，扩大县域就业容量。统筹县域城乡基础设施规划建设管护，推进城乡学校共同体、紧密型县域医共体建设。实施新一轮农业转移人口市民化行动，鼓励有条件的县（市、区）将城镇常住人口全部纳入住房保障政策范围。

（三）现实逻辑：破解城乡发展不平衡现实问题的关键抓手

城乡融合发展主要聚焦产业、要素、服务、治理四个融合，统筹推进城乡规划布局、要素配置、产业发展、基础设施、公共服务、生态保护等融合。县域城乡融合发展着力破解城乡发展不平衡方面的诸多问题。一是要素流动不畅的问题。在城乡二元结构下，人才、资金、土地等要素尚未在城乡间实现双向流动，要素由农村向城市流动的规模和程度远远大于城市要素流向农村的规模和程度；青壮年劳动力大量流出和人才"引不进，留不住"并存，农村"老龄化""空心化"问题突出；建设用地大量闲置与发展用地保障不足并存；农村金融市场培育和发展滞后，农村资金外流严重。二是产业联动不足的问题。城乡产业环节缺失、产业链短导致城乡产业浅层次融合和同质化，尤其是乡村文化旅游业发展中存在比较明显的同质化倾向，城乡居民的利益链条并未畅通。三是服务供给不均的问题。城乡基础设施覆盖面和管护水平差异较大，乡村基础设施短板依旧明显，普遍存在"重建设，轻管护"现象；城乡基本公共服务分布总体呈现"城挤、乡弱、村空"的现状，农村社会保障标准较城市整体偏低。四是城乡治理不优的问题。乡村人口老龄化加剧，加上乡村利益主体利益复杂化趋势，对乡村治理提出了更高的要求。

第八章 中国城乡关系百年实践探索的经验启示

第八章

中国城乡关系百年实践探索的经验启示

城乡关系变迁是了解中国百年来现代化进程的关键线索。中国共产党自成立以来，始终高度重视对城乡关系的正确处理，走出了一条农村包围城市、农村支撑城市、统筹城乡发展、城乡融合发展的中国特色城乡关系发展之路。当前内嵌于国家现代化进程中的新型工农城乡关系，回应了新时代我国主要矛盾变化和高质量发展的现实需要，为世界缩小城乡发展差距积累了丰富经验，成为中国共产党治国理政的宝贵财富。在全面建设社会主义现代化国家的道路上，系统总结中国共产党百年来关于城乡关系的实践经验，对我国在新发展阶段继续推进城乡融合发展、助力农业农村现代化有着重要意义。

第一节 坚持党的领导是正确处理城乡关系的根本保证

一、坚持党中央集中统一领导是处理城乡关系的本质特征

中国共产党是中国工人阶级的先锋队，同时是中国人民和中华民族的先锋队，是中国特色社会主义事业的领导核心。中国共产党的领导是中国特色社会主义最本质的特征，全面建设社会主义现代化国家关键在党。毛泽东指出，"领导我们事业的核心力量是中国共产党"①。"中国共产党是全中国人民的领导核心。没有这样一个核心，社会主义事业就不能胜利。"② 习近平也指出，"一定要认清，中国最大的国情就是中国共产党的领导。什么是中国特色？这就是中国特色"③。中国共产党处在总揽全局、协调各方的地位，党是最高的政治领导力量，④ 是中国革命、建设和改革取得胜利的根本保证，开创和发展了中国特色社会主义伟大事业，体现了中国特色社会主义制度的最大优势。

一部中国城乡关系的百年演变史，就是一部党带领人民进行革命、建设和改革的艰辛探索史和不懈奋斗史。中国共产党汇聚起全党上下、社会各方的强大力量，充分发挥社会主义制度集中力量办大事的优势，切实把我国制度优势转化为治理效能，为城乡关系发展提供了坚强的政治保证。在新中国成立之

---

① 《毛泽东文集》（第6卷），北京：人民出版社，1999年版，第350页。
② 《毛泽东文集》（第7卷），北京：人民出版社，1999年版，第303页。
③ 《习近平著作选读》（第1卷），北京：人民出版社，2023年版，第190页。
④ 杨明伟：《中国共产党为什么能够长期执政》，《学习时报》，2019年8月16日。

前,中国共产党在城市和农村调动工农群众参加革命的积极性,使中国革命拥有坚实群众基础,走出了农村包围城市的革命成功之路。在社会主义建设时期,中国共产党通过建立和健全基层党组织,使党组织成为带领广大人民群众进行社会主义革命和建设的坚强战斗堡垒。在改革开放时期,中国共产党领导了从农村开始的系统性的、全面的制度改革,逐步调整完善了城乡关系。进入新时代,中国共产党深刻把握城乡长期共存共生的客观规律,依靠上下贯通、执行有力的组织体系,确保全面建成小康社会第一个百年奋斗目标的如期实现,有效衔接乡村振兴战略实施,开辟了城乡融合发展新局面。

中国城乡关系的历史性转折和城乡面貌的根本转变,无不证明"中国人民和中华民族之所以能够扭转近代以后的历史命运、取得今天的伟大成就,最根本的是有中国共产党的坚强领导"[①]。百余年来,中国共产党团结带领中国人民不断调整城乡关系,深刻改变了中国城乡的发展进程,深刻改变了中国人民和中华民族的前途命运。一方面,开辟了建立独立工业体系和中国特色城市化的正确道路。中国共产党致力于通过工业化和城市化的良性互动来推动城乡关系发展,仅用几十年时间就走完了发达国家用几百年才完成的工业化历程,建立了世界上最完整的现代工业体系,实现了从基础薄弱的农业大国向制造业第一大国的转变。另一方面,开辟了推进中国农业农村现代化的正确道路。中国共产党始终把"三农"问题作为推动城乡关系发展的重点和难点,在推进农业现代化的同时注重农村建设,提高农村生产力水平;建设社会主义新农村,逐步缩小城乡生活条件的差距;实施乡村振兴战略,确保城乡居民共享发展成果。我国农业生产、农民生活、农村面貌发生了翻天覆地的变化,彻底解决了温饱问题,创造了世界农业史上的奇迹。历史证明,只有坚持和加强党的全面领导,并全方位落实到推动城乡关系发展的各领域,才能用正确的工作方针处理城乡关系,从而真正打破城乡二元结构,迈向城乡融合发展的新阶段。

二、推动马克思主义城乡关系理论中国化

马克思主义以辩证唯物主义和历史唯物主义的世界观和方法论,深刻揭示了城乡关系的发展变化规律。马克思主义对城乡关系的演化规律和发展趋势展开了深入思考,在《德意志意识形态》《共产党宣言》等著作中指出,工农城

---

① 新华社:《中共中央关于党的百年奋斗重大成就和历史经验的决议》[EB/OL],2021-11-16,https://www.gov.cn/zhengce/2021-11/16/content_5651269.htm?preview=1。

乡对立是存在一个历史范畴的，随着生产力的向前发展，城乡关系将经历从分离、再对立到最后融合的过程，城乡融合是社会发展的内在趋势和未来共产主义社会的重要特征。同时，从生产力与生产关系矛盾运动规律出发，马克思主义剖析了城乡关系的演变逻辑，指出"农业劳动是其他一切劳动得以独立存在的自然基础和前提"①，在城乡关系中要重视和保护农业生产力。

中国共产党关于城乡关系的百年探索，就是将马克思主义城乡关系理论与中国城乡具体实际相结合的过程。中国共产党成立以来，坚持运用马克思主义城乡关系理论指导城乡关系发展，将正确处理城乡关系作为现代化建设的重大任务，根据革命、建设、改革不同时期的目标，分别采取农村包围城市、农村支撑城市、统筹城乡发展、城乡融合发展的政策和策略，探索出了一条马克思主义城乡关系的中国化道路。在新中国成立之前，马克思主义城乡关系理论同中国革命实际相结合，开启了"农村包围城市"的革命道路。在社会主义建设和改革开放时期，马克思主义城乡关系理论同改革开放实际相结合，推动形成城乡统筹发展格局。中国特色社会主义新时代，马克思主义城乡关系理论同新时代改革开放实际相附合，推动创新城乡融合发展的制度，探索建立工农互促、城乡互补、协调发展、共同繁荣的新型工农城乡关系。实践证明，中国城乡关系的变化发展趋势与马克思主义城乡关系理论揭示的演进规律是一致的，可见其为破解城乡矛盾、激发城乡发展活力提供了坚实的理论支撑。

中国共产党坚持把马克思主义城乡关系理论与中国具体实际相结合，将马克思主义城乡关系理论与现代社会发展规律相结合，指导解决城乡发展过程中存在的各种问题，注重理论和实践的紧密结合，不断推动马克思主义城乡关系理论中国化，实现理论与实践的创新性互动发展。例如，强调做好"三农"工作的重要性，即"任何时候都不能忽视农业、忘记农民、淡漠农村"，"我们要坚持用大历史观来看待农业、农村、农民问题，只有深刻理解了'三农'问题，才能更好理解我们这个党、这个国家、这个民族"②。中国共产党对城乡关系的百年探索充分证明，中国既不走西方国家城乡对立模式的老路，也不落入拉美国家过度城市化的窠臼，而是走出了一条以马克思主义城乡关系理论为指导的中国特色城乡融合发展道路。

---

① 《马克思恩格斯全集》（第 26 卷），北京：人民出版社，1972 年，第 28~29 页。
② 汪晓东，李翔，刘书文：《谱写农业农村改革发展新的华彩乐章》，《人民日报》，2021 年 9 月 23 日。

三、锚定全面建成社会主义现代化强国宏伟目标

实现现代化是世界各国孜孜以求的共同目标。城乡关系是人类社会发展中的基本经济社会关系之一，如何在发展中正确处理城乡关系是世界上任何国家在发展中都无法回避的问题。在现代化进程中，城市和乡村功能、地位发生着动态变化，城乡关系也随之不断调整。习近平总书记在党的十九届中央政治局第八次集体学习时发表讲话指出："在现代化进程中，城的比重上升，乡的比重下降，是客观规律，但在我国拥有近14亿人口的国情下，不管工业化、城镇化进展到哪一步，农业都要发展，乡村都不会消亡，城乡将长期共生并存，这也是客观规律。"①

对我国而言，没有农业农村现代化，就没有整个国家现代化。中国共产党围绕中华民族伟大复兴战略全局，不断调整发展思路，正确处理城乡关系，让城乡关系服务于从站起来、富起来到强起来的目标任务。党的十八大以来，针对社会主要矛盾变化，党中央在统筹城乡发展、推进新型城市化方面采取了一系列重要举措，持续探索构建新型工农城乡关系，打破城乡二元结构的制度藩篱，解决城乡发展不平衡不充分的问题，为实现中华民族伟大复兴提供了重要动力。党在处理城乡关系的过程中，始终以实现中华民族伟大复兴为总体目标，正确把握全局与局部的关系，推动中国农业农村现代化不断向前发展。

党的二十大报告提出，2022—2027年是全面建设社会主义现代化国家开局起步的关键时期，全面建设社会主义现代化国家，最艰巨最繁重的任务仍然在农村。这要求坚持农业农村优先发展，持续推进城乡融合发展。农业农村现代化是农业现代化、农民现代化、农村现代化"三化融合"的现代化，要实现城乡要素双向流动畅通、新型城镇化和乡村振兴双轮驱动、城市农民工市民化与农村就地过上现代生活同向发力，这种实现城乡融合的现代化发展成为建设现代化国家的响亮号角。在现代化建设从局部先发到整体联动的推进过程中，城乡发展不平衡不充分的问题有其存在的必然性，但这些问题必然伴随社会主义现代化国家全面建设目标的顺利实现而得到解决。

---

① 习近平：《论"三农"工作》，北京：中央文献出版社，2022年，第275~276页。

第二节 以人民为中心是正确处理城乡关系的价值取向

一、坚持人民主体地位是处理城乡关系的根本立场

中国共产党的历史,是一部紧紧依靠人民创造伟业的历史。中国共产党的性质、宗旨和立场,决定了必须始终把人民放在至高无上的地位,为中国人民谋幸福、为中华民族谋复兴是党的初心和使命。中国共产党的执政地位是历史的选择和人民的选择,其原因在于中国共产党既代表最广大人民群众的根本利益,又注重实现好、维护好、发展好人民群众的现实利益。正如习近平总书记指出的:"历史和现实都告诉我们,密切联系群众,是党的性质和宗旨的体现,是中国共产党区别于其他政党的显著标志,也是党发展壮大的重要原因;能否保持党同人民群众的血肉联系,决定着党的事业的成败。"[①] 人民是党和国家事业的主体建设力量,也是党和国家事业的依靠力量,"人民是我们党执政的最大底气,是我们共和国的坚实根基,是我们强党兴国的根本所在"。[②] 中国共产党坚持人民的主体地位,形成了正确的城乡关系发展观。

中国城乡关系的百年演进历程表明,坚持人民主体地位,维护人民根本利益,激发全体人民积极性、主动性、创造性,是城乡关系的发展本质。新民主主义革命时期,毛泽东在《新民主主义论》中指出中国有百分之八十的人口是农民,中国革命的基本问题是农民问题,中国革命的主要力量是农民的力量。[③] 中国共产党以农村为根据地建立人民当家作主的红色政权,保障了人民的生存与安全需求。新中国成立后,城乡关系中的人民主体地位呈现整体性、计划性特征,在社会主义建设过程中需要协调好"人民的长远利益"和"人民的当前利益"。工业化能够从根本上解决我国的落后问题,因此,在国家主导下的工业化战略,是采取有计划地统购统销转移农村农业积累来支持城市工业发展而实现的。改革开放后,基本经济制度的变革使得城乡关系中的人民主体

[①] 《习近平谈治国理政》,北京:外文出版社,2014年,第366~367页。
[②] 《习近平谈治国理政》(第3卷),北京:外文出版社,2020年,第137页。
[③] 《毛泽东选集》(第2卷),北京:人民出版社,1991年版,第692页。

地位发生了重大变化,不断向城乡居民尤其是农民赋权,形成以工促农、以城带乡、增加农民收入和保障农民权益的新格局。城乡关系开始从"物本"向"人本"转变,将重点工作放在了改善农村居民的生活。进入新时代,人民主体地位集中体现为坚持以人民为中心的发展思想,这是城乡融合发展的根本立场。构建工农互促、城乡互补、协调发展、共同繁荣的新型工农城乡关系,突出城乡要素自由流动、平等交换,做好公共资源合理配置工作,不断实现人民对美好生活的向往,促进人的全面发展和全体人民共同富裕,全面彰显了中国特色社会主义城乡关系的发展本质。

二、尊重人民首创精神是处理城乡关系的基本原则

尊重人民首创精神,是党领导城乡工作百年奋斗积累的宝贵经验,集中体现了马克思主义的历史观、价值观。唯物史观认为,人民是实现社会变革的决定性力量。毛泽东曾强调:"人民,只有人民,才是创造世界历史的动力。"①2013年12月,习近平总书记在纪念毛泽东同志诞辰120周年座谈会上指出:"在人民面前,我们永远是小学生,必须自觉拜人民为师,向能者求教,向智者问策。"② 人民群众中蕴藏着无穷的创造潜力和聪明才智。

中国共产党成立百余年来,中国的城乡面貌发生了巨变,最重要的原因就是尊重人民首创精神。尊重人民群众的首创精神,善于汲取人民群众的智慧和力量,才能团结带领人民共创历史伟业,才是解决"三农"问题的基本原则。从城乡关系的演进历程看,中国共产党始终把人民群众作为推动城乡关系发展的依靠,作为调整和变革城乡生产关系、解放和发展农村生产力的主力军,这样才激发了孕育在人民群众中的创造伟力。尊重人民群众的创新精神,从人民的实践创造中及时总结规律并使之成为方针、政策,是党领导城乡工作的基本原则,也是城乡改革发展不断顺利推进的重要保证。

在新中国成立之前,中国共产党就注意到要尊重和发挥群众首创精神,相信群众是力量的源泉,紧紧依靠广大人民群众进行社会革命。毛泽东形象地指出:"群众有伟大的创造力。中国人民中间,实在有成千成万的'诸葛亮',每个乡村,每个市镇,都有那里的'诸葛亮'。我们应该走到群众中间去,向群

---

① 《毛泽东选集》(第3卷),北京:人民出版社,1991年版,第1031页。
② 习近平:《论坚持人民当家作主》,北京:中央文献出版社,2021年,第49页。

众学习,把他们的经验综合起来,成为更好的有条理的道理和办法。"①

在改革开放时期,尊重人民群众首创精神极大地推动了经济体制改革,尤其促进了农村生产力的巨大发展。例如,发轫于安徽凤阳县小岗村的"大包干"拉开了农村改革的序幕,在全国形成包产到户、包干到户的改革浪潮,开启了家庭联产承包责任制的创新实践。家庭联产承包责任制把农民的责、权、利结合起来,纠正了管理过分集中、经营方式单一的缺点,既发挥集体经济的优越性,又发挥农民家庭经营的积极性。1979—1984年,全国农业总产值年均增速达3%;1984年,全国569万个生产队中99%以上都实行了家庭联产承包责任制,全国人均粮食拥有量达到了393千克。正如习近平总书记所指出的:"在大包干等农业生产责任制基础上形成的农村基本经营制度——以家庭承包经营为基础、统分结合的双层经营体制,成为农村改革的重大制度成果,成为我们党农村政策的重要基石。"②

进入新时代,坚持全心全意为人民服务的根本宗旨,继续发扬人民首创精神,最大限度地激发人民群众参与城乡融合发展的创造活力。例如,2007年国家批准成都市、重庆市为全国统筹城乡综合配套改革试验区,在此背景下成都积极创新城乡关系"六个一体化"的内在机制、重庆创新了农村土地交易制度和"地票"交易模式,二者的统筹城乡综合配套改革试点工作均受到国家的高度肯定。2019年中共中央、国务院选取了11个试验区进行城乡融合发展试验探索,明确11个试验区均承担5项改革试验任务,因地制宜采取措施促进城乡融合发展的制度突破。例如,成都市围绕全面激发城乡改革发展内生动力的重点任务之一,聚焦破除城乡要素平等交换双向流动的制度壁垒,在农业农村改革探索上走在了全国前列,为农村产权制度改革、农村集体土地整治等打下良好基础。从2022年开始,成都崇州市率先开展宅基地所有权、资格权、使用权的分置改革,选择15个村进行试点,将闲置农房、闲置集体资产统筹起来,通过自营、出租、入股等多种方式构建多元盘活利用机制,带动农户和村集体经济组织提高经济收入。

可见,中国共产党在不同时期都充分尊重人民首创精神,因势利导发扬人民首创精神,激发和带动人民推动城乡关系不断优化发展。只有尊重和发扬人民首创精神,才能让人民群众真正成为城乡融合发展的受益主体、建设主体,成为更高起点上推进城乡融合发展的强大动力。

---

① 《毛泽东选集》(第3卷),北京:人民出版社,1991年,第933页。
② 习近平:《论坚持全面深化改革》,北京:中央文献出版社,2018年版,第257页。

三、由人民共享成果是实现城乡关系发展的最终落脚点

发展是全体人民共同的事业,发展亦是全体人民共享发展成果的过程。中国共产党始终把广大人民群众作为城乡发展成果的享有者,推进以人为核心的新型城市化,加快推进农业农村现代化。走城乡融合发展之路,就是为了让广大农民平等地参与现代化进程,共同分享现代化成果。人民是生产实践中创造社会财富的主体,也是享有发展成果的主体。在共建中坚持人民主体地位的同时,在共享中坚持人民至上的价值理念,是社会主义国家发展的内在要求。[①] 人民能否共享改革发展成果,是判断改革发展成功与否的最终标准。只有把增进人民福祉、促进人的全面发展作为改革的出发点和落脚点,才能赢得人民对城乡发展路线、方针、政策的高度认同。

中国共产党高度重视农民对土地权利的诉求。改革开放以后,随着党和政府不断向农民赋权,农民的生产积极性和创新潜力不断得到释放,通过不断改善自身以及农业农村的状况,推动城乡关系向前发展。20世纪80年代中期,取消统购统销、发展乡镇工业和赋予农民自由选择职业的权利,不但扩大了农民的非农就业机会,使城乡差距持续缩小,而且培育出竞争性的农产品市场,削弱了城乡二元经济结构。20世纪90年代,通过赋予农民自由迁移的权利,允许农民进城,推动了城市化率的快速提升,并最终发育出一个统一的劳动力市场。新世纪以来,国家重点做好户籍制度改革和土地制度改革工作,进一步破解农民自由流动的制度约束,特别是在土地制度改革方面,不断释放农民土地要素的经济效能。例如,2015年国家选择了33个试点地区开展各项"三块地"改革的试点,在2019年全面推开各种改革试点。近年来,党中央通过农村集体产权制度改革,以及农村土地征收、集体经营性建设用地入市、宅基地制度改革试点,建立和完善了土地所有权、承包权和经营权"三权"分置的新型土地产权制度,尊重和保护了农民的土地产权。此外,我国还在规范土地流转、城乡建设用地"增减挂钩"、土地承包经营权和农民住房财产权"两权"抵押等方面进行积极探索。[②] 未来,党和国家将继续向农民赋权,继续激发农民的积极性,推动我国经济社会高质量发展。

[①] 孟鑫:《实现共同富裕是关系党执政基础的重大政治问题》,《光明日报》,2021年1月28日。
[②] 金三林等:《从城乡二元到城乡融合——新中国成立70年来城乡关系的演进及启示》,《经济纵横》,2019年第8期,第13~19页。

第三节 把握辩证关系是正确处理城乡关系的重要抓手

一、推动生产力与生产关系相适应

生产力与生产关系的矛盾运动构成了社会发展的基本矛盾,一切社会制度的演变在根本上都是这一基本矛盾运动的结果。马克思主义认为,生产力是推动社会进步最活跃、最革命的要素,生产力和生产关系相互作用、相互制约,支配着整个社会发展进程。马克思从生产力和生产关系的视角,分析了城乡关系从统一到分离再到对立的运动过程,并指出随着生产力发展,城乡关系将走向融合的历史趋势。也就是说,生产力发展是城乡关系变化的动力源泉,城乡分离与对立是社会分工细化的必然结果。由于城乡融合是社会发展的历史趋势,"消灭城乡之间的对立是社会统一的首要条件之一,这个条件又取决于许多物质前提",其中最重要的是高度发达的社会生产力。科技和交通工具的进步促使各生产要素在城乡间自由流动,使农业和工业更好地结合起来,从而打破城乡边界。

在推进城乡关系发展过程中,生产力与生产关系始终是必须处理好的一对基本关系。基于唯物史观,只有正确认识城乡生产力发展状况并准确把握其运动规律,才能据此制定正确的处理城乡关系的路线、方针和政策。我国处于并将长期处于社会主义初级阶段,决定了解放和发展生产力是社会主义的根本任务。中国共产党正是将这一论断作为正确处理城乡关系的基本依据,从城乡分离到城乡互动发展再到促进城乡融合发展,与马克思分析城乡关系运动的过程一致。中国共产党坚定不移地解放和发展社会生产力,不断调整城乡发展制度,构建起适应城乡融合发展的生产关系,让城乡关系符合规律地向前发展。从实际问题出发,在解决现实矛盾中循序渐进,持续推进与城乡生产力发展相适应的制度创新,理顺其内在逻辑并形成有机整体,是我国在处理城乡关系过程中形成的有效制度建构模式。这确保了城乡关系演变建立在特定的社会生产力发展基础之上,随着生产力与生产关系的变化而变化,并形成了"城乡生产力发展→生产关系变革→生产力新的发展→生产关系新的变革"的循环。

改革生产关系中不利于实现城乡融合发展的部分,为适应社会生产力发展而调整生产关系，为新的社会生产力发展提供制度基础，形成生产力与生产关系相互作用、相互促进的关系，是经济改革推进城乡融合发展的内在要求。这是唯物史观在城乡关系探索中的灵活运用，典型事例是1978年安徽凤阳县小岗村开展的包产到户改革，在较短时间内极大地解放和发展农村生产力。因此，1982年《全国农村工作会议纪要》认可包产到户是社会主义生产责任制之一，1978—1984年家庭联产承包责任制贡献了全国46.9%的农业产出。1984年党的十二届三中全会通过的《中共中央关于经济体制改革的决定》指出："我们改革经济体制，是在坚持社会主义制度的前提下，改革一系列生产关系和上层建筑中不适应生产力发展的一系列相互联系的环节和方面。"2013年党的十八届三中全会系统总结了改革开放以来经济社会取得的伟大成就，并得出了改革生产关系和上层建筑中不适应生产力发展的的环节及方面的深刻启示。因此，城乡关系演变实质是立足不同时期的客观生产力状况和历史条件，改变束缚生产力发展的城乡发展制度以及相应的社会生产方式。

二、坚持顶层设计与基层探索相统一

城乡关系的发展是一项涉及多领域的复杂系统工程，其演进历程中往往伴随着风险挑战，尤其是在中国这样一个人口规模巨大、城乡发展不平衡的发展中大国，破解城乡发展矛盾，其艰巨性和复杂性世所罕见，更需要统筹兼顾、系统谋划、整体推进。习近平总书记强调，"要鼓励地方、基层、群众解放思想、积极探索，鼓励不同区域进行差别化试点，善于从群众关注的焦点、百姓生活的难点中寻找改革切入点，推动顶层设计和基层探索良性互动、有机结合"①。中国共产党之所以能够正确处理城乡关系，其关键之一在于在战略上进行科学谋划，在顶层设计以及实践中进行大胆探索、改革创新。党在"顶层"与"基层"交互作用中推动城乡从对立、一体到融合发展。

纵观中国共产党带领人民促进城乡关系发展的百年探索，无不充分彰显出正确处理顶层设计与基层探索重大关系的宝贵经验。这既体现了中国共产党治国理政的宝贵历史经验，也其蕴含了以辩证思维推进城乡融合发展的重要方法论。顶层设计与基层探索相互促进，辩证统一于我国百年城乡关系的演进历程中。

---

① 习近平：《鼓励基层群众解放思想积极探索 推动改革顶层设计和基层探索互动》，《人民日报》，2014年12月3日。

一方面，科学的顶层设计引领城乡关系的基层探索。理论是行动的先导，一定的社会实践由一定的理论来引领。系统性、整体性、协同性是顶层设计的应有之意。中国城乡关系的妥善处理得益于中国共产党顶层设计的正确引领。在城乡关系变化的不同时期，中国共产党精准研判社会主要矛盾的变化趋势，对关涉城乡总体布局的各领域各环节各层次进行目标定位、道路定向和战略规划，引领城乡关系实践探索走向深入。正是基于对城乡发展规律的深刻洞察、对人民美好生活需要的准确把握，中国共产党才能把时代要求、国家目标和人民需求有机结合起来，制定科学的城乡发展决策，为推进城乡关系发展提供科学的行动指南，使得中国跨入全面迈向社会主义现代化国家的新征程。在顶层设计指引下，党的十九大报告做出"实施乡村振兴战略"和"建立健全城乡融合发展体制机制和政策体系"的决策部署；2019年《中共中央 国务院关于建立健全城乡融合发展体制机制和政策体系的意见》和《国家城乡融合发展试验区改革方案》发布；2021年"中央一号文件"提出"把县域作为城乡融合发展的重要切入点，强化统筹谋划和顶层设计"。这些都是中国共产党着眼于新型城乡关系发展实际及未来趋势做出的重大部署，亦是中国共产党在顶层设计上对城乡关系认识重大转变的标志。

另一方面，深入的基层探索推动城乡关系顶层设计持续优化。想在城乡发展不平衡不充分的现实背景下协调好城乡关系，面临层出不穷的风险挑战，需要在实践中大胆探索并反复总结经验，不断深化对中国城乡关系特征与规律的认识。唯有如此，才能把握城乡关系前进的正确方向，才能全面掌握城乡发展的客观规律，承担起中华民族伟大复兴的时代重任。例如，新时代以来，浙江省大力实施"千村示范、万村整治"工程，通过"建设农村送项目"，实现"户户通电""城乡同价"；实施"千镇连锁超市"和"万村放心店"，使乡镇连锁超市覆盖率达到100%；开展美丽乡村标杆县、示范乡镇、风景线、精品村和美丽庭院"五美联创"评比，激发村民建设美丽乡村的主动性和积极性；实施科技进乡村、资金进乡村，青年回农村、乡贤回农村的"两进两回"行动，实现美丽乡村和共富乡村共进，打造顶层设计与基层实践有效结合的典型样本。可见，基层富有创造力的城乡融合发展实践，不断为顶层设计提供创新的源泉。丰富的基层探索与顶层设计的前瞻性思考、全局性谋划、战略性布局、整体性推进相结合，在不断的基层实践探索中推动顶层设计的不断优化和完善，这有效促进了城乡二元发展问题的解决，从制度设计的优化创新上有力推动了城乡融合发展格局的形成。

三、强调有效市场与有为政府相结合

中国特色的"有效市场＋有为政府"模式建立在社会主义公有制基础之上，强调市场与政府的统一性。有效市场和有为政府的统一关系可概括为：有效市场以有为政府为前提，有为政府以有效市场为依归。党的十九届六中全会审议通过的《中共中央关于党的百年奋斗重大成就和历史经验的决议》指出，"使市场在资源配置中起决定性作用，更好发挥政府作用"，这为推动有效市场和有为政府更好结合提供了遵循。政府与市场的关系既是社会主义市场经济体制改革的逻辑主线，又是推动中国城乡关系变革的重要抓手。坚持有效市场和有为政府相结合，着力破除城乡关系发展制度障碍，提高城乡要素协同配置效率，引领城乡关系向着更高质量、更有效率、更加公平、更可持续、更为安全的方向发展。

有效市场是提升城乡要素配置效率的关键。马克思认为生产资料公有制能够实现经济增长与分配正义的结合，是迈向共同富裕和促进个人自由发展的保障。社会主义市场经济是以公有制为主体的市场经济，要求按照社会共同利益在全社会合理配置资源，保证国民经济发展效率。中国特色的社会主义市场经济是竞争性市场机制和国家治理能力的有机结合，既发挥市场的配置资源效率，又确保社会主义宏观整合的优势。正如习近平总书记指出："我国经济发展获得巨大成功的一个关键因素，就是我们既发挥了市场经济的长处，又发挥了社会主义制度的优越性。"① 中国城乡关系的演进离不开有效市场的推动作用，社会主义基本经济制度决定了城乡关系从分化、统筹向融合变迁的逻辑主线。尤其是改革开放后，以经济建设为中心的根本任务要求建立社会主义市场经济体制。伴随农村率先开展经济体制改革，农村市场体系逐步完善，对农村经济发展有产生了积极影响。农村市场竞争效率提升推动乡镇企业发展与创新，并创造出大量的就业岗位，拓宽了农民就业增收渠道，直接推动农村生产力的释放。

有为政府是平衡城乡发展差距的关键。我国"有为政府"是从以生产资料公有制为基础的社会主义市场经济中派生出来的。它并不局限于短期经济目标，而是强调经济发展的长期性和连续性，根本目的在于最大限度地满足人民

---

① 习近平：《论把握新发展阶段、贯彻新发展理念、构建新发展格局》，北京：中央文献出版社，2021年，第64页。

群众的美好生活需要从而实现人的全面发展。并且，社会主义市场经济下的有为政府还体现在党的领导和顶层设计相结合，注重跨周期的政策设计，进行科学地宏观管理和宏观调控，合理引导市场。有为政府担负破除城乡要素双向流动制度障碍的角色，在弥补市场失灵、维护公共利益等方面发挥作用。例如，在农村减贫过程中，政府主导的财政补贴等"救济式"和"开发式"扶贫手段促使资源要素流向贫困地区，缩小地区间发展差距。在中国城乡关系演进的不同阶段，政府利用其公信力和强制手段，以资金补贴、税收优惠、基础设施建设等多种方式为牵引，推动劳动力、资本、土地、技术等生产要素流入乡村，显著改善了农村的资源结构，在补齐农村短板方面产生了积极效果，增强了农村产业的市场竞争力。

第四节 推进"四化同步"是正确处理城乡关系的必由之路

一、"四化同步"是城乡关系演进的关键变量

党的十九届五中全会明确将"基本实现新型工业化、信息化、城镇化、农业现代化，基本建成现代化经济体系"作为 2035 年基本实现社会主义现代化的目标，从经济内涵的视角指明了中国式现代化的方向，即实现"四化同步"与建成现代化经济体系。新型工业化是实现社会主义现代化不可逾越的阶段和核心内容，是对推动城镇化和农业现代化的引领，是促进城乡融合的主引擎；信息化是当今时代最鲜明的特征和标志，能为新型工业化、城镇化和农业现代化注入新活力；城镇化是现代化的必由之路，是承接新型工业化、信息化发展和农业转移人口集聚的载体，同时又是带动乡村加快发展、推进城乡融合发展的关键拉力；农业现代化是新型工业化、城镇化的基础，是城乡融合发展的强大推力。不同于西方发达国家的"串联式"发展过程，工业化、信息化、城镇化、农业现代化是顺序发展的，我国要把"失去的二百年"找回来，决定了新型工业化、信息化、城镇化、农业现代化的发展必然是一个"并联式"的过程。

城乡发展不平衡是后发国家现代化进程中面临的普遍问题。当前，我国城

乡发展的不平衡集中体现在农业现代化短板突出，城镇化质量不高和"半城镇化"的突出现象。"四化同步"对于破解城乡发展不平衡问题意义重大，是塑造新型城乡关系的重要变量。从历史发展脉络看，在新中国成立后的工业化启动阶段，产生了城乡割裂和工农关系失衡的问题。改革开放后，我国对农民"还权赋能"，带动城乡人口的空间结构发生变化，改写了城乡发展面貌，为"四化同步"创造了积极条件。但是，城乡二元分割顽疾尚未根除，农村市场的基础制度与功能不健全。城乡融合是全面建设社会主义现代化国家的显著标志。因此，"四化同步"将农业农村的发展纳入更广阔的视野，让新型工业化、信息化、城镇化赋能农业发展，打开了塑造新型城乡关系的现实通道。

二、"四化同步"是城乡融合发展的内驱动力

城乡融合发展是建设社会主义现代化国家的题中应有之义。习近平总书记在2020年的中央农村工作会议上指出，今后十五年是破除城乡二元结构、健全城乡融合发展制度的窗口期。城乡融合发展就是推动新型城镇化和乡村振兴，推动城市基础设施向乡村延伸、公共服务向乡村覆盖，形成城乡共同繁荣发展的新局面。"四化同步"是实现城乡融合发展的内驱动力和主要路径，"四化同步"的过程其实就是城乡融合发展的过程。新型工业化、信息化、城镇化和农业现代化在时间上同步演进、空间上一体布局、功能上耦合叠加，推动新型工业化创造供给，把握其与城镇化创造的需求间的平衡，同时推进农业现代化以增强农村、小城镇、县城吸引就业人口的能力，打开农业转移人口市民化的制度通道，避免过快、过度城镇化带来的一系列问题。

推动城乡融合发展需要科学研判城乡关系发展结构性的趋势变化。从人口结构看，乡村人口占比将持续下降。党的十八大以来，在城镇化、新型工业化和信息化等因素叠加推动下，城乡之间的物质流、信息流持续交换，农村劳动力向城镇加速转移。根据国家统计局数据，2023年末我国常住人口城镇化率为66.16%，比2012年末提高近13.1个百分点。从产业结构看，农业"两个比重"将持续下降。国际实践经验表明，随着工业化、城镇化的深入推进，农业增加值占国民生产总值比重和农业就业人数占全社会就业人数的比重将呈下降趋势。相关研究显示，预计到2035年我国的农业增加值占比将下降至5%

以下，农业劳动力占就业人员比重将下降至 10% 左右。① 从空间结构看，城乡空间体系面临重构。大数据、物联网、人工智能等新一轮科技革命和信息技术正在加速改变传统的空间观念和交往方式，推动产业结构、经济结构和社会结构加速变革，为缩小城乡差距提供了新的契机。因此，顺应城乡空间体系重构趋势，要以数字化推动城乡空间融合加速，提高城乡公共服务资源的数字化供给水平。

---

① 中国社会科学院农村发展研究所课题组：《农村全面建成小康社会及后小康时期乡村振兴研究》，《经济研究参考》，2020 年第 9 期，第 5～45 页。

第九章 新型城乡关系的现实状态与时代呼唤

第九章

新型城乡关系的现实状态与时代呼唤

中国共产党成立百余年，党中央始终高度重视城乡关系的协调发展，在不同的历史时期先后出台了一系列重大的支农惠农政策，城乡收入、产业、公共服务等方面差距有了实质性的缩小，为城乡共同富裕奠定坚实的基础。然而，工农、城乡分割的顽疾依然没有根除，在市场规律和空间极化效应的影响下，教育、医疗等方面的城乡二元结构依然客观存在，在部分时期甚至有加剧的倾向。立足新发展阶段，以实现共同富裕为目标，重塑新型城乡关系，旨在解决新时代面临的发展不平衡和不充分的矛盾，着重推进城乡在主体结构、产业形态、要素流动方式、空间布局、公共产品配置等方面实现共融转变，并进一步完善相关的制度。

第一节　新中国城乡发展的巨大成就

一、城乡居民收入：从不平衡增长走向共同富裕

中国共产党成立百余年，党中央高度重视改善人民生活，始终把提高城乡居民收入水平作为一切工作的出发点和落脚点。建党百余年来，特别是改革开放以来，城乡居民收入大幅增长，居民消费水平明显提升，生活质量显著改善，从温饱不足迈向全面小康，城乡居民生活发生了翻天覆地的变化。党的十八大以来，以习近平同志为核心的党中央坚持以人民为中心，出台实施了一系列惠民政策措施，特别是"脱贫攻坚"带动农村居民收入继续快速增长，消费水平和生活质量进一步提高，为全面建成小康社会奠定了坚实的基础。

党的十八大以前，我国城乡收入差距在波动中收敛。新中国成立初期，国民经济整体处于争取温饱阶段，城乡收入比总体在低水平徘徊，城乡居民收入比从1957年的3.23降至1978年的2.80。1978年党的十一届三中全会召开，改革开放全面启动，一系列收入分配改革措施出台，城乡居民收入和生活水平较改革开放初期都有了明显提高。1978—1992年，国民经济全面起飞，城乡居民收入比总体温和下降，从1978年的2.80降至1985年的2.13，大部分农村居民解决了温饱问题。1992年邓小平南方谈话后，改革开放又掀起了新热潮，党的十四大提出必须允许和鼓励一部分地区一部分人先富起来，以带动越

来越多的地区和人们逐步达到共同富裕。① 由于农业农村的市场化变革，城乡收入比从1995年的3.50降至1997年的3.08，2000年后，全面支农惠农的城乡统筹成为中国发展战略的主旋律，城乡收入比在2000年为3.53，此后十二年持续下降，2012年为3.11。

进入新时代以后，城乡融合发展成效明显，城乡共富走向现代化。党的十八大以来，在以习近平同志为核心的党中央坚强领导下，坚持以人民为中心的发展思想，全面深化收入分配制度改革，精准扶贫深入推进，对增加城乡居民的收入起到至关重要的作用。为了有效解决"三农"问题，国家陆续实施了新型城镇化、美丽乡村建设、农业供给侧结构性改革、精准扶贫等系列政策。然而，农村集体经济薄弱、产业组织化程度低、农产品加工水平粗放、缺乏长效保障机制等问题依旧突出，城乡均衡发展仍未达到预期目标。精准扶贫政策实施以来，农村基础设施得到了显著改善，基本公共服务逐步改善，返乡群众人数增加，乡村发展总体上取得了一定进展和成效。党的十九大在总结城乡发展关系基础上，审时度势地提出了乡村振兴战略，从政策层面积极推进城乡融合发展。这一时期，我国取得了举世瞩目的减贫成就，成为首个实现联合国减贫目标的发展中国家，直到2020年我国现行标准下农村贫困人口全面脱贫，贫困县全部摘帽，贫困村全部退出，脱贫攻坚目标任务全面如期完成。在城乡居民收入快速增长的同时，居民收入在城乡、地区之间的差距缩小的总体趋势明显加快。城乡居民收入比到2021年降为2.50，较2012年下降了0.61。其间，农村居民人均可支配收入从2013年的7524元增长到2021年的18931元；人均消费支出从2013年的7485元增长到2021年的15916元；恩格尔系数从2013年的0.38下降至2021年的0.33，详见图9—1。

---

① 江泽民：《加快改革开放和现代化建设步伐夺取有中国特色社会主义事业的更大胜利——在中国共产党第十四次全国代表大会上的报告》，《人民日报》，1992年10月12日。

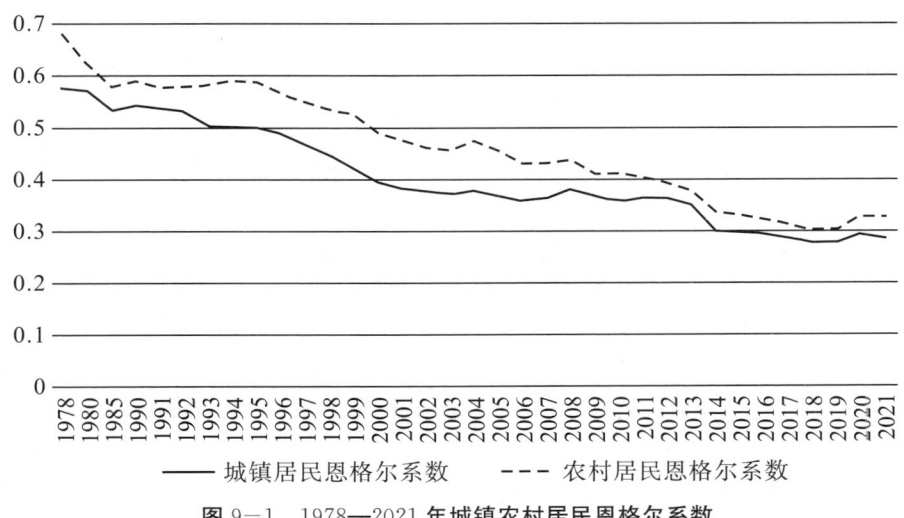

图 9—1 1978—2021 年城镇农村居民恩格尔系数

数据来源：根据 2020 年中国统计年鉴、《中华人民共和国 2020 年国民经济和社会发展统计公报》整理。

二、城乡产业发展：从工农分离到工农互促

新中国成立后，长期推行以钢铁工业为核心的工业化赶超战略。改革开放之后则一直以经济建设为中心，并以产业结构的合理化和高级化为目标推动产业升级。进入 21 世纪以来，为克服传统工业化和城市化存在的弊端，我国提出走以信息化带动工业化、以工业化促进信息化的新型工业化道路。

新中国成立以来的相当长一段时期，我国走了一条非均衡发展道路。农业作为工业繁荣发展的要素供给地，为工业化起飞提供了大量的农业剩余。1990 年与 1952 年相比，我国工业增长了近 65 倍，但农业只增长了 3 倍，二者增长倍数之比为 21.6∶1，也就是说，农业部门在只有 3 倍增长的格局上支撑了工业部门 60 多倍的增长。[1] 工业与农业之间的非平衡发展，导致城市与乡村的资源分配不均衡，"城市建设像欧洲、农村建设像非洲"的二元景观明显。[2] 自党的十八大以来，以新型城镇化、新型工业化和农业现代化为抓手的"三化联动"深入推进，乡村振兴战略的实施，工农互促不断深化，带动城乡融合

---

[1] 李澂，冯海发：《农业剩余与工业化的资本积累》，《中国农村经济》，1993 年第 3 期，第 38～43 页。

[2] 贺雪峰：《城市化的中国道路》，北京：东方出版社，2014 年。

共兴。

改革开放以来我国城乡的工农发展表现的不同特征，可分成四个发展阶段，详见表9-1。

表9-1 改革开放以来城乡关系的发展阶段及其特征

年份	发展阶段	特征
1979—1991	激活赋权，城乡要素单向流动	农村剩余劳动力开始非农转化，乡镇企业异军突起，工农业关联发展，工业以更快的步伐向前迈进
1992—2003	工强农弱、城乡差距扩大	"三农"发展滞后，城市发展后来居上。市场导向下的工农二元结构显著，工强农弱的格局虽有缓解但不明显
2004—2012	工农割裂严重，城乡二元结构固化	城乡家庭可支配收入差距扩大，农业生产率总体低下，城乡社会公共服务差距扩大
2013至今	工农有所互促，城乡开始互动	新型城镇化、新型工业化和农业现代化为抓手的"三化联动"与乡村振兴战略相继实施

党的十八大以前，工农分离的主导格局开始改变，从以农养工逐渐走向以工哺农。新中国成立之初，基于过渡时期总路线制定了"以农养工"的农村农业发展战略。这一时期，实现农业生产发展、农业剩余向工业转移、为国家工业化提供更多的资本原始积累是农村发展的核心目标。改革开放后，中国共产党对农村农业发展的战略规划，主要是以通过"赋权放活"尽可能地解放和发展农村被束缚的生产力为基点，围绕破解制约农村发展制度掣肘的重点工作，激活农村这一极具潜力的发展市场，促进了乡镇企业的异军突起。1992年，乡镇企业吸纳农村劳动力总数达到1.03亿，成了农民非农就业的一个十分重要的渠道。乡镇企业创造的就业岗位占整个农村非农就业岗位的61.4%，农村工业的就业效应显著。[①] 乡镇企业为改革开放初期打造新的城乡关系开辟了一条有效的途径。步入新世纪后，以工哺农助推以城带乡，城乡统筹发展开启新局面。为适应我国经济社会在转型期的新变化，以及建设社会主义新农村的新要求，中国共产党明确提出新时期社会主义新农村建设需要依靠工业反哺农业、城市带动农村。这是中国共产党对城乡关系工作的一个重大突破，也是对农村发展的全新定位，实现了从"重视城市，兼顾农村"到"带动农村，统筹

---

① 陈吉元，胡必亮：《中国的三元经济结构与农业剩余劳动力转移》，《经济研究》，1994年第4期，第14~22页。

发展"的重大战略转变。

党的十八大以后，工农互促、引领城乡融合发展的工农联动局面不断取得突破。2013年，党的十八届三中全会指出，必须健全体制机制，"形成以工促农、以城带乡、工农互惠、城乡一体的新型工农城乡关系"。2017年，党的十九大报告提出"按照产业兴旺、生态宜居、乡风文明、治理有效、生活富裕的总要求，建立健全城乡融合发展体制机制和政策体系"。2018年，"中央一号文件"即《中共中央国务院关于实施乡村振兴战略的意见》出台，启动实施乡村振兴战略。随着我国产业结构的调整加快进行，工农矛盾大大缓和，第二、第三产业纷纷延伸到传统农业领域，工农互促的趋向明显。"产业振兴"的目标选择与中国特色社会主义乡村振兴道路的路径探索，二者形成了新时代中国共产党以"乡村振兴"为主题的农村产业发展战略。

三、城乡公共服务：从简陋落后到幸福共享

（一）农村民生建设发展历程

新中国成立以来，中国共产党始终把民生建设放在工作首位，民生实践创新发展，民生建设成就有目共睹。

中华人民共和国成立以后，中央人民政府于1950年颁布了《中华人民共和国土地改革法》，到1952年底全国土改基本完成。1978年后，党中央确立"全面建设小康社会"的民生建设目标，提出了可持续发展、区域经济协调发展、新"三步走"的民生建设战略，进一步丰富了民生改善的价值诉求。1989年后，我国社会生产力实现了长期稳定的高速发展，这一时期实施的科教兴国战略，重点在农村地区普及九年义务教育，拓宽进城务工人员就业渠道，对其加强职业培训，扩展社会保障覆盖面，建立农村养老、医疗保险和最低生活保障制度。2002年后，党中央紧紧围绕"全面建设小康社会"的目标开展民生建设，在教育、就业、医疗、住房、社会保障等民生领域取得了许多突破性进展，城乡就业总量持续增大，免费义务教育全面实现，保障性住房加快推进，医疗卫生保障取得突破，社会保障体系建设成效显著。党的十八大以来，开始加大农村农民全覆盖民生工程的实施力度，让农民群众共享经济社会发展成

果,成为党执政的着力点与主攻方向。①

(二)农村公共卫生事业大发展

新中国成立之前,全国各类医疗卫生机构总计不到 4000 个,而且主要集中在大城市和沿海地区。全国 2100 多个县中,仅有 1437 个县有卫生院(县医院),县以下仅 1000 多个区有卫生所,且条件都十分简陋。② 在贫瘠的农村,除了一些乡镇上有少数中医诊所和中药铺外,基本上没有像样的医疗机构,处于严重的缺医少药或无医无药状态。新中国成立之后,我国的农村卫生事业有了翻天覆地的变化,人均预期寿命接近发达国家水平。

从 20 世纪 50 年代中期开始,在全国农村建立起"三位一体"的医疗卫生服务体制。③《中华人民共和国国民经济和社会发展十年规划和"八五"计划纲要》对卫生工作方针的表述为"把医疗卫生工作的重点放到农村",1997 年发布的《中共中央 国务院关于卫生改革与发展的决定》进一步把这条方针简化为"以农村为重点",并列为卫生方针之首。这一时期的农村卫生政策充分体现了公平原则,按行政区域设置医疗卫生机构,使农村居民普遍享受到最基本的医疗保健服务。2002 年,国务院在北京召开了新中国成立以来的第一次全国农村卫生工作会议,要求进一步建立和完善新农合制度、医疗救助制度,帮助农民抵御重大疾病风险;《中共中央 国务院关于进一步加强农村卫生工作的决定》确定了新农合制度的发展目标。2009 年,《中共中央 国务院关于深化医药卫生体制改革的意见》出台,开启了我国的"新医改"进程,基层卫生面貌发生了很大变化,乡村医生的工作条件、村民的就医环境都有了很大改善。覆盖全人群的基本公共卫生服务项目自 2009 年开始全面实施,包括居民健康档案管理、健康教育、预防接种、慢性病患者健康管理等国家基本公共卫生服务,服务项目从 9 类扩展到 14 类。2013 年,按照"政府重点办好县级医院,并在每个乡镇办好一所卫生院"的要求,国家投入大量资金改善基层医疗卫生面貌,在西部地区乡镇卫生院的硬件设施纷纷更新换代,力求解决好基层群众看病难、看病贵问题,广大农村居民的就医条件和环境有了显著改善。通

---

① 王历荣:《新中国 70 年民生建设的理论基础及经验启示》,《甘肃社会科学》,2019 年第 6 期,第 67~75 页。刘良军:《70 年农村民生改善与党的领导》,《中共合肥市委党校学报》,2019 年第 3 期,第 53~57 页。

② 《中国乡村医药》编辑部:《我国农村卫生事业的发展历程》,《中国乡村医药》,2019 年第 13 期,第 80 页。

③ 健伟:《以农村为重点让基层强起来——农村卫生健康事业发展 70 年综述》,《中国农村卫生》,2019 年第 19 期,第 5~7 页。

过建立分级诊疗制度，推动农村体制机制改革，提高基层医疗服务水平，为农村居民带来更多的实惠。2016年以来，我国全面实施"健康扶贫三年攻坚"行动，将打赢健康扶贫攻坚战视为卫生健康工作最重要、最紧迫的政治任务。

党的十八大以来，为实现"强基层，助力大病不出县，小病不出乡"的发展目标，我国大力支持建成完整乡镇医疗体系，致力于解决农村居民看病难的问题。当前，我国城乡医疗人员数量不断增长，但是城市医疗条件更优与职业晋升机会更多促使城市的医疗人员数量增长更快，而农村地区的医疗设施与环境条件较为不足，所以医疗人员更愿意在城市就业，造成了农村医疗体系的不完善和医疗资源的紧缺。我国应将更多医疗资源投入农村建设，解决农村地区农民的医疗健康问题，让农民进一步享受发展带来的社会福利。截至2021年底，全国乡镇卫生院共141.74万张病床，比2009年的93.34万张增加52%；在村卫生室工作的执业（助理）医师47.6万人，比2009年的12.4万人增加2.84倍。①

（三）乡村文化建设大繁荣

我国在加强农村政治和经济建设的同时，也十分重视农村文化建设，在农村现代化发展的历史探索中，农村文化现代化建设也在曲折中前行。我国努力探索农村文化现代化发展路径，在农村文化建设方面取得了巨大的成绩，并逐步形成了中国特色社会主义的农村文化建设历史经验。

重视农村文化建设是中国共产党的优良传统。1940年毛泽东发表的《新民主主义论》，就把大众文化与农民文化摆在同等重要的位置。新中国成立后，中国共产党领导全国人民在全国范围内大规模地进行文化建设，积极发展为广大人民群众服务的文化，全国国民较以往都能更为平等地享受文化和教育的权利。

农村文化生活、精神文明建设从无到有，从不丰富到日渐丰富，顺势满足农民群众日益增长的精神文化生活需要。中国共产党通过乡村思想政治建设、乡镇文化站建设、农家书屋下乡、乡村教育发展等不同路径，为乡村文化建设实践提供了基本渠道。在乡镇文化站建设方面，1949年后，文化馆、文化站建设在全国铺开；1982年，乡镇文化站从改革开放初的3264个增至32780个。改革开放以来，各地乡镇文化站为乡村民众文化需求的满足提供了便利。在农家书屋下乡方面，从2007年到2012年，中央共安排59亿元在全国建成了60多万

---

① 数据来源：国家卫生部，《2009年我国卫生事业发展统计公报》，2010年；国家卫生健康委员会，《2021年我国卫生健康事业发展统计公报》，2022年。

个标准书屋，每个书屋平均拥有图书 1565 册，基本实现了农家书屋村村有。2012 年，国家要求每个农家书屋每年补充图书不少于 60 种，农民人均图书拥有量逐渐从 0.13 册上升到 1.25 册。在乡村教育发展方面，2003 年，国务院召开第一次全国农村教育工作会议，乡村劳动力中不识字或识字很少者的比例从 1985 年的 27.9% 下降至 2003 年的 7.39%，至 2010 年再减少到 5.5%；与之对应的大专及大专以上学历者则从 0.1% 上升到 2.11%，再到 2.7%，乡村教育大发展极大地为乡村文化建设营造了良好的氛围，乡村人口素质教育事业加快发展。①

党的十八大以来，我国提出要坚持文化产业与文化事业"双轮驱动"平衡发展，努力提升农民群众的文化获得感。党和政府将繁荣发展农村文化生活列入重要议事日程，推动社会主义精神文明建设在农村进一步落实、落地、落细，让农民物质生活丰富的同时，精神文化生活水平也有质的提升。农村文化生活日益丰富，社会主义核心价值观在农村也愈发拥有广泛的民意基础，农民的思想道德素质与科学文化素养都有了前所未有的提升。

（四）农村环境治理大跃迁

新中国成立初期，农村生态环境保护与建设方面长期存在空白，"垃圾靠风化，污水靠蒸发"是对当时农村日常生活的真实写照。

改革开放初期乡镇企业蓬勃发展，与之并起的是"三废"向农村地区转移。1983 年国务院出台了《关于加强乡镇、街道企业环境管理的决定》，1986 年"七五计划"明确指出"禁止城市向农村转移污染"。当时农业生产较为粗放，农药化肥造成了大规模农业面源污染，1983 年国务院决定全面停止生产 666、DDT 等有机氯农药。1984 年《关于加强环境保护工作的决定》和 1985 年《关于开展生态农业，加强农业生态环境保护工作的意见》，提出了推广生态农业的要求；1989 年正式实施的《中华人民共和国环境保护法》明确规定 "各级人民政府应当加强对农业环境的保护，合理使用化肥、农药及植物生长激素"；1993 年《中华人民共和国农业法》要求"应当保养土地、合理使用农药化肥、增加有机肥使用"；等等。该阶段的农村环境污染以乡镇工业污染和农业面源污染为主，我国相应的环境政策初步建立。该阶段初步形成的一些环境管理制度为后续农村环境污染防治提供了基本依据和组织基础。1993 年《村庄和集镇规划建设管理条例》的出台，标志着管理农村生活环境首次提上

---

① 黄永林，罗忻：《新中国成立 70 年农村文化的现代性探求及历史经验》，《民俗研究》，2019 年第 5 期，第 5～14 页＋第 157 页。

议程。

1995—2001 年，畜禽养殖、农业生产及乡镇企业产生的污染状况加剧，并且部分农村地区生活垃圾问题显现。针对这一现实状况，"九五"计划要求"控制人口增长、保护耕地资源和生态环境，实现农业和农村经济的可持续发展"；1999 年 11 月《国家环境保护总局关于加强农村生态环境保护工作的若干意见》出台，这是我国第一个直接针对农村环境保护的政策，其中明确提出加强面源污染防治，改善水体和大气环境质量，并要求"禁烧区全面停止秸秆露天焚烧"。此阶段的措施与行动从农业生产扩至农民生活领域，但其总体目标仍聚焦农业污染防治，并在产业资本大力扩张下推进有机食品发展（2001 年成立有机食品认可委员会）。2002—2012 年，我国全面加速环境整治。党的十六届五中全会首次提出建设"社会主义新农村"；2008 年原环保部成立并设立农村环保专项资金；2010 年出台了《全国农村环境连片整治工作指南（试行）》；2012 年开展了耕地保护、农村饮水安全、农村河道综合整治、农村改厕项目、全国畜禽养殖业专项执法督察和农业面源污染防治等工作，该阶段国家提出树立和落实可持续发展观，大量的农村环境保护的法规、政策及标准得以建立健全。

党的十八大以来，以生态文明引领农村环境保护得到全面深化。2013 年"中央一号文件"提出"关于推进农村生态文明、建设美丽乡村的要求"，同年原农业部出台了《关于开展"美丽乡村"创建活动的意见》；2014 年修订的《中华人民共和国环境保护法》为深化农业农村环境保护奠定扎实基础；同年国务院出台了《关于改善农村人居环境的指导意见》；2015 年"中央一号文件"明确提出农业生态治理和全面推进农村人居环境整治，同年 4 月农业部发布的《农业部关于打好农业面源污染防治攻坚战的实施意见》提出了"一控两减三基本"目标，11 月住房城乡建设部等部门联合发布了《关于全面推进农村垃圾治理的指导意见》；2017 年环境保护部、财政部联合印发《全国农村环境综合整治"十三五"规划》；2018 年中共中央、国务院印发了《农村人居环境整治三年行动方案》；2019 年"中央一号文件"提出"让农村成为农民安居乐业的美丽家园"。该阶段农村环境治理专项政策集中出台，标志着我国进入了农业农村环境保护工作的全面深化时期。政策安排打破过往规划设计割裂及碎片化的桎梏，在已有细分领域进行政策配套，在发展理念上开辟了生产、生活与生态"三生"协调发展之路，以绿色发展引领乡村振兴成为农村环境保护的主旋律。党的十九大以来，随着习近平生态文明思想的提出与贯彻落实，空前提高了农民的获得感、幸福感和安全感。在"绿水青山就是金山银山""山水林田湖草是一个生命共同体"等生态文明建设科学理念的指导下,今天的农村不仅生态环境日渐向好,而且因为相应的可观经济收入,让农民进一步感受到了新中国的气象美好和新时代的生活幸福。[①]

(五)城乡基础设施建设大贯通

党和政府先后推出的农村"四好"公路建设、农村"厕所革命"、农村人居环境整治、农村电信网络基础设施建设等政策,缩短了城乡之间的时空距离,有利于城乡要素物资、商品服务等的双向交流,同时让农村居民足不出户也能与城镇居民一样,享受到现代物质文明生活。

我国农村水利基础设施取得了显著成效。1952年的有效灌溉面积近2万公顷,此后有效灌溉面积逐年增长,至2021年为6.96万公顷,69年间一共增长4.96万公顷;至2011年,农村用水普及率达84.2%,大部分农村地区的用水问题得到保障。1978—2019年,农村发电量41年间增长2433亿千瓦时,年均增长59.34亿千瓦时。由城乡发电量增长速度、增长总量和城乡占比来看,我国农村的电力基础设施仍处于不断发展建设阶段,详见表9-2。

表9-2 城乡基层水电基础设施

年份	农村用水普及率(%)	城市用水普及率(%)	农村有效灌溉面积(千公顷)	农村发电量(亿千瓦时)	城市发电量(亿千瓦时)
1952	—	—	19959.0	—	—
1957	—	—	27339.0	—	—
1962	—	—	30545.0	—	—
1978	—	81.60	44965.0	100	2466
1980	—	81.40	44888.1	127	2879
1985	—	45.10	44035.9	241	3866
1990	35.70	48.00	47403.1	418	5795
1995	49.90	58.70	49281.6	632	9437
1999	58.20	63.50	53158.4	—	—
2000	60.10	63.90	53820.3	876	12809
2003	—	86.15	54014.2	1097	17955
2005	67.20	91.09	55029.3	1209	23766

---

① 杜焱强:《农村环境治理70年:历史演变、转换逻辑与未来走向》,《中国农业大学学报(社会科学版)》,2019年第5期,第82~89页。

续表9-2

年份	农村用水普及率（%）	城市用水普及率（%）	农村有效灌溉面积（千公顷）	农村发电量（亿千瓦时）	城市发电量（亿千瓦时）
2008	62.60	94.73	58471.7	1628	32882
2010	65.60	96.68	60347.7	2044	40234
2015	70.40	98.07	65872.6	2351	55049
2016	71.90	98.42	67140.6	2682	57546
2017	78.80	98.30	67815.6	2477	62052
2018	79.20	98.36	68271.6	2346	67601
2019	80.50	—	68678.6	2533	70733
2020	83.90	98.99	69160.5	—	—
2021	84.20	99.38	69609.5	—	—

数据来源：《中国统计年鉴》《中国电力统计年鉴》。2020、2021年发电量相关数据暂缺。

自改革开放以来，我国不断完善城乡基础设施，提升居民生活质量。1990年的农村人均公园绿地面积为0.88平方米，2018年为1.50平方米，28年间增长了0.62平方米，年均增长0.02平方米。公园的扩张为居民提供了良好的生活环境，表明了我国居民生活质量显著提高，环境得到保护和发展，多年以来工业化造成的环境污染得到改善。1981年的城市道路长度为3.03万千米，2018年增长至43.22万千米，37年间增长了40.19万千米，年均增长1.09万千米；1990年农村道路长度为15.2万千米，2018年为8.1万千米，28年间减少了7.1万千米——之所以出现这种情况，可能由于农民相对于城市工业化发展，更倾向于发展农业，农业用地相对于交通对农民更为重要，所以农村道路不断减少。目前，农村开始发展旅游业、互联网销售等第三产业，道路基础设施的重要性得到提升，2015年后农村道路建设开始加快，农村基础设施建设进一步完善。1981—2021年，城市每万人拥有公厕不断减少，这与城市用地精简化有关，更多面积用于第二、三产业的发展；农村每万人拥有公厕数呈现"N"形发展，其原因也与农村在不同时间段的产业重点不同相关。综合来看，城乡的交通基础设施正在不断完善，但是总体上农村较落后于城市，农村需加快建设交通基础设施，详见表9-3。

表 9-3　1981—2021 年中国城乡部分基础设施数据

年份	城市道路长度（万千米）	农村道路长度（万千米）	城市每万人拥有公厕（座）	农村每万人拥有公厕（座）	城市人均公园绿地面积（平方米）	农村人均公园绿地面积（平方米）
1981	3.03	—	3.77	—	1.50	—
1986	7.19	—	3.61	—	1.84	—
1990	9.48	15.20	2.97	5.33	1.78	0.88
1993	10.49	14.20	2.89	5.77	2.16	1.4
1995	13.03	14.40	3.00	6.42	2.49	1.73
1997	13.86	14.50	2.95	6.25	2.93	1.91
2000	15.97	13.70	2.74	5.86	3.69	2.33
2005	24.70	12.40	3.20	4.57	7.89	2.65
2008	25.97	6.40	3.12	3.34	9.71	0.72
2010	29.44	6.60	3.02	2.75	11.18	0.88
2015	36.50	7.10	2.75	3.4	13.35	1.10
2018	43.22	8.10	2.88	3.91	14.11	1.50
2019	45.92	—	2.93	—	14.36	—
2020	49.30	43.90	3.07	2.04	14.78	1.76
2021	53.20	45.70	3.29	2.03	14.87	1.69

数据来源：《中国城市统计年鉴》《中华人民共和国城乡建设年鉴》。

数字乡村是建设数字中国的微观面向，数字中国战略的持续深化为数字农业、信息乡村的实现提供了宏观方向指引。但在持续推进其发展的同时，信息供需间的平衡生态遭到了破坏，由于信息主体所拥有的环境、制度、能力与意识相异，大力发展数字中国所实施的财政投入、强基建计划以及政策扶持等措施未充分发挥作用，将随之导致农村居民数字化知识与信息获取的不充分，进而不可避免地衍生出城乡信息鸿沟。信息鸿沟亦称"数字鸿沟"，即信息富有者和信息贫困者之间的鸿沟。《中国数字乡村发展报告（2022）》显示，截至2021年，全国数字乡村水平达到39.1%，其中东部地区为42.9%，中部地区为42.5%，西部地区为33.6%。《2021年通信业统计公报》显示，截至2021年底，全国农村宽带用户总数达1.58亿户，全年净增1581万户，比上年末增长11%，增速较城镇宽带用户高出0.4个百分点。但在农村数字化程度较高的发展速度背后，城乡网民规模、互联网普及率等差距仍相对较大。据第49次《中国互联网络发展统计报告》，截至2021年12月，我国农村网民规模达

2.84亿，占网民整体的27.6%，远不及农村人口占总人口的比重35.3%，也远低于城镇网民7.48亿的规模。截至2021年12月，我国城镇地区互联网普及率为81.3%，农村地区互联网普及率为57.6%，城乡地区互联网普及率差异较2020年仅缩小0.2个百分点。当下，以5G基站为代表的乡村"新基建"在农村地区严重滞后，同时，面向农业生产的专业化信息基础设施无论在研发还是应用等方面都有极大缺口，应用场景不如城市工业丰富。由此可见，在收入状况和信息化服务价格水平的交叉影响下，公众信息化消费差距呈现的区域化、二元化特征。

第二节 推动城乡融合发展面临的客观约束

一、城乡发展不平衡问题

（一）城乡居民贫富差距长期较大

由于农业和工业发展的割裂，国民经济也就被划分为了城市经济和农村经济两个相对独立的部分。农村在生产效率、基础设施建设、产品附加值等方面本就远远落后于城市，在这种情况下，国家仍然采取"剪刀差"的价格政策，把资金流引向城市，从而加快工业发展。这一政策的实施，使得我国的城乡差距进一步扩大。1978年之前，我国城乡收入整体增长缓慢，城乡收入差距扩大不明显。改革开放以来，城镇与农村居民的收入差距日益扩大，二元结构明显，具体体现在：城乡居民总体收入水平大幅上升，居民逐步富裕；与此同时，城乡居民的收入差距日益扩大、财富向城市集中。还有在不同区域的城镇与城镇之间、农村与农村之间的发展差距。

改革开放以来的城镇和农村居民的恩格尔系数始终是两条分明的逐渐下降的曲线。改革开放初期，城乡居民的恩格尔系数分别为接近60%和70%，表明城市居民基本处于温饱水平，而农村居民还停留在贫困状态，这说明在改革开放初期城乡收入差距已经存在，可以看成是对新中国成立后执行的以农补工政策的累积反映。城乡居民的恩格尔系数自1978年后逐年下降，表明城乡生活水平在改革开放后逐年提高；但是，城市居民的恩格尔系数下降更快，这说明城市居民的生活水平相比农村居民提高更快。农村居民收入改善速度较慢，因此恩格尔系数下降缓慢,直到 2000 年才降至 50% 以下。2021 年城市与农村居民恩格尔系数分别为 28.6%、32.7%。城乡居民恩格尔系数不断下降的同时差距明显,表明我国的城乡居民生活富裕程度在不断提高,但城乡差距结构依然长期存在。

(二)工农发展长期不协调

当前,我国经济存在的工农发展不协调问题,直接影响到城乡关系的发展。第一、二、三产业间存在着互动不足的问题。从农业与工业的互动来看,长期存在着农业生产效率不高、传统农业占比较大、工业对农业的渗透严重不足的状况,这导致工农产业链产业链延伸不足,没有深入农村,工业的前向、后向、侧向关联效应均没有较好发挥,制约了农业大规模的生产经营模式的推广。从工业与第一、三产业的互动来看,工业的转型升级亟需从农业和服务业中寻找突破口,增加附加值,拓宽转型路径。① 要充分发挥现代生产性产业的服务功能,带动农业和工业的转型与升级。

(三)城乡教育资源存在巨大的二元差距

教育投入是一项长期工程,其回报具有滞后性,也就是说,对教育的投入在短时间内难以见效。由于城市的教育资源和生源质量处于优势位置,因此城市的教育资源投入往往更容易见到成效,特别是城市中的重点学校。尤其是实行地方负责、分级管理义务教育制度后,广大农村地区的资金在本就不充足的情况下还需支持教育改良,就显得十分捉襟见肘。教育资源分配的不均,导致农村义务教育成为新农村建设的薄弱环节之一。② 2017 年党的十九大上,习近平总书记再次强调重视发展农村义务教育,但是城乡教育间的不均衡问题的解决还需要长期的努力。③

农村教育资源匮乏的情况尤为严重。从政府提供的公共教育资源来看,乡村学生从基础教育到高等教育普遍存在资源获得不平衡不充分的问题,从城乡初中学生的生均计算机台数、生均网络多媒体教室数量和生均图书数量来看,城市初中生现代教学资源的均占有率远高于乡村初中生(详见表 9—4)。教育经费在总量有限的情况下,只能优先满足投资回馈更大的城市学校。虽然近几

---

① 赵明亮:《新常态下中国产业协调发展路径——基于产业关联视角的研究》,《东岳论丛》,2015 年第 2 期,第 123~129 页。
② 李明欣:《我国城乡义务教育公平研究》,北京:中共中央党校,博士论文,2016 年。
③ 王英梅:《公平视角下城乡义务教育均衡发展探微》,《现代教育科学》,2018 年第 8 期,第 66~70 页+第 75 页。

年我国在农村义务教育方面采取了一些扶持措施，对农村学校教育的财政拨款比以前显著增加，但是从人均角度来看，生均预算公用经费和生均预算教育事业费，城乡之间仍有显著差距。

表 9-4 2012—2021 年城乡初中办学条件对比

年份	校舍建筑面积（平方米）	学校占地面积（平方米）	图书（册）	计算机数（台）	教室（间）	普通教室（间）	网络多媒体教室（间）
城区初中							
2012	130407215	305791219	324047868	1793842	—	—	—
2013	140951367	321018052	366287680	2002450	427307	329812	213341
2014	154443419	339476485	413952868	2257863	476392	360445	259084
2015	161225142	344128916	446265642	2436470	492511	370318	286698
2016	174911558	365507538	489567373	2710492	546852	402166	323044
2017	189434053	417500494	576113924	3295061	464448	61856	402592
2018	207494924	441884462	615957334	3027621	503211	58517	444694
2019	226717445	441884462	615957334	3607134	694454	503211	534002
2020	250235332	472433651	663943679	3932538	747168	541127	585133
2021	276041151.1	508237433.7	721320711	413449	754027	—	610930
乡村初中							
年份	校舍建筑面积（平方米）	学校占地面积（平方米）	图书（册）	计算机数（台）	教室（间）	普通教室（间）	网络多媒体教室（间）
2012	116263466	452134923	295548679	1055758	—	—	—
2013	115287476	430637067	293387632	1075875	367391	300824	85033
2014	114010224	409983958	285430035	1102280	364654	286896	113829
2015	114782756	396199353	281087254	1165030	356430	277687	135017
2016	115871409	382705651	279791883	1258810	368626	273500	154969
2017	116099590	364057694	278957359	1374031	262510	77125	185358
2018	117620852	362748912	281899354	1144218	262548	169720	192828
2019	119980963	362748912	281899354	1397857	360835	262548	218674
2020	122812801	363774444	286113228	1186617	362046	263610	229404
2021	120873180.5	350998581.8	276604587	1504606	321478	—	219429

数据来源：中国教育部、中国国家统计局，由 EPS 整理。

由图 9-3 与 9-4 可以看出，自党的十八大以来，具体到 2014—2019 年间，普通小学生均公共财政预算教育事业经费、初中生均预算教育事业费都在逐年上升，但农村地区这两方面的指标均低于全国平均水平，城乡教育投入差距依旧明显。因此，对农村义务教育的投入虽有所提高，但城乡间教育资源的投入比仍需得到平衡。

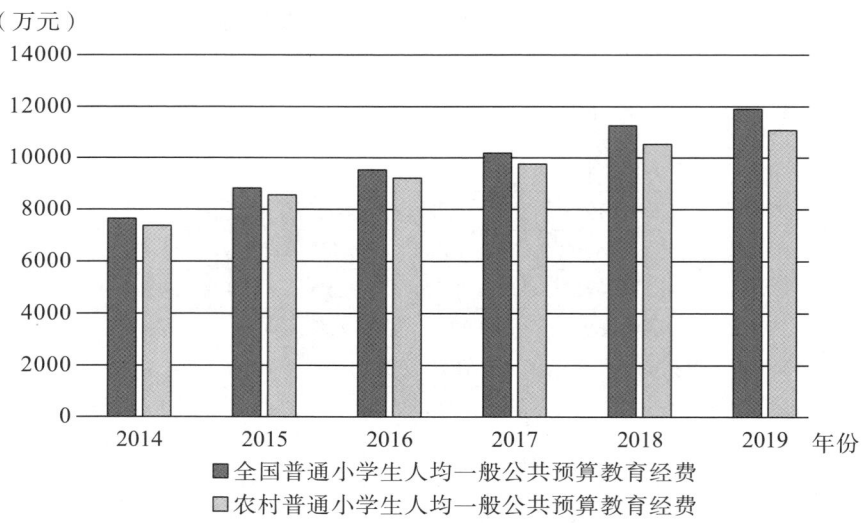

图 9-3 全国与农村普通小学生人均公共预算教育事业经费对比

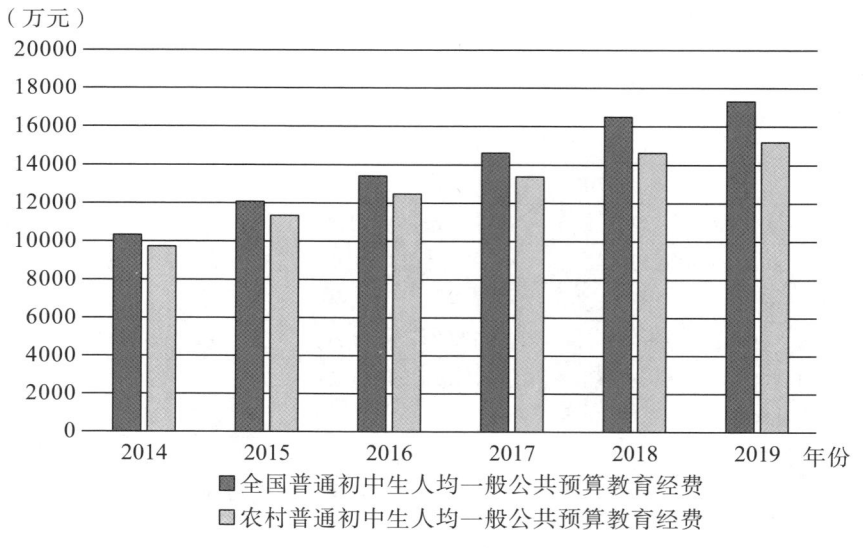

图 9-4 全国与农村初中生均公共预算教育事业经费对比

数据来源：教育部、国家统计局和财政部发布 2014—2019 年全国教育经费执行情况统计公告。关于 2021 年全国教育经费执行情况统计公告无 2021 年农村数据。

城乡家庭教育资源供给差距明显。农村学校学生家庭大多教育程度及收入水平较低。农村大量留守儿童在义务教育阶段前期无法享受高质量的身心照料。城乡家庭在教育期望上的差距也很明显，而父母对孩子的教育期望，直接影响了孩子的教育获得及自我认识。农村家长对孩子教育期望低于城市家长，双重因素叠加最终导致了城乡教育获得的质量差距。

（四）城乡医疗资源存在严重配置不均

这一阶段我国城乡医疗资源配置不均的现象非常明显。由于我国城市和农村的经济发展不平衡，多年来向城市偏斜的公共服务政策和政府财政对农村的支持力度不够导致了医疗资源配置的城乡不均。优质的医疗资源都集中在城市，农村地区常处于一种医疗状况步履维艰的状态。而医疗服务人员自发向城市的单向流动，农村患者不得不选择进入城市寻求更好的医疗资源，更加剧了这种不平衡。这种差距在偏远地区更为显著。城乡居民难以享受同等的医疗服务待遇，这对于农村患者是不公平的，也不利于城乡居民基本医保的真正融合。

从医保制度设计来看，当前执行的是城乡分设的二元医保制度，城镇与农村居民分属两类医保制度。新农合与城镇居民医保基金分别由卫健委、社会保障部两个部门管理。城乡居民的医保待遇存在二元性，在门诊报销方式、门诊特殊慢性病病种目录、住院起付线、报销比例等方面城乡居民的医保待遇均不同。目前在我国还有很多地方的医保机构还维持原来的"双轨"运行，并未形成真正意义上的统一。[1]

二、城市和乡村双重二元结构并存

2021年我国城乡人均年收入相对差距由2010年的3.17∶1下降至2.5∶1，乡村经济发展十分迅速。然而，城乡人均收入绝对差距却由2010年的12860元扩大至2021年的28481元，其中工资性收入差距由2013年的4.55∶1下降至2021年的3.58∶1，财产性收入由2013年的13.1∶1下降至2010年的10.76∶1，从相对数据上不难发现城乡居民收入中财产性收入差距更大。[2]

---

[1] 杜学鹏等：《我国整合城乡居民医保的现状、问题及对策》，《卫生软科学》，2019年第2期，第67~70+75页。

[2] 数据来源：中国国家统计局，CEIC数据库中城乡收入数据。

（一）城市内阶层分化明显

城市社会阶层分化指城市中人的社会关系、社会距离有相对稳定的差异。本地居民、外来务工人员、白领、知识分子在社会结构中有相对稳定的位置，在居住空间、居住水平、生活方式、子女上学方面有分化的现象。

一是居住空间分化。处于经济资本、社会资本、文化资本上层的精英阶层，住在位于市中心的高档住宅小区或远离市区的别墅，物业管理严格，安全性高；处于中层的社会阶层，如政府办公人员、技术人员住在中档住宅小区，物业管理合格、有基本的安全保障措施；处于社会阶层下层者，如外来务工人员、无稳定工作人员，往往居住条件较差。居住条件不平等一定程度上又固化了阶层意识，影响社会阶层流动。

二是生活方式分化。不同的社会阶层成员，在饮食习惯、穿着喜好、交通方式、娱乐方式等方面都存在差异，拥有的经济资本数量决定了生活中的消费能力，而社会资本和文化资本决定了生活中的志趣偏好。生活方式的差异导致不同社会阶层的人在日常生活中的接触分化，接触变少减少了阶层向上流动的机会，阶层间出现了藩篱。

三是社会阶层的认同感分化。城市的外来务工人员未能与城市居民享有平等的生活、医疗保障，伴随如子女上学难等问题，子女长大后又面临着买房难、落户难的问题。他们很难留在城市，对城市认同感相对较低。城市居民通过经济资源和政治资源，有能力帮助子女转到更好的学校，上价格高昂的兴趣班、辅导班，稳定社会阶层的代际传承。而在社会治安、高考移民等问题上，城市不同阶层面对有限资源产生竞争中，产生了地域等身份"标签"，强化了社会阶层的分化。

（二）城乡二元经济结构突出

在城乡二元结构背景下，城市经济以现代化的大工业生产为主，而农村经济以典型的小农经济为主；城市的道路、通信、卫生和教育等基础设施发达，而农村的基础设施落后；城市的人均消费水平远远高于农村，这些势必造成城乡"二代"资源分配的连带落差。相对于城市，农村人口众多，但广大农村地区能够进入产业化、商业化经济循环并分享利益者只是极少数，这造成其从业人员的代际传承性。农村地区的代际职业流动性相比城市地区更高，这种状态既是发展中国家的经济结构存在的突出矛盾，也是这些国家相对贫困和落后的重要原因。发展中国家的现代化实现，可以说在很大程度上是城乡二元经济结构向现代经济结构转换的实现。

（三）工农产业割裂发展严重

农村产业结构尚不合理，产业融合程度较低，工农要素配比严重失衡。一方面，低效率的传统农业难以为工业化供给足够的产业工人；而农业在发展中可获得的资金、技术极为有限，工业化成果并未应用于农业生产，现代农业产业化经营进展缓慢。另一方面，工业在发展过程中抢夺了大量的政府优惠政策、资金、技术和人才，忽视了产业的联动发展，农村优质生产要素不断流失，造成了工农产业割裂发展的恶性循环。[①]

（四）城乡二元结构矛盾凸显

城乡二元结构根深蒂固。自然条件的阻隔、思想观念的守旧、户籍制度的制约，使得区域城镇与农村孤立发展。一方面农村优质生产要素不断流失，土地规模化经营、农业产业化生产困难重重；另一方面城市发展对农村及小城镇支撑不足，其辐射带动作用有限，区域核心城市群难以培育。[②] 城乡基础设施差异巨大，农村居民生活质量水平相对较低，无法获得与城市居民同等的医疗、教育、养老、休闲等基本公共服务。"城乡分治、城乡隔离"的格局使得乡村振兴乏力，新型城市化进程缓慢，城镇化水平难以提高，城乡差距持续扩大。

第三节　重塑城乡关系：新发展阶段的时代呼唤

一、扎实推进共同富裕的社会主义本质要求

重塑新型城乡关系，旨在解决新时代面临的发展不平衡和不充分问题，以实现共同富裕。党的十九届五中全会指出，"当前，我国发展不平衡不充分问题仍然突出，城乡区域发展和收入分配差距较大，促进全体人民共同富裕是一项长期任务"，到 2035 年应"扎实推动共同富裕"。党的二十大报告中强调

---

① 迟梦筠，龚勤林：《工农业协调发展的当下问题与现实路径》，《理论探讨》，2015 年第 3 期，第 88~90 页。

② 陈明星：《"十二五"时期统筹推进城乡一体化的路径思考》，《城市发展研究》，2011 年第 2 期，第 38~41 页。

"中国式现代化是人口规模巨大的现代化……是全体人民共同富裕的现代化",实现共同富裕既是社会主义的本质要求,也是中国式现代化的重要特征,共同富裕离不开全体农民的富裕。根据第七次全国人口普查数据,我国城镇人口为90199万人,乡村人口为50979万人,分别占比为63.89%、36.11%,乡村人口数量庞大,对共同富裕的实现提出更高挑战。因此,在空间维度上,共同富裕除了要求区域发展差距缩小外,缩小城乡发展差距的任务也不容小觑。重塑新型城乡关系、促进城乡融合发展是中国式现代化进程中实现共同富裕道路上的必然选择。

共同富裕有两个层次的含义。其中一层含义是,虽然在生产发展过程中出现了先富、后富现象,但是所有劳动者的收入都在提高,都可以过上美好和幸福的生活;另一层含义则是,不论哪方面的合法收入,其差距都在缩小,不至于过大。还有一种观点是将洛伦兹曲线向完全平等直线上靠的过程视为实现共同富裕的过程。在上述观点的基础上,可得出衡量共同富裕的两个标准:第一是富人与穷人的收入都要增加,第二是富人和穷人的收入差距至少要缩小。因此,穷人的收入增长要快于富人。收入是衡量共同富裕的核心变量,但共同富裕不仅指收入方面达到一定的平衡水平,还包含着其他的公平内容。如果穷人享有的基础设施、公共服务、民生事业以及发展机会等都远远不如富人,也难以说达到了共同富裕。收入、社会福利、教育、医疗卫生服务等,以及人们的精神面貌———这些都是共同富裕的标志。将共同富裕的认识转换为对城乡共同发展的理解,城乡发展差距要实现"显著缩小"的目标,乡村各方面的发展速度应明显快于城市,这意味着乡村不仅收入增长要快于城镇,还包括在基础设施、公共服务、民生事业以及其他生活条件的改善上要快于城镇。因此,在新发展格局下实现共同富裕,重塑城乡关系是关键。

城乡融合发展是共同富裕的题中应有之义。2020年8月24日,习近平总书记在经济社会领域专家座谈会上指出,"我国发展不平衡不充分问题仍然突出,创新能力不适应高质量发展要求,农业基础还不稳固,城乡区域发展和收入分配差距较大"。城乡发展的不平衡不充分要求城乡必须融合发展、缩小差距。

二、全面建设社会主义现代化国家的使命召唤

全面建设社会主义现代化国家是党对人民做出的庄严承诺,照鉴了中国共产党人的初心使命,在世界社会主义发展史上具有里程碑意义。中国共产党的

百年历史已经充分证明：坚持马克思主义，党的事业就会顺利进行；偏离马克思主义，党的事业就会遭受损失。全面建设社会主义现代化国家，体现了我们党对马克思主义道路的坚持。党的十九届五中全会在全面建成小康社会取得决定性成就的基础上，提出了全面建设社会主义现代化国家的远景目标。全面建设社会主义现代化国家，关键在于"全面"，强调现代化建设一定要注重"全面性"。这对中国共产党来说，既是责任也是使命和动力。全面建设社会主义现代化国家，从根本上说，仍然是个发展问题，它既是2035年的远景目标，也是实现中华民族伟大复兴中国梦的必经阶段。一方面，全面建设社会主义现代化国家是以经济高质量跨越式发展和社会长期稳定为支点，是以农村贫困人口全面实现脱贫为基础，是以全面建成小康社会为基石；另一方面，全面建设社会主义现代化国家始终坚持社会主义共同富裕观，兼顾生产力的标准和人民利益标准的统一。这不仅彰显了中国共产党的领导和中国特色社会主义制度的优越性，破除了人类历史终结于西方资本主义社会的神话，也为世界其他社会主义国家的改革和创新提供了中国经验和中国智慧。

  发展是解决我国一切问题的基础和关键。新中国成立以来到党的十九届五中全会提出全面建设社会主义现代化国家新征程，是我国经济快速增长，居民收入大幅度提高，城乡居民生活水平连续从基本消除贫困，到解决温饱、总体小康，再到小康社会全面建成的历史进程。"十四五"时期是我国开启全面建设社会主义现代化国家新征程、向第二个百年奋斗目标进军的第一个五年。全面建设社会主义现代化国家的根本目的是满足人民日益增长的美好生活需要。全面建设社会主义国家目标的实现，必将促进人的全面发展。当今世界正经历百年未有之大变局，国际环境日趋复杂，不稳定性、不确定性明显增强。当此之时，我国已进入高质量发展新阶段，具有多方面优势和条件；同时，发展不平衡不充分问题仍然突出。[1] 全面建设社会主义现代化国家，既进入新的重要发展机遇期，也面临严峻挑战。城乡区域发展差距和居民生活水平差距显著缩小，重塑新型城乡关系是全面建设社会主义现代化国家的重要内容之一。进入中国特色社会主义新时代，能否处理好城乡关系，事关社会主义现代化建设全局。

---

[1] 习近平：《在经济社会领域专家座谈会上的讲话》，北京：人民出版社，2020年，第2～3页。

三、全面贯彻新发展理念的客观需要

在党的十八届五中全会上,习近平总书记提出了"新发展理念"作为新时代指引中国经济发展的指导思想。"创新、协调、绿色、开放、共享"的新发展理念关系发展全局,集中反映了我们党对经济社会发展规律认识的深化,为我们党带领全国人民夺取全面建成小康社会决战阶段的伟大胜利和不断开拓发展新境界,提供了强大思想武器。发展理念管全局、管根本、管方向、管长远。树立和践行新发展理念,意味着对传统发展思路和发展方式的根本转变,也必然伴随着思想的解放、观念的更新和工作方法的改变。

只有自觉践行新发展理念,才能破解经济社会发展中的难题,推动城乡融合发展。一是要建成高质量的中心城市。夯实中心城市首位度,转换城乡定位,以城带乡促进城乡融合。聚焦提升城市功能品质,全面增强中心城市集聚生产要素的能力。二是更好地推动乡村振兴。牢牢把握其"产业兴旺、生态宜居、乡风文明、治理有效、生活富裕"的二十字总要求,加快构建现代农业产业体系,大力发展高效农业、特色农业、农村电商、生态旅游等富民产业,推进农村一、二、三产业融合发展,不断提高农业产业化、现代化水平;要大力加强乡村基础设施建设,深入实施农村人居环境整治,加快改善农村环境面貌;深入推进农村综合改革,抓好农村承包地"三权"分置、宅基地制度、集体产权制度等改革,持续激活乡村振兴的动力源。三是真正增强城乡居民的获得感、幸福感。改善城乡民生和公共服务,让老百姓过上好日子,是新发展理念下推动城乡融合发展的出发点和落脚点。认真贯彻以人民为中心的发展思想,聚焦全面建成小康社会的薄弱环节,面向现代化建设新征程,不断增进民生福祉,让城乡人民共享幸福温暖。

第四节 城乡融合共兴:重塑城乡关系的实现路径

进入新发展阶段,我国城乡融合发展的条件发生了变化。总的来看,我国仍存在城乡二元结构,但结构特征已发生了变化,城乡融合发展正站在新的起点,面临新的形势,需要解决新的问题。在新发展阶段推进城乡融合发展,需要着重实现城乡在主体结构、产业形态、要素流动方式、公共设施和基层治理

等方面的转变,并进一步完善相关的制度。要实现乡村振兴中产业兴旺、生态宜居、乡风文明、治理有效、生活富裕的总要求,重塑城乡关系,走城乡融合发展之路(详见图9—5)。城市与乡村,是人类生产生活的两大空间形态,也是经济社会发展中一对至为重要的关系,党的二十大报告提出了"坚持城乡融合发展,畅通城乡要素流动""建设宜居宜业和美乡村"的奋斗目标。这个目标所内含的"具备现代生活条件"的要求,体现了现代化乡村建设以人民为中心的根本要求。以生态宜居为基本特征的现代化生活条件和高品质生活功能,是现代化乡村的重要内容和集中表现。

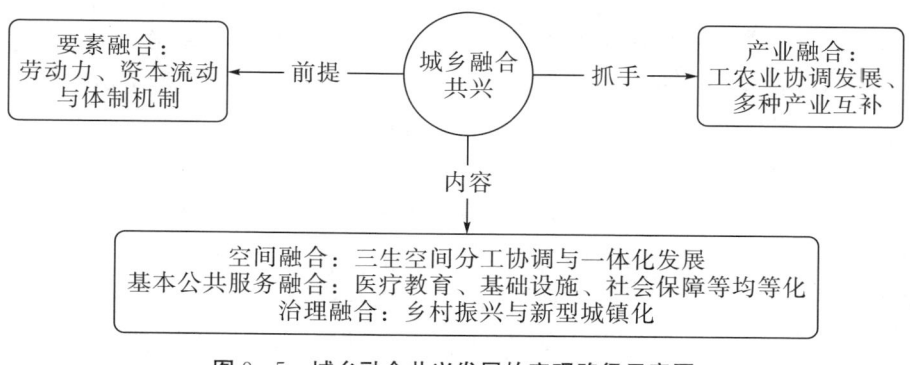

图 9—5　城乡融合共兴发展的实现路径示意图

一、要素融合是促进城乡融合共兴的前提

城乡生产要素融合是城乡融合发展的重要前提。新古典经济学假设市场的要素流动是无成本和无障碍的,通过农业剩余劳动力转移则可实现农业部门与非农部门的劳动生产率趋同。西方发展经济学家阿瑟·刘易斯、古斯塔夫·拉尼斯、费景汉等着眼于发展中国家普遍存在的城乡二元经济结构,解释了农村剩余劳动力会自发地从农村传统部门向城市现代部门转移;迈克尔·托达罗将劳动力要素在城乡之间的流动归因于城乡收入差距。

计划经济体制下,城乡二元结构为城乡分割的社会管理制度提供了可能,城乡分割的社会管理制度反过来又强化了城乡二元结构,两者互相加强、相互依托。任何旨在打破城乡二元结构的努力,都会被城乡分割的社会管理制度化解。其中决定土地人身依附关系的户籍制度最为突出,这一制度限制了人口流动,阻碍了要素的自发性流动。改革开放后,我国逐渐从计划经济体制向社会主义市场经济体制转型,城乡要素流动的市场因素增强,但城乡二元结构体制下的农村要素市场化程度低、城乡要素之间存在明显的价格"剪刀差"、农村要素单方向流向城市、城乡要素差距呈现不断扩大等问题依旧存在。这主要源于工业化与城市化发展带来的要素集聚效应，和以经济指标为导向的政绩考核体制，导致农村要素几乎呈"净流出"状态，造成城乡要素不能合理流动和优化组合，难以实现要素边际收益均等化。改革开放后，我国城乡要素配置的主要对象是土地、劳动力和资本，主要表现为要素从乡到城的单向流动，要素依据市场价格实现从城到乡的流动则是罕见的，这种要素流动方式是二元城乡结构下失衡发展的一个表现。当前，城乡要素范围被大大拓展，除土地、劳动力和资本之外，还增加了管理、技术和数据等新要素，特别是数据已成为新要素并对其他要素的再配置产生催化作用。此外，农村家庭农场等新型主体发育壮大、农村土地流转、农业规模化经营、农村三大产业融合发展的大趋势，客观上也需要城市要素流向农村。因此，在新发展阶段，需要进一步促进城乡要素的双向流动和配置。

要素市场化配置范围相对有限、存在体制机制障碍、要素价格形成机制不健全，是城乡要素流动受阻的重要原因。让生产要素自由有序流动，必须以完善产权制度和要素市场化配置为重点，实现产权有效激励、要素自由流动、价格反应灵活、竞争公平有序、企业优胜劣汰。让市场机制在要素配置中起决定性作用，同时构建相适应的政策体系，有效促进要素在城乡不同产业、不同区域中双向自由流动，成为塑造新型工农城乡关系的有力支撑。

二、产业融合是统揽城乡融合共兴的抓手

我国城乡关系调整的过程，也是城乡产业结构变迁的过程。在改革开放后很长一个时期，城乡产业泾渭分明：农村主要生产农产品，城市主要生产工业品和提供服务产品，城乡商品流通是农产品和工商业产品的对流。进入新发展阶段，城乡居民收入水平提高和消费结构转变，导致对农产品需求的转变，农村将进一步从提供食品拓展到提供生态、文化、休闲、体验等产品，并推动形成新的经济增长点。此外，我国城市化正从规模主导的粗放发展阶段转向质量主导的内涵发展阶段，城市建设更加强调人的全面发展，城市产业需要更多考虑生态功能，聚集在城市的工商业需要在内涵上转型升级、在地理上梯度转移。这些变化都将导致城乡产业边界渐趋模糊，产业融合发展和交错布局将成为城乡融合发展的重要特征和内在需求。

产业发展是持续提升乡居民生活水平的根本之路。推动我国经济大跨步

发展、缩小城乡收入差距，必须强化"以工补农"，构建城乡现代产业体系。地方政府应合理优化城乡产业空间布局，以工业反哺农业，带动农业产业化、规模化、现代化，进而促进农业、制造业、服务业、能源资源等产业门类关系协调发展。此外，应在农村大力支持现代农业发展，加快新科技成果在农业生产中的应用，延伸农产品的产业链、价值链。比如，在西北干旱区发展戈壁农业，一方面能规避当地耕地贫瘠、土地退化的劣势，实现水资源、农资的高效利用；另一方面能通过农产品加工、物流、包装、销售等环节促进第一、二、三产业交叉融合，提升当地农业发展活性与市场竞争力，最终推动城乡之间经济循环，实现城乡现代产业高质量发展。

三、全域协同是促进城乡融合共兴的关键

促进城乡公共资源均衡配置，是推动城乡要素平等交换、双向流动的前提条件，也是乡村振兴和城乡融合发展的重要举措。公共交通体系是城乡空间融合的物质载体。公共交通体系一体化是城市、郊区和乡村交通规划的一体化，是不同交通方式基础设施综合布局的一体化。科学合理的公共交通体系，能为城乡之间更为高效的分工协作打下良好基础。基础设施的一体化，有利于城乡公共资源的合理配置和共享，是促进公共服务均等化、缩小城乡生活水平差距的必要途径。[1] 应促进城乡公共资源均衡配置，全面提升农村公共基础设施建设、医疗卫生教育、社会保障以及文化体育等基本公共服务的供给水平、效率和质量，逐步建立全民覆盖、普惠共享的城乡一体基本公共服务体系。[2]

推动农村公共基础设施优先配置，缩小公共基本服务在城乡之间的差距，应以增强公平性和适应流动性为重点，推动公共基本服务的城乡统筹并轨，健全多元投入保障机制，促进教育、医疗卫生、社会保障等资源向农村倾斜。统筹规划布局农村基础教育学校，保障学生就近接受有质量的教育，在继续加强农村中小学硬件设施建设的同时，重点加强农村师资培养和城乡教师交流。完善基本公共卫生服务项目补助政策，提供基础性全方位全周期的健康管理服务。全面建成覆盖全民、城乡统筹、权责清晰、保障适度、可持续的多层次社会保障体系。[3]

---

[1] 杨桓：《空间融合：城乡一体化的新视角》，《社会主义研究》，2014年第1期，第120~125页。
[2] 穆克瑞：《新发展阶段城乡融合发展的主要障碍及突破方向》，《行政管理改革》，2021年第1期，第79~85页。
[3] 《乡村振兴战略规划（2018—2022年）》，《人民日报》，2018年9月27日。

第十章 加快城乡要素双向流动

促进城乡生产要素双向流动和平等交换是推进城乡融合发展的必然要求，也是重塑新型城乡关系的重要路径。计划经济时期，资源要素配置的决定权在政府手中，行政手段替代市场配置城乡要素，导致城乡发展差距不断拉大。改革开放以后，城乡要素配置方式发生了明显变化，但一些体制壁垒依然没有打破，市场机制的配置作用还没有充分发挥。长期以来，受传统城乡二元结构和城市偏向政策影响，中国的城乡要素流动几乎是单向的，即农村人口、资源和资本等生产要素不断向城市集聚，而城市要素向农村流动成本较高，[①] 事实上造成农村要素向城市单向流动的情况。

"三农"问题长期制约我国经济社会发展，其原因在于生产要素不能在城乡之间双向流动，使得城乡之间未能形成人才、土地、资本、数字信息等要素的良性循环，农村长期处于服务城市发展的地位，发展能力不断下降。《中华人民共和国国民经济和社会发展第十四个五年规划和二〇三五年远景目标纲要》提出："建立健全城乡要素平等交换、双向流动政策体系，促进要素更多向乡村流动，增强农业农村发展活力。"畅通城乡要素双向流动通道，建立有利于城乡要素双向流动的制度，为乡村振兴注入核心发展动能，是新发展理念指引下重塑新型城乡关系、促进城乡融合共兴的重要内容和基本路径。

第一节 要素流动促进城乡融合共兴的作用机制

要素是构成客观事物存在并维持其运动的必要的基本单元，若干要素按照一定秩序和结构进行组合，便形成具有特定功能的系统，要素的类型组成及其结构对系统功能具有决定性影响。城乡地域系统由若干城乡要素构成，包括人口、土地、资金、商品等物质性要素，以及服务、文化、信息和技术等非物质性要素，其中人口、土地和资金是传统的核心要素，随着社会经济的发展，还出现了数字技术、服务、信息等新型要素。基于城乡融合发展的角度，城乡要素流动是指劳动力与人口、土地、工商资本、技术与信息等资源在城市和乡村、市民和农民间跨界流通，以实现功能上的优势互补与整体收益的最大化（详见表10-1）。

[①] 董敏，郭飞：《城市化进程中城乡收入差距的"倒U型"趋势与对策》，《当代经济研究》，2011年第8期，第50~60页。

表 10-1　不同要素流动促进城乡融合共兴案例

要素	地点	内容
人口要素	四川省自贡市富顺县	近年来，富顺县坚定不移实施"人才强县"战略，招才引才活力持续迸发，坚持以开拓创新之举吸引人才，在全市首创人才发展集团和乡村人才服务中心，打造晨光高性能氟材料创新中心、隆平高科富顺再生稻研发中心等18个省级及以上创新平台，成功落地省级科技计划项目10个，与四川大学、四川轻化工大学等18所高校缔结为合作伙伴，全力建设创新人才集聚高地。
土地要素	浙江省乐清市	2023年10月，乐清市出台《乐清市农村集体经营性建设用地入市管理办法》，规定在符合政府编制年度入市计划情况下，入市主体按照提出入市申请—出具规划条件—土地价格评估—编制入市方案—入市方案预审—方案表决公示—市级核对—入市交易—签订合同—三方监管协议—产权登记程序，规范开展集体经营性建设用地入市工作。
资本要素	山东省泰安市宁阳县	通过引进工商资本下乡，宁阳县葛石镇建成单体综合肉鸡养殖基地——温氏生态牧场，建成苹果种植基地——万林苹果科技产业园。近两年来，5.5亿元的下乡资金投入农业农村领域，解决了全镇500余人的就业问题，带动15个村产业发展，产业振兴的实景图正在枣乡葛石生动展开。
数字技术与数据要素	江苏省徐州市丰县	丰县积极推动"数字新动能"向农业农村延展，促进了信息技术与农业农村全面深度融合。打造农业大数据归集共享平台，基于"城市公共信息平台""城市公共基础数据库"和"丰县经济大脑"建设成果，立足丰县农业大县的实际，拓展建设包含16个子系统的农业大数据平台。打造数字农牧场管理平台，采用"互联网+设施农业"模式，以及大数据、物联网、人工智能、GIS等现代技术，打造了数字化农牧场管理平台，努力实现智能采集畜牧和作物生长大数据，建立本地域畜牧和作物生长模型，为畜牧和作物提供最优化的管理。打造农村人居环境智能监测平台，依托数字丰县"城市大脑"，建立了垃圾收运、污水治理、农废处置等全方位、全天候的农村人居环境智能监测平台。

　　生产要素的配置对城乡融合发展具有重要影响，发展经济学认为，在城乡二元结构中，随着农村剩余劳动力由农业部门向非农部门转移，劳动生产率与劳动报酬在这两个部门将实现趋同。库兹涅茨认为，经济发展呈"倒U"型曲线，这主要源于城乡要素配置由分割状态转为流通均衡。资源要素在市场经济条件下自由流动，要素回报率在城乡部门最终将趋于均衡，推动城乡发展水平

逐步趋同；反之，城乡要素流动长期失衡会严重制约经济发展的速度与效率。[1] 得益于较高的资本回报率，在工业化过程中，城市部门首先会成为人力资源、资本、公共服务、科学技术等资源要素的汇聚地，并进一步将资源的聚集优势转化为经济增长，推动城市快速扩张与发展。长期以来，我国城市以较少人口控制着社会大多数要素资源，农村大量劳动力、资本、土地等要素向城市单向流动，造成农村地区严重"失血""贫血"，城乡要素错配严重制约我国城乡经济结构的转化升级，[2] 逐渐形成二元分割、发展不平衡不充分的城乡关系。构建新型城乡关系，实现高质量城乡融合发展、促进城乡要素合理有序流动是前提条件。

一、要素流动促进城乡融合共兴的微观层面

微观层面上，城乡要素流动就是市场经济主体通过利益联结不断地竞争与合作，在价格的引导下推动资源在城乡不同区域、不同产业间的优化配置，从而实现要素回报的最大化目标，进而促进市场供需平衡。随着社会生产力提高和商品经济发展，市场经济不断完善，形成了劳动力市场、土地市场、资本市场、商品市场、数字技术市场等多种要素市场。各种要素以追求效率最大化为目的，不断向更高效的部门和区域流动。市场机制调控下的要素流动符合自由竞争的客观经济规律，在城乡要素配置过程中起重要的引导作用，是城乡关系演化重要的内生动力。

一般而言，城乡要素流动存在四种内在机制。一是价格决定机制。价格是要素流动的风向标，要素的流向、速率、规模都与价格波动密切关联。要素价格的形成是要素回报率等经济因素和政府价格规制共同作用的结果，通常来说，政府的干预越强，要素价格的扭曲程度就越严重。二是供求平衡机制。要素禀赋差异是城乡要素流动的前提，要素流动主要围绕供求关系进行。快速工业化加速了农村劳动力、原材料和土地等要素向城市的聚集，农业农村现代化对数字技术、管理、服务等要素的需求又形成了城市要素流向乡村的内在动力。在供求平衡机制的作用下，城乡市场对各种要素的需求对要素流动起到重要的推拉作用。三是市场竞争机制。在完善的产权制度下，资源要素在竞争机

---

[1] 孙琳琳，佟婳：《城乡资源配置失衡对经济增长的影响》，《经济纵横》，2013年第1期，第61~64页。

[2] 王颂吉，白永秀：《城乡要素错配与中国二元经济结构转化滞后：理论与实证研究》，《中国工业经济》，2013年第7期，第31~43页。

制的引导下，与相应的城乡市场需求相互选择、匹配，最终实现最优配置。例如，劳动者为获得更高的薪酬待遇与发展空间而相互竞争，资本始终流向回报率更高的领域，等等。四是利益联结机制。市场机制鼓励要素流向回报率更高的部门和区域，因此要促进要素在城乡合理有序流动，就必须打破要素单向聚集的"马太效应"。这需要从更高站位、更广范围、更多维度地构建多方利益联结共同体，通过科学、完善、合理的利益分配和风险共担机制，突破地域限制和发展壁垒，实现要素合理流动与配置的规模化效应，追求更高的利润回报和更有效率的城乡融合发展。

二、要素流动促进城乡融合共兴的宏观层面

宏观层面上，促进城乡要素合理流动可以提高边际生产率，从而促进区域经济增长、推动产业结构优化、引发文化制度变迁。首先，要素流动可以促进城乡区域经济增长。要素是决定生产可能性边界的核心，要素流动可以激活各生产部门的闲置资源，提升资源的生产效率，进而推动经济增长。改革开放以前，我国生产要素流动呈"单向流动，快速聚集"的特点，一方面固然极大地促进了城市化、工业化的进程，但另一方面也造成了城乡普遍存在的不平衡不充分发展问题。改革开放后，城乡二元经济结构不断被强化，经济发展瓶颈由要素存量短缺转向要素结构失衡。因此，就促进区域经济的长效增长、缓解城乡发展不平衡不充分矛盾的角度而言，引导要素合理流动、调整要素配置状态、重构要素配置秩序在新发展背景下显得尤为重要。其次，要素流动可以优化产业结构。要素的流向和数量决定了一个地区的要素结构与要素禀赋，并最终表现为该地区的产业和经济结构。要素由农村向城市聚集、由第一产业向第二、三产业流动，其内在动力在于不同产业、不同生产部门间的投资回报率。从经济增长的角度来看，城乡发展由不平衡向平衡的演进伴随着要素结构配置的不断优化以及城乡各产业、各部门投资回报率逐步收敛至合理区间。因此，全面推进乡村振兴，重点在于改变城乡分割的二元经济结构，需要引导各种生产要素流向农业农村，激活农村现有的资源与禀赋，推动农业农村向现代化发展，逐步走上城乡融合发展的道路。最后，要素流动可以引发文化制度变迁。随着城乡融合发展不断深化，人口、土地、资本、数字技术等生产要素的流动将会引致医疗、教育、社会保障、金融等其他要素的聚集以及城乡制度的变迁，从而弥补城乡"软件"建设的鸿沟。制度与文化的变迁将进一步降低要素流动成本，促进城乡要素的优化配置，推动城乡融合在更高层面、更深层次、

更大范围的融合,并最终形成城乡统一的发展与分配格局。

综上,要素流动促进城乡融合共兴分为宏观和微观两个层面,微观层面包括价格机制、供求机制、竞争机制和利益机制,宏观层面包括区域经济增长、产业结构优化和文化制度变迁。宏观层面和微观层面共同构成要素流动促进城乡融合共兴的作用机理(详见图10-1)。

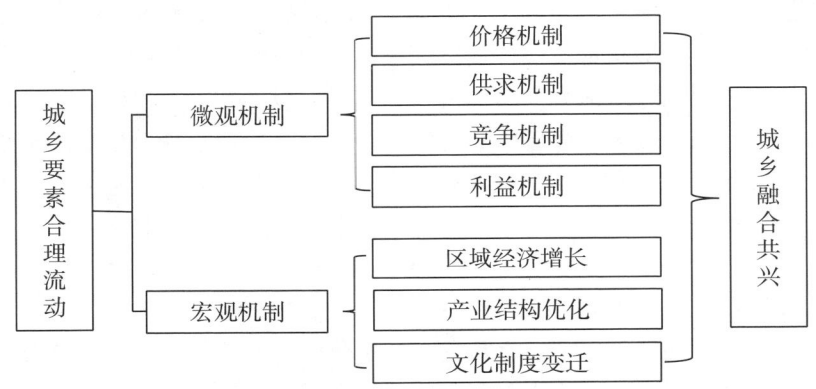

图 10-1 城乡要素合理流动的宏微观动力机制

第二节 促进城乡人口要素双向流动

人口是发展的根本,是新时代推进城乡融合发展、构建新型城乡关系无法避开的要素,任何一个社会或国家的发展归根结底都是人的发展。城乡人口的双向流动是城乡融合发展的基础,只有人口在城乡之间有序合理流动,才能带动与之相关的资本、技术等其他要素的流动,改变以城市利益为主导、由城市单方面制定人口流动政策的现象,城乡融合发展才能得以真正地实现。

一、建立城乡统一的户籍登记制度

长期以来,僵化的户籍管理制度始终是阻碍人口要素流动的关键性因素,是造成城乡二元结构的制度要素。近年来,经党中央、国务院的统一设计,各地户籍制度改革不断加快,相继取消了农业户口与非农业户口的划分,不同程度放宽了农村人口落户城镇的政策,建立了居住证制度和城乡统一的户籍登记制度。但总体而言，目前户籍制度改革仍停留在放开户籍层面，并未触及深层次的社会福利制度改革，各项相关配套制度改革严重滞后。经济新常态下，必须进一步深化户籍制度改革，建立并完善城乡统一的户籍登记制度，为促进人口自由双向流动、消除城乡二元结构、促进城乡融合发展提供制度保障。

户籍制度改革应坚持系统综合的理念。户籍制度及相关配套政策的改革是一个长期艰巨的任务，改革目的不是取消该项制度，而是要打破城乡二元结构，按照常住居住地登记户口，实行城乡统一的户籍登记制度，同时剥离户籍中内含的各种福利，取消城乡居民的身份差别，实现公民身份和权利的平等。目前各地户籍制度改革大多着眼于调整户籍迁移政策，缺少对配套改革措施的重视，社会保险、住房、子女教育等公共服务质量有待提升。甚至一些大城市将学历、职称、纳税、投资数额等作为落户条件，进一步遏制了人口要素的流动。深入推进户籍制度改革应着眼于出台更具综合性、针对性、前瞻性的政策，建立均等化的基本公共服务体系和城乡一体的户籍登记体制。一方面，剥离户籍背后隐藏的特殊福利，逐步建立均等化的基本公共服务体系以及城乡统一的社会保障制度、就业管理制度、土地管理制度和社会治理体系，以常住人口登记为依据，实现基本公共服务全覆盖。另一方面，放宽落户政策，坚持存量优先、分类推进，逐步解决有条件的常住农业人口转移落户城镇所面临的困难，同时保障基本公共服务跟得上市民化的进程。

二、畅通人才自由流动机制

城乡人口要素自由流动，既需要促进农村剩余劳动力进入城市现代部门，更需要鼓励城市人才入乡就业创业，改善农村的经济面貌。农村的建设需要懂技术、懂市场、懂管理的专业人才，乡村建设需要建设"懂农业、爱农村、爱农民的'三农'人才队伍"，为农村经济社会的长效发展提供智力支撑。

首先是引导社会专业人才入乡。建立有效的激励机制，如科技成果入乡转化机制、薪酬待遇激励机制等，鼓励社会上各界人才资源，积极投身于乡村建设。促进人才要素的自由流动，使各类人才凭借其专业知识、技能、经验，服务于农村建设，着力推进新时代乡村振兴事业。一是提高人才待遇，吸引更多高校毕业生入乡就业创业，吸引城市退休科技人才、教育人才、医疗人才前往农村进行指导培训。深化开展科技特派员、支农志愿者、"三支一扶"等各种活动，加强农村人才支撑，提升农业生产效率，改善农村整体面貌。二是发挥乡村人才的培育、引进与科技人才支撑的作用。建立健全乡村人才的自我培育、资源引进、合作交流机制，积极创造机会大力推进城市与乡村之间、学校与地方之间的人才联合培养与交流，通过教育培训、实践服务等方式创新人力资源的开发和利用，促进相互知识水平和管理能力的提高。

其次是鼓励乡村本土人才返乡。促进乡村本土人才回流，充分发挥其熟知当地风土人情、风俗习惯、地域特征的优势，利用其对当地发展瓶颈与问题的洞察力，促进乡村的高效发展。一是完善本土人才返乡政策保障机制。根据回流人才的具体情况制定相应优惠政策，提供资金、资源和就业创业的必要指导。重点对回流人才提供足够的后勤保障，进一步落实劳动报酬、子女入学、社会保险、集体经济分红等福利待遇，鼓励其更好地为乡村服务。二是建立返乡人才服务管理机制。加强人才服务管理工作，为人才创业就业提供高质量的策划与咨询服务，助其在乡村建设中干出一番事业。三是健全返乡人才培养培育机制。结合国家大政方针和地方政府各类"三农"政策，从土地流转、融资担保、贷款贴息、税费减免等多领域为返乡人才提供支撑，为其搭建良好的创业发展平台。加强返乡人才的政治理论、法律法规、专业技术等能力培训，提高其思想觉悟和业务素质，为乡村发展不断注入新活力、提供新动能。

三、构建城乡统一的劳动力市场

就业是民生之本，构建城乡统一的劳动力市场，推动城乡劳动力实现更高质量的就业，对促进城乡劳动力自由流动、提升城乡融合发展水平至关重要。通过就业管理体制改革，科学规划劳动力市场，消除不合理的就业创业政策限制，全面推动就业指导、技能培训、政策支持等方面平等发展，建立城乡统一的劳动就业制度体系，推动形成平等竞争、规范有序、城乡一体的劳动力市场。

首先，是消除影响城乡平等就业的障碍。长期以来，城乡分割的二元户籍制度造成了严重的就业歧视问题，主要表现为就业机会的不平等和就业待遇的不平等。为此，要进一步深化体制改革，彻底消除影响城乡平等就业的一切障碍，尤其是对农民工的各种就业限制。在法律上明文禁止各种形式的就业歧视，赋予和保障城乡劳动力同等的就业权益，依法保障城乡劳动力同工同酬和同等福利待遇。建立健全囊括就业机会、创业支持、职业培训、劳动保护等方面的城乡平等的一体化就业政策体系。

其次，是建立城乡统一的就业失业登记制度。20世纪80年代以来，我国一直在城镇实行就业失业登记制度，而未将农村劳动力纳入其中，就业援助和就业服务的相关政策指定也主要针对城镇劳动者。这种城乡分割的就业管理制度，将农村有就业能力和需求但没有实现就业的劳动者排除在外，既是对农村劳动者的歧视，也难以反映社会整体真实的就业状况，不利于宏观调控和社会稳定。为此，应尽快在全国范围内建立城乡统一的就业失业登记制度，将农村劳动力统一纳入就业失业登记范围，定期发布城乡一体的社会登记失业率，并在条件成熟时，以调查失业率指标取代登记失业率指标。

最后，是完善城乡均等的就业创业服务体系。对劳务市场、人才市场等各类劳动力市场进行整合，将城乡分割、行业分割、部门分割的劳动力市场统一起来，构建城乡统一、公平开放、规范有序的公共就业服务体系。在求职登记、职业介绍、就业指导、创业咨询等方面，同等对待城乡劳动者。加大资金投入力度，加强对农业转移劳动力的职业培训，并将其纳入国民教育培训体系。将失地农民、农村失业和就业困难人员统一纳入就业扶持和就业援助范围，各种社会保险补贴、失业保险金、创业补贴、小额信贷等就业援助政策和就业困难人员认定，实现城乡全覆盖。

第三节　推动乡村土地要素入市流动

土地是对城乡关系影响极大的生产要素之一。城乡土地二元分治管理体制及土地增值收益不均，造成城乡分配的不公平，同时也是制约城乡融合发展、影响市场在资源配置中起决定性作用的突出因素。必须建立全国统一开放、竞争有序的土地市场体系，加快土地制度改革，重塑土地利益结构关系，实现城乡土地要素平等交换。

一、建立权责清晰、权能平等的城乡统一土地管理制度

首先是建立产权明晰的农村土地产权制度。一是完善农村集体产权保护制度。分类健全集体资产清产核资、登记、保管、使用、处置制度和财务管理监督制度，规范农村产权流转交易。因地制宜地落实承包地、宅基地、集体经营性建设用地的用益物权，赋予农民更多财产权利。二是加快推进土地确权工作。积极推进农村集体土地所有权、农村建设用地和宅基地使用权确权登记工作，明晰农村集体土地产权归属，完善集体产权权能。研究确定土地承包经营

关系长久不变的具体实现方式，探索实行全国统一的土地承包权权属登记期限，开展土地承包权永久转让和继承试点。探索设立虚拟土地承包权，使原有土地经营权的农民享有实体土地承包权同等权益。三是推进农村集体建设用地制度改革。建立健全土地承包经营权流转激励机制，引导土地向新型农业经营主体流转。改革完善农村宅基地制度，探索宅基地的有偿使用制度和自愿有偿退出机制。四是积极推进农村集体资产股份权能改革工作。各级政府要加强对农村集体经济组织的业务指导，同时发挥好监事会的监督管理作用，保障村集体经济组织成员可以进行民主管理、民主决策、民主监督，有效激活农村土地、房屋等"沉睡资本"，形成产权明晰、权能完善、要素优配的以土地为核心的农村集体经济运营新机制。

其次，是健全农村集体土地权力体系。赋予农村集体土地与城市国有土地相同的权利，实现从事国有土地与农村集体土地同地同价。构建公平的农地市场准入机制，利用市场的调节作用完善土地的产权制度，改善城乡二元经济结构特征。完善我国农村集体经营性建设用地的市场准入标准与机制，规范市场的交易规则，对各个环节进行严格的监督和管理，建立农村集体土地与城市国有土地同等入市、同等权利和价格的公平机制。目前，农村土地征收矛盾已影响城乡社会的稳定，由于城乡土地增值收益分配机制不合理，农民享有的土地增值收益较低，应建立健全土地增值收益分配的相关制度，科学合理地提高农民在土地增值收益中的分配比例，保障农民合法的土地权益，提高农民参与土地改革的积极性。

再次，是完善农村土地征收补偿机制。一是严格规定征收范围。对土地的征用过程进行严格审查，确保土地的公共利益得到保障。将公共利益的实体界定与程序界定进行有机的结合，严格抵制以非公共利益为目的的征地行为，并通过法律法规保障农村土地征收的合理性。规范征地程序，一方面要健全征地纠纷处理协调机制，增加透明度，保障农民的知情权和参与权，提高农民参与的积极性。另一方面要加强对政府征地权的控制，实行征地审批责任制，对违规的审批行为要严格追究法律责任。建立科学合理的征地补偿制度，完善征地补偿价格机制，实现同地同价，保障农民的合法收益。二是完善征地补偿机制。我国正处于城市化快速发展阶段，在连片开发的城市建设中既有公益性项目，也有经营性项目，严格按公共利益原则行使征地权很难操作，城市化所需的大部分土地今后还要继续通过征收取得。为此，应完善征地价格形成机制，改变按原用途补偿的原则，使被征地农民分享土地非农利用产生的增值收益。征地涉及农民住房拆迁时，不能再简单地按地上附着物补偿，而应保障被征地农民的居住权,还可探索留地安置、区段征收等新途径。

最后,是提升城乡土地统一管理能力。一是健全土地统一登记制度。实行统一的土地权属登记制度,以法定形式明确土地使用权的归属和土地的用途,对城乡土地进行统一确权、登记和颁证。统一土地登记标准,无论城市国有土地还是农村集体土地,都要纳入统一的土地登记体系,发放统一的土地登记簿和权利证书,建立城乡统一的土地登记信息系统。二是实行城乡地政统一管理。加强地籍调查,全面摸清城乡每一寸土地的利用类型、面积、权属、界址等状况。建立城乡统一的土地分类标准、统计口径和指标体系,统一发布土地数据,改变目前有关土地统计数字不实、不准的状况。依法由土地行政主管部门实行统一管理城乡地政业务,避免行政管理的分散。三是加快推进城乡土地管理的信息化,建立科学的城乡土地信息系统,提升土地管理水平和能力。对农村地籍进行全面调查,构建农村地籍档案库与电子数据库,将农村土地信息数字化、网络化,构建结构完整、技术先进、城乡一体化的土地管理信息系统,实现城乡土地信息共享。大力发展信息平台服务机构,探索实施各地网上政务服务平台面向公众和中介机构开放数据接口,形成中央与地方、城市与农村、国企与民企之间互联互通的土地承包经营权信息应用平台,有效降低农村土地流转的信息搜寻成本。

二、发展用途管制、增值共享的城乡统一土地流转市场

在市场经济条件下,土地要素在城乡间的流动是通过土地市场的调节实现的。土地市场是在市场机制下通过价格实现对土地价值的显化,进而对土地资源进行配置的一种方式。土地市场既是城乡地域系统的重要组成要素,也是连接城乡系统的纽带,其发育状况、运营状况、收益分配状况等因素对促进城乡融合发展具有重要影响。土地资源配置可以保障城乡平等发展的权益,有助于城乡要素自由流动与平等交换,促进城乡等值化发展是土地市场对城乡融合提升作用的集中体现。因此,构建良性的土地市场是促进土地要素在城乡间合理配置,进而构建新型工农城乡关系的关键点。

土地市场对城乡融合发展的作用有利有弊。良性土地市场带来土地经济价值的提升,实现土地空间价值与社会价值,为乡村发展提供建设资金,促进城乡融合发展。扭曲的土地市场会降低土地资源的配置效率,阻碍了土地价值的提升,在城乡二元经济结构背景下,乡村发展价值被剥夺,对城乡发展的滞碍作用明显。因此,健全土地市场机制、完善土地市场结构、培育土地市场主

体，从而促进市场良性发展，是畅通土地市场对城乡融合发展促进机制的关键。

首先，放宽农村集体土地入市条件。2019年5月，《中共中央 国务院关于建立健全城乡融合发展体制机制和政策体系的意见》明确提出建立集体经营性建设用地入市制度，允许农村集体经营性建设用地入市。放宽农村集体土地入市的条件，对于进一步保护农民群体的合法权益、促进乡村振兴以及赢得城乡融合发展战略有着重大意义。一是保障农民合法权益，缩小农村土地征收范围。规范土地征收程序，明确界定公共利益范围，在地价补偿方面综合考虑土地产值及土地所在区域经济发展状况等因素，按综合评估衡量补偿标准。二是保障村民户有所居，入城农民可自愿有偿退出宅基地。对人均土地少、不能保障一户一宅的地区，应尊重村民意愿并采取措施，保障村民实现户有所居的权利。同时鼓励进城落户的村民依法自愿有偿退出宅基地，盘活土地资产。三是规范集体经营性土地，全面进入市场流转。在村民自愿的前提下，允许农村集体土地就地入市或异地调整入市，形成多元化、市场化的农村集体土地流转市场，打破农村经济发展的一潭死水状态，促进农村的土地优化配置以及产业结构的进一步升级。

其次，明确集体土地增值收益分配原则。建立兼顾国家、集体、个人的土地增值收益分配机制，合理提高个人收益，这是改革征地补偿机制与分配集体建设用地流转交易所产生的增值收益的重要原则。对集体经营性建设用地而言，不同集体经济组织之间土地存量差异很大，且存量大的地方往往也是以前违法占地多的地方，部分土地使用权掌握在个人或非集体企业手中，他们获取土地使用权时并不公开透明，如果不对流转交易产生的增值收益进行合理调节，将会产生严重的社会不公。应总结各地成功经验，从国家层面提出具体分配原则。对农民住房财产权而言，其流转交易势必带动所占用宅基地使用权的流转交易，集体经济组织作为这部分宅基地的所有权人，应当参与农房流转交易的增值收益分配或对来自集体经济组织外部的受让人收取集体土地使用费。

最后，建立城乡统一的土地交易市场，并将其纳入政府公共资源交易平台。制定建设用地使用权统一交易目录，对城乡建设用地交易的信息发布、招投标、成交公示和交易管理等活动进行统一管理和监管。在确权登记发证的基础上，将农民承包地、集体建设用地、宅基地、林地等的使用权纳入统一的土地交易平台，规范交易程序，促进农村集体土地合理有序流转。严格限制隐性交易和私下交易，加强监督检查和诚信体系建设。通过综合平衡和技术调整，使基准地价能客观反映不同城镇间真实的经济差异和地价水平，进而促进城乡土地市场的均衡发展。

三、形成层次完备、保障有力的法律法规体系

首先，加快相关法律修订步伐。打破现行城乡二元土地制度框架，既涉及利益结构的重大调整，也涉及法律关系的重大变革。推进土地制度改革，需要对多部法律的相关内容，特别是部分禁止性条款进行修订，如"城市的土地属于国家所有""任何单位和个人进行建设需要使用土地的，必须依法申请使用国有土地""国家征收农村集体土地按原用途补偿""农民集体所有的土地的使用权不得出让、转让或者出租用于非农业建设""乡（镇）、村企业的土地使用权不得单独抵押""耕地、宅基地、自留地、自留山等集体所有的土地使用权不得用于抵押"等条款。只有对这些上位法做出修订，才能使土地制度改革于法有据。

其次，修订相关法律以延长农村土地承包经营期限。涉及农村土地承包经营期限的国家法律主要包括《中华人民共和国农村土地承包法》和《中华人民共和国土地管理法》。其中，关于农村土地承包经营期限（耕地承包期限）为30年的提法，应修改为与党的十七届三中全会精神一致的"现有土地承包关系要保持稳定并长久不变"。研究制定土地利用总体规划的法律法规，应特别对农村土地流转的规模、用途、方式、收益分配、监管等方面进行明确详细规定，以提高土地流转的规范性和有序性，保障农民的合法权益。党的十八大以来，中央和相关部委出台了一系列涉及农村土地问题的文件办法，具有较强的改革精神和前沿探索性。应进一步完善法律法规，明确农民在农村土地流转中的主体地位，赋予农村土地完整产权，给予并保障农民合法、自愿流转土地的选择权，为农村土地改革推进工作提供法律支持和保障。

第四节 引导资本持续入乡发展

引导资本持续入乡发展，应坚持农民主体地位和农业农村优先发展原则，厘清政府、企业、农户之间的关系，构建紧密的利益联结；规范准入机制和动态监管，构建严格的资本下乡门槛；通过投资方向、投资模式和投资渠道的科学指引，构建清晰的下乡边界；营造公平公正的市场环境、政策环境、法治环

境，构建可靠的下乡保障，从而激发乡村内源发展动力。

一、建立政府、企业和农民利益协调机制

首先，构建差异化的利益分配机制。在已经产业化经营领域尽量减少政府干预，发挥市场资源配置的决定作用。对买断联结的，按随行就市的价格自由买卖；对合同联结的，按订单农业种养品种、面积数量规定的保护价格交售产品利润；对合作联结的，按照会员制、产供销分工的产业链管理交付合作组织利润以及返还流通加工、信息咨询环节的利润；对企业化联结的，按租赁合同定期足额给付租金，按雇佣合同给付工资，按专业承包合同保障种植大户收益；对股份式联结的，以资金共筹、利益共享、积累共有、风险共担、红利均等为原则，按股分红，超额利润返还让利。在农业资产运营领域发挥政府保持宏观经济稳定和弥补市场失灵的作用，构筑资产基础价格体系，探明资产增值收益的总体分配导向，采取协商方式引导利益主体形成合理的分配比例关系。在农村公共服务领域，政府作为主要供给者，担负着加强和优化公共服务的职责。可采取投资补助、财政贴息、先建后补等多种方式，引导企业（个人）和非营利组织进入农村公共物品领域，按照"谁投资、谁收费、谁受益"的原则执行利益分配。

其次，构建差异化的利益调节机制。为稳定农户生产，按照激励约束相容原则，应鼓励资本提高对农户的利益分配份额，通过提供市场信息、指导农户生产、签订产销合同，与农户建立协作型利益关系；通过保护价收购、经营收益的二次或三次分配与农户实现利益互补；通过生产要素直接入股分红与农户形成真正的利益共同体。为实现优势互补、抱团形成合力，应鼓励资本通过兼并、联合、联营等形式低成本扩大集团经营规模，通过资金技术、人才信息、品牌管理等要素相互融合渗透，农业生产加工、物流销售以及科研农资、农机技术支持等产业内部融合，农业文化休闲、观光定制等新业态线上线下融合互动，打造以共同产业目标和发展愿景为前提、关注运行质量和综合效益的农业产业化联合体。在资本与政府之间，原则上追求利润最大化的资本与追求社会福利最大化的政府属于利益相悖主体，事实上两者容易结成狭隘利益的非正式联盟，挤压农民利益空间。对此，应通过显性化农民增收，强化基层政府与农民之间的激励联结；通过公益项目市场运作，构建政府与资本之间合理的利益补偿机制；通过权力和责任清单制度，防止下乡资本攫取非法利益和转嫁不合理成本。

最后，构建差异化的利益保障机制。在制度层面，加快建设农村信用体系，完善企业和农民诚信管理制度，并作为优惠政策普及、融资贷款拨付的重要依据，保障契约关系的稳定性；加快要素市场化进程，完善农村产权交易体系，强化资产经营风险防范，保障利益联结的稳定性；构筑资本下乡保障体系，完善风险保障基金机制，创新农产品价格保险，保障农业经营的安全性。在企业层面，针对农户参与企业的开发项目面临的资金和技术困难，可由企业对其提供流动资金贴息贷款和农业技术扶持；针对农户参与企业初级产品供应的生产资料缺口问题，可由企业对其提供种苗低价供应或生产资料赊销；针对农户参与农业产业化联合体市场渠道闭塞的窘境，可由企业对其提供储存、运输和销售系列服务。在农户层面，坚持农民主体、农业农村本位原则，强化村民自治组织公共性，完善土地流转、收益分配等重要事项的参与机制，保障农民的参与权和选择权；重建村社治理的公共规则，完善信息依法公开、公示制度，保障农民的知情权和监督权；尊重农民意愿和利益表达权利，搭建公平公正、公开透明的利益沟通平台，畅通资本与农民的对话渠道；加快土地流转价格动态调整机制，完善失地农民社会保障制度，建立农民可持续生计模式，最大限度地保证农民权益。

二、严格资本下乡准入监管制度

首先，规范资本准入制度。资本下乡进入农业农村要避免农民土地权益被侵犯、长期经济收益被剥夺、就业养老保障被忽视等问题，切实做好前期约束和事前控制。在农地经营从业许可方面，从源头上对资本土地经营项目的实施规划和可行性进行审查，重点审查项目是否符合相关法律法规、农业政策和产业发展规划，是否符合物种安全、环保标准要求。在农地经营能力认定方面，从管理上对资本的资质和信用进行通盘审查，重点审查企业的农业经营、资金运作、技术支撑、农经管理、风险防控和合同履约能力。在流转时空方面，资本租赁农地的期限不得超过两轮承包剩余时间，面积首次不得超过本级规定的规模上限，须与本地人均耕地状况、农村劳动力转移规模、农业科技进步程度和社会化服务水平相适应；与农户签订规范的流转合同，明确土地复垦、流转用途、抵押担保、再流转及违约责任等事项；完善资本租赁农地租金预付制度，建立流入方缴纳和政府补助的土地流转风险保障金制度，防止农户权益受损。

其次，加强资本动态监管。在流转农地监管方面，严格农地科学规划与调整，依靠现代科技手段实施动态监测管理，防止借土地流转之名套取国家农业政策性补贴、在流转土地上违规搞非农建设、占用基本农田挖塘栽树及其他毁坏种植条件等行为；应通过公开市场租赁农地，资本不得借政府或基层组织下指标、定任务等方式强迫农户流转。对涉及整村整组流转的，不得以少数服从多数名义进行，须经全体农户同意并提供书面委托。在农业经营监管方面，项目启动阶段要严格按照合同约定在租赁农地上直接从事农业生产经营，未经同意不得转租；合理使用化肥、农药等投入品，不得实施掠夺性经营。项目运营阶段要完善以年为单位的定期检测与预警制度，对撂荒耕地的停发粮食直补、良种和农资综合补贴；对不符合粮食安全保障区规划的，剔出相关农业生产政策扶持名录；对失信租赁农地的，向社会公示的同时实施联合惩戒机制。项目退出阶段要对自愿退出土地、进入间接生产环节的给予财政补贴和税收减免。同时，提供相应的金融支持，鼓励企业与农户合作进行农业投资；对经营不善破产的合作项目，完善土地重新评估及分配机制，保护利益相关方的合法权益。

三、明确资本下乡投资领域选择

首先，规范资本进入农业产业领域。资本在动植物生长控制、雇员劳动计量监督方面具有可移植的专业知识和集约化工厂管理经验，适宜投入资金技术门槛较高的良种种苗繁育、高标准设施农业、规模化养殖等领域，延伸拓展产业链，提高产品质量效益，推动现代种养业向规模化、标准化、品牌化和绿色化方向发展。相比高度分散的小农经济，组织化的资本应联合农民合作社和家庭农场，发展具有民族文化、地域特色的农产品精深加工；统筹农产品产地、集散地、销地批发市场，发展产销对接的新型流通业态，从而打造优势特色农业产业集群，促进农村第一、二、三产业融合发展。

其次，规范资本进入农业农村服务业领域。资本具有专业化分工的比较优势，适宜进入农机跨区作业、新型农技信息服务、农产品现代物流、农资连锁经营等营利性和收益排他性较强的领域，不仅能将更多小农生产引入现代农业轨道，促进多种形式适度规模经营，而且能增进农业生产性服务业的组团化、网络化、集群化，推动农业节本、增效、升级、降险、互动发展。聚集更多人力物力财力的资本应参与数字农业、数字乡村建设，发展农村电商、休闲旅游、健康养老、环境卫生、可再生能源等生活性服务业，不仅能将农业由"卖产品"转向"卖风景""卖温情""卖文化"，激活农业的生产、生活和生态功能，而且能完善农业农村各项服务，提升农村居民获得感、幸福感和安全感。

再次，规范资本进入农业农村基础设施领域。拥有雄厚资金和组织资源的资本参与高标准农田及农田水利建设，发展高效节水灌溉工程和农产品仓储保鲜冷链物流，能够使农村基础设施建设的资金来源、供给结构、资源配置得到更好保障；参与农村交通、电力、供水、网络设施及农产品产地追溯体系建设，能够更好地节约并释放农村劳动力，提高劳动生产率促进农民增收，实现农村包容性增长；参与农村教育、医疗、文化娱乐基础设施建设，能够更好地改善农村教育硬件条件，提高基层医疗服务能力，筑牢农村宣传思想阵地。

最后，规范资本进入农业科技创新领域。拥有技术优势的资本参与农业关键核心技术攻关行动，以及农业科技创新联盟、农业产业化科技创新中心的建设，开展研发创新、成果转化与技术服务，能够更好地推动农业科技顶层设计，打造产学研用深度融合平台；参与搭建返乡创业园区、农村创新创业园区和孵化实训基地，开展创业能力、产业技术、经营管理培训，能够更好地促成农业生产与大专院校和科研院联结，解决农业科技创新推广、应用、转化的"最后一公里"问题；参与农村实用科技、专业服务型人才培养，开展人才培训和孵化基地建设，能够更好地解决农村人才总量不足、整体素质不高的难题，形成一支结构合理，留得住、用得上的人才队伍。

四、构筑公平竞争的营商环境

首先，构筑公平竞争的市场环境。综合运用依法惩治、随机抽查、信息公示等监管手段，保护、鼓励和支持企业的市场竞争活动，对违背生态效益、制售假冒伪劣产品和进行欺诈消费的下乡企业，依法依规依程序从严从快处理；对遵纪守法的下乡企业，引导参与农业相关规划编制和项目梳理，充分听取吸纳企业家的意见或建议，激发和保护企业家精神，构筑"亲""清"新型政商关系；对申报各类农业项目的下乡企业，应一视同仁，公平对待，不得滥用行政权力排除和限制竞争；对新兴产业领域的下乡企业，既要制定包容审慎的监管规则，给予企业合理发展空间，又要坚守安全质量底线，果断清除涉及安全、侵权欺诈和对社会不良影响的企业。

其次，构筑公平竞争的投资环境。改进耕地占补平衡管理办法，落实农业设施用地和耕地使用政策，将农业种植养殖配建的辅助设施用地纳入农用地管理，对农村保鲜仓储设施实行农用电价，搭建农村产权流转交易和管理信息网络平台，培育市场中介服务组织，提高农村产权流转服务效率；构筑完整的农业保险保费补贴品种体系，扩大重要"菜篮子"产品保险的覆盖面，促进保险责任从保成本向保收入延伸；构筑多层次农村金融服务体系，优化金融资源配置和涉农信贷投放结构，引进城乡皆宜的金融产品；完善农村人才保障，实施新型职业农民培育工程，建立专业人才、科技人才参与乡村振兴的机制。

最后，构筑公平竞争的法治环境。加强党对乡村法治工作的领导，健全村党组织领导的村民自治机制，将农民利益和社会利益置于立法指导思想的高度；采用协商、调解、复议、信访、仲裁、诉讼等方式解决农村经济社会问题，坚持依法执政、依法行政，对农村黑恶势力侵犯企业财产权益等违法行为，给予严厉打击，保障人民生命财产安全；完善村民自治法规体系，将传统文化精髓和公序良俗融入村级治理，引进法律专家学者对村规民约的合法性进行指导与规范，更好地让依法治国在基层扎根落地。

第五节　激励数字技术和数据要素由城溢乡

2023年2月，中共中央、国务院印发《数字中国建设整体布局规划》，强调加快新时代数字中国建设，推动数字技术高速发展与数据要素有价值释放。数字乡村是数字中国的重要组成部分，是指将新型的数字技术与数据要素赋能农业农村现代化发展。数字技术驱动城乡融合发展的优势在于消解传统的城市偏向性制度政策、农村单一性的产业结构、单向度的城市要素汇入及非对等的治理空间等影响城乡良性关系的顽疾，但由城乡规则导致的数字投资鸿沟、生产鸿沟、技术鸿沟、消费鸿沟、知能鸿沟成为数字乡村良性发展的症结，继而阻碍了数字乡村与智慧城市的融合性发展。由此，建构城乡融合机制与消弭数字鸿沟将成为推动数字时代城乡融合发展的路径选择。

一、制定推进城乡数字一体化建设的包容性政策

城市偏向性政策是城乡融合发展的核心掣肘，是导致城乡差距愈演愈烈的本质原因。基于此，我们试图打破传统城市中心论的窠臼，制定具有数字包容性的城乡共同体政策，致力于激发新技术革命下数字乡村和智慧城市的潜在力量，以此推动数字城乡的融合发展。数字包容性的制度不仅囊括传统意义上民生服务、市场竞争、资金投入的"接纳""一体"与"融合"，也包括数字技术

的"赋值""增益"。

因而,数字包容性的制度应当包括以下维度:一是资金投入维度。注重中央或地方对城乡资金的投入均衡度,避免明显的城市投入偏向,尤其防止信息技术投资的城市偏向,必要时可适当加强对乡村数字化公共服务、设施设备、产业、教育、医疗的投资力度。同时,政府采取适当的市场介入手段,规范并引导资本主体的投资倾向和行为,对信息投资下乡的企业主体实施适当的减税免税政策,以缩小由信息技术投资鸿沟带来的"衍生性差异"。二是技术开发维度。打通城市先进技术设计蓝图、产业开发流程模式和研发技巧的下乡渠道,引进一批基础性的技术研发设施设备,并依托乡村特色产业打造系列性的技术研发试点基地,以此增益农业生产全过程。三是人力资本维度。依据时代特色内容,参照城市教育设施的配备和教育体系的建设标准,引入数字技术的培养课程和装备设施,打造一批教学质量好、教师队伍强、教学设施齐全且符合农村本土情况的现代化信息技术教学示范点与标杆基地,通过示范点向线、面推进,由内而外提高农民数字内生力和数字素养。政府需引导志愿服务乡村的有志、有才、有德的"三有"之士建设数字乡村,提高农村整体性人力资本和社会资本的质量。四是公共服务维度。推进城乡公共服务制度一体建构,坚持标准统一、均等分布、异地享有的原则,以实现农村公共服务的提档升级与长效管护,并利用数字技术实现城乡电子档案统一管理和在线业务异地审批办理,以此突破城乡居民流动限制,缩小数字城乡的服务差距。概言之,助推与数字视角结合的包容性的政策是实现数字城乡融合并进的首要途径,需作为前置性的融合发展工程加以推进。

二、积极建设数字要素的城乡调配流动机制

开放性、发散性的基础要素流动机制是推动数字城乡优势互补、社会数字经济长足发展的基础条件,数字城乡间的基础要素主要包括信息服务、服务信息、信息技术和信息人才。在推动发散性的基础要素在数字城乡流动的同时,也应聚焦基础要素的精效调配,即调配的精细、精准与高效、长效,以提高要素配置的效益。

首先是信息服务的精细开发。推动城市数字支付、数字资产、数字购物、数字旅游等数字服务向乡村渗透、扎根,促进乡村传统服务的数字化、信息化变革。依据农民文化活动种类和娱乐倾向不断细化信息服务,以形成农村本土的数字广播、智慧广电、数字文化馆、数字文物博物馆等"微智服务",同时

将农村特色数字文化资源、数字"乡土文化"推广至都市，缓解城乡的文化冲突与矛盾，提高城乡文化认同度。

其次是服务信息的高效传输。依托新兴技术优势，接通城市信息"天线"，打造完备、高效、开放的乡村服务信息查询、咨询"云平台"，并开通"金农热线"，为农民提供最贴切、最便捷、最细致的服务答疑，从而破解城乡信息的非对称现象，破除信息传输壁垒。

再次是信息人才的精准适配。通过采取市场调节与政府政策引导的双轮驱动策略培养并引导既懂农村、农业、农民，又具备开拓创新精神的青年才俊前往农村、扎根于农业，并依据农产品生产特点组建技术研发团队和技术实验团队，分门别类地开发农村新业态、新产业、新产品，为吸引城市人群前往农村就业提供助推力。

最后是信息技术的长效开发。发挥城市先进技术的示范与引领作用，打造农村与城市的信息技术开发经验对话平台，因地制宜、因势利导地推进农村5G技术、大数据集库、专家智库、人工智能技术、传感器、遥感等信息技术的投入研发工作；对于有条件的农村地区，引导科技企业与高校形成"研学—研发—生产—试点"一体化的信息技术循环开发路径，助力实现农村信息技术开发周期缩短、实验次数稳定和成果转化率提高。

三、促进数字产业与传统产业的城乡协同联动

产业结构的低度化、单一化影响着农村产业价值面的拓展与产业价值链的延展，阻碍了农村产业与数字化产业的联动与融合，进而阻滞城乡协同前进的步伐。

首先，挖掘与开发农村多功能价值。结合大数据、云计算、人工智能、集成电路等数字化产业的技术优势，推动农业生产经营方式的变革。利用云协同的计算能力推进农产品由粗加工、单极化向精加工、细加工、集约化、规模化转变，形成以高新科技产业园区为枢纽，以资源集聚带和物流站为关键节点的集研发、生产、流通、分配、销售于一体的农产品产业链。

其次，促进城乡产业结构的优势互补。以精细化、智能化农业和农产品为核心，以5G技术、互联网行业为基本载体，引导农村实现跨边界、跨时域的产业要素流动。一方面，实现特色农产品、农地与旅游业、制造业、服务业等二、三产业的融合，形成村庄田园、"民宿+园地+农产品"、制造农业、"土字号"文化品牌、都市农业等农村新产业、新业态；另一方面，加快农村现代

农业向城市产业结构渗透的步伐，打通农村传统产业与城市新兴产业联动的渠道，推动"农文化""农产品""农品牌"与城市的"宅经济""互联网经济""中央厨房"等新业态、新消费的有机融合，以实现城乡产业结构的优势互补。

最后，创新城乡产品的营销模式。推动以"互联网+农村实体经济"为代表的"电商村"建设，利用农村特有资源比较优势，打造线上特色产业集群和线下一体的产输销渠道，形成线上线下、境内境外统一口径的农村电商运营策略，最终实现产业增值、农民增收、农业提质、城乡融合的多元共赢格局。

四、创新城乡融合发展的智慧治理机制

作为智能社会两个独具特色的面板，数字乡村与智慧城市的协同治理和整合性治理已成为提高国家治理现代化水平的应有之义。整体性的城乡智慧治理有助于改变城乡治理的"断层"现象，维护乡村数字主权，推动城乡数据共享，提高基层治理水平。

首先，加强数字城乡的并联管理。通过云协同的大数据智库与人工智能技术启动"城乡智慧大脑"的建设工程，聚合城乡经济治理、政务服务、公共安全、人居环境、文化治理等板块，由省级政府集中统筹管理"城乡智慧大脑"的数据流通、权益分配与衔接节点，实现"1+2+N"的一体治理框架，即形成省统管、城乡并管的统一标准，同时打通基层政府数据接收、采集的"大动脉"，实现数据自治、民主自决和民主监督的基层民主治理模式。

其次，统筹数字城乡的业务协同。依托"城乡智慧大脑"的海量数据集成和极致算法的支撑，打造城乡居民业务在线申办、集中审批、统一结办的"云平台"，实现城乡数据全面感知，业务办理跨界集成，业务流程整合再造，业务事宜协同审批，从而促成城乡公共服务均等化。

最后，推动数字城乡监管一体。持续推进并拓展"城乡智慧大脑"的范围与深度，确保数据感知器在乡（街道）、村（社区）的泛覆盖与细布局，通过智能门禁、智能"天眼"、智慧电网、环境监测等物联传感设备，建立风险研判预估、安全事故分析、流动人口管控、环境污染指数生成等城乡数字监管系统，实现城乡监管的标准化、专业化与一体化。

第十一章

引导城乡产业有效融合

第十一章 引导城乡产业有效融合

随着新型城镇化进程的推进,城乡产业均得到快速发展,但二者在产业规模与质量上仍存在着较大差距,这不利于实现区域经济的协调可持续发展。经济互动是城乡互动的首要表征,产业活动则是经济互动的关键载体和主要内容,因而城乡产业互动是城乡融合共兴的关键和抓手。通过城乡产业互动,促进城乡交易关系的形成与扩张,城乡产业间关联性逐渐加强,城镇产业与乡村产业互为市场,城乡产业链条持续拉长与壮大,双方均获得持续、有效的共同发展。因此,为了促进城乡融合,实现城乡一体化发展,深化城乡产业衔接,引导城乡产业融合显得尤为重要。

第一节 产业融合促进城乡融合的作用机制

协调的产业关系既是城乡融合的内在要求,也是在产业发展层面的具体体现,构建良好的城乡产业关系是城乡融合的题中之义。国内外在推动城乡产业衔接方面进行了探索实践并取得了良好成效(详见表11-1),其经验对我国推动城乡产业融合有一定的借鉴意义。改革开放以来,我国经济社会建设取得了举世瞩目的巨大成就,但发展中不平衡、不协调、不可持续问题日益突出,城乡经济发展差距加大,表现为产业规划失序、产业布局失衡、产业结构失调。截至2022年,我国三次产业增加值占国内生产总值比重为7.3:39.9:52.8,三次产业就业人数比为24.1:28.8:47.1。[①] 这一方面说明我国第一产业劳动力的从业人员依旧较多;另一方面也说明我国农业生产效率较低,农业现代化水平不高,三次产业缺乏有效互动。城乡融合将城乡经济视为一个整体,通过三次产业有效互动实现不同产业间的优势互补,避免出现因产业失衡导致城乡经济差距拉大。

---

① 资料来源:《中华人民共和国2022年国民经济和社会发展统计公报》《2022年度人力资源和社会保障事业发展统计公报》。

表 11-1 国内外城乡产业融合案例

序号	案例	经验总结与借鉴
1	浙江乡村振兴示范区"1+5"模式	实践：浙江省乡村振兴实行"1+5"模式，即一个示范区加五大战略，涵盖了绿色发展、数字经济、休闲旅游、生态文明和产业振兴领域，示范区重点突出产业结构的优化升级和城乡一体化发展，搭建了产城融合的新格局。 启示：政府宏观政策引导和区域规划是实现城乡产业融合的重要保障。
2	江苏阳澄湖大闸蟹产业链	实践：江苏省政府和企业协同推动大闸蟹产业链的深度融合，实现了大闸蟹产业的品牌化、标准化和国际化，完成了大闸蟹从养殖、加工到销售的覆盖城乡县多个产业的全链条发展。 启示：注重产业链条的完善和协同，形成上下游产业的良性互动和共赢；加强农产品品牌建设，提升产品质量和标准化水平。
3	四川成都郫都区农业科技创新与乡村旅游融合	实践：四川省成都市郫都区依托其农业科技创新优势，将农业与乡村旅游产业相结合，形成了具有科技特色的乡村旅游产品。通过建设农业科技园区、推广智慧农业技术等手段，吸引了大量游客前来参观和学习，实现了高水平的农旅融合。 启示：重视科技创新在农业和旅游业中的应用，推动产业的转型升级和提质增效。
4	日本推行"六次产业化"	实践：日本提出鼓励农户搞农作物种植、农产品加工、销售服务等涵盖一、二、三产业的多种经营，通过三次产业融合发展形成立体化的"第六产业"的解决方案，① 其本质就是立足于农业生产，并通过延伸农业产业链到第二、三产业，使农业变为综合性产业，以提升农产品附加值，最终实现农民增收和乡村振兴。根据日本政策金融公库调查，在实施农业"六次产业化"后，日本第六产业超过2/3的经营主体收益颇丰，成效明显。 启示：不能单就农业谈农业，应兼顾一、二、三产业，促进城乡多元化产业融合。
5	德国农村综合发展规划	实践：德国农村综合发展注重了农村产业结构的多元化和可持续发展，通过发展农村旅游、农产品加工等方式，将传统农业与现代产业有机结合。此外，德国政府实施了一系列激励政策，鼓励农民创新、发展绿色产业，并提供了技术支持和资金扶持。 启示：政府的长期政策支持、市场主体对科技创新的重视、民众的参与度是城乡产业融合的三大重要因素。
6	英国城乡产业融合实践	实践：英国以农村产业规模化经营为主导，以一体城乡社会保障体系为支撑，以加大对农村地区基本公共服务投入和基础设施建设为保障，建立加强城乡产业统筹规划和立法的城乡统筹发展模式，从而有效扭转了不断扩大的城乡不平衡状态。 启示：强化城乡产业链的拓展延伸，加快建设城乡产业配套的新型基础设施，培育城乡产业数字化转型相关人才。

① 今村奈良臣：《農業の6次産業化の理論と実践》，《技術と普及》，2010年第9期，第19~22页。

续表 11-1

序号	案例	经验总结与借鉴
7	美国农工互动产业体系	实践：美国的乡村发展是规划先行，将产业发展作为最主要的三大保障目标之一，强化农村基础设施与公共服务建设资金保障，促进城乡间生产要素的双向流动，推动第一产业与第二、三产业的融合发展，最终形成农工互动产业体系。[①] 启示：构建配套的产业政策，形成城乡产业融合中不同主体的激励以及利益协调机制。

通过对国内外城乡产业融合对接典型案例的梳理，基于我国城乡产业发展的历史脉络和理论基础，总结理论和实践经验，充分考虑城乡资源共享、市场竞争、数字技术等要素的影响，应从产业空间布局、产业关联、要素流动、产业链延伸以及利益联结机制五大方面构建产业融合促进城乡融合共兴的分析框架（详见图 11-1）。

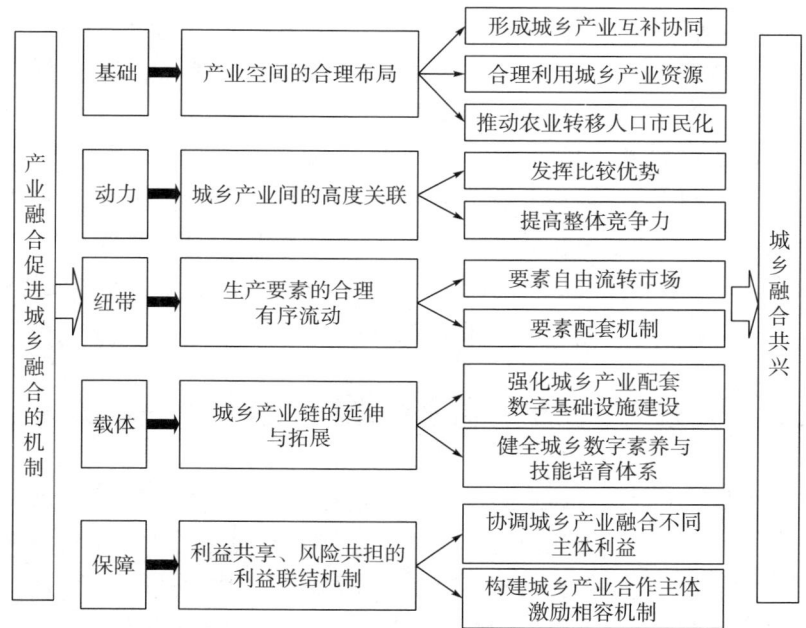

图 11-1 产业融合促进城乡融合的作用机制

---

① 方创琳：《城乡融合发展机理与演进规律的理论解析》，《地理学报》，2022 年第 4 期，第 759～776 页。

一、产业融合促进城乡融合的基础：产业空间的合理布局

我国城乡发展失衡的原因之一是城乡产业空间布局不合理，合理的产业分工布局才是促进城乡产业融合的基础。所谓合理分工布局，就是根据产业自身特有的活动规律及其对区位的要求，发挥各自比较优势，形成相互协作、优势互补的分工格局。在推动城乡融合发展的进程中，要对城乡的各自功能进行科学定位，按照城乡发展规划，结合乡村具体的区位条件、资源禀赋、经济状况和文化习俗等因素，分类确定乡村的功能定位和产业发展方向，推动资本、人才、技术等要素从城市向乡村有序转移，合理定位城乡功能区，实现城乡资源要素合理配置，激发乡村发展内在动力，不断提升乡村的资源聚集能力和特色产业发展能力，增强城乡产业发展联动性，打造产业功能互补、发展互促、利益互惠的城乡经济共同体。

合理的产业空间布局促进城乡融合的机制体现在以下五大方面：一是合理的产业空间布局能够促进城乡产业的协调发展，充分发挥城市和乡村的比较优势，实现产业互补和协同效应。二是合理的产业空间布局能够实现资源的最优配置，调动城乡各地区的资源禀赋和优势，提高区域内资源利用效率。三是合理的城乡产业空间布局有利于缩小城乡经济差距，实现城乡经济的协调发展。四是合理的城乡产业空间布局可以促进农村产业发展，提高农民收入，实现农村经济的可持续发展。五是合理的城乡产业空间布局有利于引导和促进农业转移人口市民化，实现新型城镇化和乡村振兴的有效衔接。

二、产业融合促进城乡融合的动力：城乡产业间的高度关联

城乡产业的高度关联体现为产品与服务依赖、要素依赖和市场依赖，产业之间相互依赖是城乡产业融合的必要条件。市场产业链中各产业通过大量产品、资金、技术、信息等要素相互交流来彼此相互作用，这是一个价值增值的过程，可在产业之间产生较好的协同效应，提高产业链的稳定性和运行效率。城乡产业的高度关联，既包括城乡产业之间以各种投入品、产出品和要素为纽带形成的技术经济依赖，也包括基于城乡两种不同特质，经济社会单元和人类聚落空间形成的城市产业对乡村的空间依赖和乡村农业对城市的空间依赖。

合作成功的基础是互惠与互补，城乡产业合作的基本动力来源于其利用现实的与潜在的资源禀赋，以及产业间的相互依赖关系等获得各自发展的内在要

求。构建农业产业链，可以提高农户组织化程度，通过组织农户生产，为其提供技术与信息服务，降低农业生产成本，提高劳动生产率。而且农户的农产品有了较为固定的销售渠道，龙头企业也有了较稳定的原材料供给源，双方通过合作实现了"双赢"。首先，比较优势是城乡产业合作的基础，推进城乡产业的调整与再布局，有利于城市产业结构优化和农村产业现代化发展。其次，人才、资本、技术、管理经验、数字技术等要素向农村流动，为农村经济发展创造机遇，通过城乡产业合作激励农业农村现代化发展。最后，城乡产业合作可扩大城乡产业的竞争优势，城乡之间具有不同资源优势的产业，通过相互协作、优势互补将其整合在一起，充分发挥整体优势，形成强大的竞争合力。

三、产业融合促进城乡融合的纽带：生产要素的合理有序流动

城乡产业发展失调是由土地、资本、劳动力、技术和管理等生产要素配置不合理引起的，只有促进城市的资本、技术、信息等生产要素向农村流动，农村剩余劳动力、土地向城市转移，促进城乡间生产要素双向流动，才能促进农村经济的发展和城乡产业的良性互动。要素流动具有趋利性特点，追求高回报是要素流动的根本原因。生产要素向某个地区流动的动力强弱取决于该地区为要素带来的最大收益能否弥补其流动的机会成本。同时，要素流动还具有"分散—集中—分散"的阶段性特征。我国目前已经处于"核心—边缘"理论所描述的第三阶段，要素的扩散效应占据主导地位。因此，充分发挥城市先进生产力的聚集、扩散作用，以城市产业结构的调整和升级为契机，以要素自由流动为纽带，通过产业合作带动农业与农村非农产业的发展，是城乡互补的重要内容。

产业由生产要素组合而成，产业不仅包含自然资源、劳动力、资金等传统性生产要素，还包括科学技术、企业家才能、数字信息技术等知识性生产要素。各种生产要素按一定方式相互联系在一起，按照要素集聚方式将其划分为劳动密集型产业、资本密集型产业、知识密集型产业。城乡产业发展的源泉在于要素的优化配置，而实现要素的优化配置必然伴随要素的合理流动。如果生产要素只是单向流动，要素流入方的产业将会不断发展，流出方的产业则持续萎缩。要素的流向和流量，决定着一个地区的经济繁荣程度和社会进步程度，城乡间要素相互流动越顺畅，城乡间交往将越密切，城乡产业间关系也将越紧密，城乡经济发展也越好。要改变城乡要素资源流动不合理的现状，需要建立

要素自由流转市场和配套机制,促进生产要素在城乡间双向合理地顺畅流动。

四、产业融合促进城乡融合的载体:城乡产业链的延伸与拓展

产业链作为重构和增强城乡二者地域关联性的有效途径,对统筹城乡发展起着重要的促进作用。一方面,产业链作为一种产业发展模式,其本身带有的空间分布、机制构建及优区位指向等特性,在接通城乡交流和承载要素流动上具有明显优势,而且这种接通与延伸有利于城乡的空间连接和经济交往,同时由此而形成的专业化分工也有利于发挥城乡各自优势、实现城乡功能互补;另一方面,作为城乡互惠合作的产业表现,城乡相关产业链能否顺利打通并延伸,城乡要素能否合理分配,以及产业链的完整程度与空间布局合理程度,是评价城乡融合载体是否完善的重要指标。

产业链构建一般包括接通产业环和延伸产业链两个部分。接通产业环是指经济上存在互利关系的产业环,通过某种需求交换形式,使原本孤立或间断的产业环之间建立起某种关联,这种关联主要表现为信息、产品、资金、技术等要素在串联而成的产业链上的双向流动。延伸产业链主要是向已有产业链首尾环节追加要素投入,从而使其尽可能向上下游拓展延伸。这两者的本质是对加工环节的细分和深化。产业链的各个组成部分共同构成一个有机整体,这些组成部分间不仅存在着大量物质、技术、信息和价值方面的交换关系,而且相互影响、相互制约、互为因果。产业链的形成主要是基于不同产业在功能上的差异性和互补性,通过发挥各自的比较优势,借助产业间的内在联系,实现不同产业间的协调发展。

传统产业活动由于分工简单、缺少加工环节,产业联系往往只表现为短链形式。而现代生产技术提高了加工环节的可分性,使加工环节细分与深化成为可能,并且随着劳动力、资金、技术等要素的逐级累加,产品附加价值不断提升。产业链延伸将带动一系列配套产业的发展,如物流配送、销售、售后服务等。产业链上中下游的显著差别决定了一条完整产业链的构建不会局限于某一区域,而会依据区域经济、技术、资源、文化等条件的差异进行合理选择布局。伴随中国式现代化进程稳步推进,数字化技术正加速打破产业固有边界,推动社区团购、数字旅游等城市产业与观光农业、创意农业等乡村特色产业不断融合,构建城乡全产业链的生态闭环。充分利用数字经济打破城乡产业空间隔阂,压缩城市与乡村之间技术传输、产品传输成本,破解城乡产业融合层次

低、乡村产业链条短及农产品附加值不高等问题,有效促进城乡产业链拓展延伸与深度融合。具体而言,需要强化乡村数字基础设施建设,筑牢城乡产业融合发展的数字底座。建设集约高效的数字乡村基础设施,加强农业农村大数据应用,依托 5G、大数据等技术构建农业资源数据库和大数据平台,充分整合已有的各类涉农信息系统与服务平台;建立城乡产业协同发展数字平台,全面盘活城乡产业资源,促使多元化市场主体不断融合,重塑城乡产业链分工。还应健全数字素养与技能培育城乡一体化体系,夯实城乡产业融合发展的人才根基。聚焦数字农业、休闲农业、农村电商等乡村产业与数字文旅、社区团购等城市产业融合发展需求,着重培养农村居民数字意识和素养,缩小城乡在数字人力资本方面的差距。

五、产业融合促进城乡融合的保障:利益共享、风险共担的利益联结机制

城乡产业融合发展中的利益联结机制不是简单的买卖关系或合同契约关系,而是以保障农民权益为核心,新型农业经营主体之间及与普通农户之间形成的风险共担、互惠共赢的利益共同体。所谓城乡产业利益联结机制,是指在农业产业化发展过程中小农户与其他经营主体通过不同市场化方式联结之后形成的利益创造、调节、分配、保障等内在机制。[①] 由于小农户与企业等其他产业链主体之间存在天然的异质性,导致各方在寻求最优契约过程中常常出现极高的利益损失,尤其是小农户时常由于资本稀缺而遭受企业对其利益的侵犯;当然,也存在着企业因专用性资产投资而被小农户"敲竹杠"的情况。无论何种违约现象,都表明现有农业产业化发展中所形成的各主体间利益联结机制总体上还处于较为松散的低级阶段,亟须通过积极的政策引导和完善市场机制,使包括小农户、新型农业经营主体、企业等在内的多方主体基于利益共同体的目标形成一个可持续、更加紧密的利益联结机制。

合理的利益联结是农业产业化经营的保障,但现行农业产业化利益联结多发生在农户与以企业为代表的新型经营主体之间,而农户与其他主体的利益联结目标不清晰,导致经营过程中交易费用高、机会主义行为缺乏约束、"合作企业家"供给不足等问题时有出现,并造成分配失衡、约束和保障失效,导致

---

① 郭红东:《浙江省农业龙头企业与农户的利益机制完善与创新研究》,《浙江社会科学》,2002年第 5 期,第 181~185 页。

形成的是较为松散的利益联结关系。这种利益联结机制形成的产业化组织模式常常不够稳固。① 在不同的内部风险偏好和外部市场机会的影响下，双方议价能力有明显差异，这将使得风险分布、信息分布和市场结构等要素诱发"位势租"的形成，造成龙头企业和农户在利润分配上的失衡。② 扭转农业生产利润在不同经营主体间的分配不公平的局面，需要加强农业组织化模式创新，实现由松散型向紧密型利益联结转变，重点在于利益创造、利益控制和利益返还。如果利益创造可以促成合作社和龙头企业的产业链的双赢，农民社员能借助对合作社的参与甚至控制，与龙头企业对等博弈，实现对农民成员的合理利益返还，那么就实现了合作社在优化利益联结机制上的目的。在城乡产业融合过程中，需完善拓宽利益联结机制的思路，在新型经营主体之间、新型经营主体与小农户之间，构建起激励相容机制，实现分工协作、优势互补、互惠共赢、风险共担的新格局，有效保障城乡产业的深度融合。

第二节 推进城乡产业持续联动融通

从城乡经济协调发展的角度出发，农村与农业对经济发展的作用主要体现在提供产品、创造市场和积累要素三个方面。我国是一个农业产业基础薄弱，农村人口基数大的发展中国家。在推进城乡融合的发展过程中，应通过城市工业的发展促进农村产业的融合，加强城乡之间的产业联动与融通，加快实现农业现代化，进而促进城乡产业融合发展。

一、推动农村产业链深化拓展

伴随农业产业化经营发展，农产品开发的链条逐渐拉长，农业产前、产中、产后相关产业的衔接日益紧密。农业生产和产品加工、物流及销售等行业协同运营，不断强化农业产业融合，构成从田间生产到餐桌消费的完整产业链条，形成贯通城乡农业、加工业和流通业发展的农工贸综合体。农村要发挥劳

---

① 曹子坚，张鹏：《构建合同农业中农户—企业利益联结的稳态机制》，《农村经济》，2009 第 9 期，第 43~46 页。

② 邓宏图等：《农业产业化中的"位势租"：形成机制与利润分配》，《经济学动态》，2018 第 10 期，第 37~49 页。

动力、土地、生态和资源等要素优势，大力发展特色产业和多元化经济，充分利用数字技术，促进农业产业链向第二、三产业延伸，推动农业现代化进程，形成城乡第一、二、三产业交错融合的发展格局。

首先，推进农村市场化建设，形成统一开放、竞争有序的城乡商品市场。城乡市场融合的重点是对乡村市场的重塑。在城乡市场融合的过程中，要摒弃乡村对城市简单模仿的错误思维，通过重塑乡村市场和城市市场关系，在坚持乡村市场独特性的基础上，发挥城市市场对乡村市场的示范和引领作用，建设多层次、多功能、全方位的城乡市场体系。一是从供需链的发展角度出发，平衡农产品供需可以促进农业的可持续发展，只有建立开放、有序的市场竞争机制，才能促进农业的产业发展，充分发挥市场机制对农产品生产要素的配置作用，提高农业的现代化水平。同时需要建立健全的农产品市场机制，将有效的信息资源进行共享，利用现代化的数字技术帮助农民第一时间接收发送生产、流通以及销售需求，及时调整以适应市场的变化。二是从企业链的角度出发，我国农业产业组织化程度低，政府应加强生产经营和管理等方面的引导，完善相关公共服务，优化农业生产经营流程，为农业生产者搭建连接市场的桥梁。三是从空间角度出发，我国应该针对不同地区的经济特点与资源优势，合理调整农村产业布局，改变传统的农业发展模式，将高科技、优质服务与农业相结合，提升农业生产效率，提高农民整体经济水平。四是从价值链角度出发，应将农业、工业与服务业有机结合共同发展，保障农业有序健康发展，加大对农业投资的同时发展服务业，改善交通运输业与仓储业的发展，降低农业生产成本，培育特色农业，提高农业竞争优势。此外，应加强金融业对农业的扶持力度，开通拓宽如小农贷款等绿色通道，灵活运用数字普惠金融帮助农业转型发展。

其次，调整农村的产业结构，促进农业转型升级。作为国民经济的基础，推动农业现代化发展可以有效提高粮食的生产效率，确保粮食生产的稳定增长。农业产业结构调整优化需坚持创新引领，用先进的生产知识改造农业生产方式，通过引进城市的先进技术加快农产品加工业的转型升级，提高农村产业的综合竞争力，促进农村经济的发展。其中器械化生产不仅可以提高生产效率，而且能有效提高农业劳动者的收入，将粮食生产与农民收入有机地结合起来，逐步缩小城乡之间的差距。同时，要处理好两组关系：一是重新审视人与自然的关系，在强调主体性能动保护的同时，也要显化生态空间的自身价值，树立"生态消费"理念；二是协调城市与乡村的关系，坚决杜绝牺牲乡村环境获得发展的做法。应坚持绿色创新发展为导向，根据土地、人口、区位等实际情况，调减种植比例以及渔业及林业的比重，因地制宜地发展经济作物种植与饲料生产。在农业生产方面，大幅度降低化学品的投入，减少对农村环境的污染，提倡发展生态循环农业，推进农业的绿色化，推广间作套作的立体种植方式，提高土地的产出效率。例如在有条件的地区，大力倡导种植业与养殖业相结合的经营方式，提高资源的利用率，发展生态循环性农业。此外，农业生产经营要与市场需求相匹配，如"现代农业+文旅"的模式可以极大地增加农产品的附加值，从而满足消费者多样化的需求，有效提高农产品的国际竞争力。

最后，发展规模化精细化农业，提高农业生产效率。西方发达国家城乡关系发展经验表明，规模化精细化的农业经营模式有助于推动农业实现现代化，促进城乡之间的协调发展。农业的规模化经营不能盲目地追求规模扩大，要更加注重科学合理性，重点强调生产要素的合理化配置。在市场经济条件下，农业的合理规模经营应该充分尊重农民的意愿，保障农民的合法权益。具体做法如大力推进农村土地流转，发展多种形式的农业经营模式；完善土地经营权的相关法律法规，加强对农村土地流转的监督机制，营造良好的农业合理规模经营的制度环境。

二、促进城乡产业链深度融合

城市要发挥资金、技术、人才等优势，大力发展高端高质高效产业，积极培育能带动城乡经济发展的产业集群。推动城市第二产业逐步向土地价格较低、劳动力较为密集的乡村转移，形成城乡产业链共建、品牌共创的局面；推动城市第三产业向乡村不断延伸，形成覆盖城乡的现代服务产业体系，尤其是以互联网为主的信息技术创新及从城市向农村的推广应用，使其成为城乡经济融合发展的强大驱动力。

首先，优化产业结构、提高产业层次。城市集聚经济达到一定程度则会因为拥堵效应不断向外扩散，使产业和各类要素加速向农村流动。城乡产业融合还需继续加强城市产业发展，城市地区重点发展现代服务业、高端制造业、高新技术产业、战略性新兴产业，促进虚拟经济和实体经济的融合，充分发挥科技创新及信息化的先导作用，利用好信息技术、网络技术、数字技术以及互联网平台，促使城市产业向乡村地区延伸，推进城乡产业结构优化重组及产业集群化发展。

其次，积极推进城市产业尤其是劳动密集型产业向乡村延伸。努力发展加工、制造、装配、仓储、交通、运输、通信、教育、文化、咨询等产业，积极涉足农业产前、产中、产后领域，加快传统产业技术改造和升级步伐，努力构建城乡一体化的产业链和价值链。产业链是城乡产业融合的载体，城乡产业融合最终要落实到具体产业的某个生产环节上，通过产业链融合可以为城乡产业融合创造更多的选择。同时，由于不同产业链上相关企业之间的合作，又会形成新的生产链，因此也可以为城乡产业在不同生产环节上的融合创造新机会。

最后，借助数字经济促进城乡产业链、价值链深度融合。数字技术具有高渗透性，与城乡第一、二、三产业全面融合，可以催生新业态、新模式与新经济，为城乡产业分工创造新土壤。数字经济通过重塑生产流程、数字网络化平台、挖掘城乡产业长尾市，最终推动实现城乡产业链的融合升级（详见图11-2）。借助数字经济可以实现农村资源优势与城市技术优势、市场优势深刻对接，将农村第一产业发展与城市第二、三产业发展系统结合，横向拓展原本相对孤立的城市和农村产业链，形成一头连接农村、一头连接城市的完整城乡产业链。同时，在城乡产业链深度融合之后，农村能够充分借力城市发展优势，大幅提升自身特色资源价值，并直接参与更多高附加值环节，拥有更大的价值链治理权，最终使价值增量在城乡间更加合理地分配。

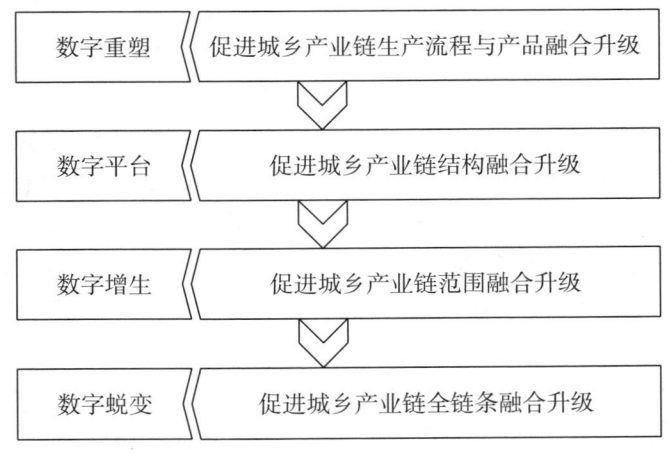

图11-2　数字经济促进城乡产业链深度融合的过程

三、创新培育城乡新产业新业态

随着市场经济发展，城乡产业的纵向前后关联、横向旁侧关联程度日益加强，产业的多功能性不断拓展。例如，农业不仅彰显生产和生活功能，而且拓展出生态保护、文化传承等多种功能，随之而来的是民俗体验、健康养老、科技教育等新产业新业态的不断涌现和集群发展。城乡产业的交叉、渗透和互补使城乡经济紧密融合为有机的整体。应充分挖掘农村生态和文化资源，在大力发展绿色经济的基础上，丰富农村产业的内容，开发田园休闲、生态旅游等新产业，培育民宿经济、农耕体验等新业态，探索农产品个性化定制服务、会展农业和农业众筹等新模式。发展乡村电商、物流、金融、保险等涉农服务业，促进乡村第一、二、三产业融合发展，继续培育壮大集农业生产、食品加工和物流配送、现代文旅为一体的农业全产业链。

首先，培养新型农业主体，大力发展联合经营。新型农业主体发展应明确功能，并且提高农业生产经营者的管理水平，发展多层次的联合经营。在尊重农民意愿的前提下，因地制宜，推动土地经营权有序流转，在坚持家庭承包形式的基础上，创新专业大户经营、农场经营、集体经营、合作经营和企业经营等农村基本经营制度的新实现形式，提高农村生产经营集约化、专业化、组织化和社会化。坚持以城乡市场需求为导向，根据乡村产业发展状况扶持一批农民合作社、家庭农场、专业大户等新型农业经营主体，建设一批带动农民、连接市场、引领发展的农业产业化龙头企业，培育一批质量上乘、科技含量高、市场容量大的特色农产品品牌。

其次，促进农业发展模式的多样性。除了生产功能以外，农业还具有观光、旅游、康养、文化等功能。挖掘农业的多重功能，使农业与餐饮、观光、旅游、文化、健康等产业融合，催生农业发展新业态、新模式，如循环农业、乡村旅游业与"互联网+农业"模式广泛发展。其中循环农业坚持可持续的发展理念，在保护土地与环境的基础上，优化产业结构，提高农业产量。乡村旅游业则是各个乡村根据自己的特色，将农业与旅游、文化、疗养等进行充分的结合，创造具有特色的乡村旅游项目。我国应该全力支持乡村旅游业的发展，通过乡村旅游来促进农村经济的发展。同时，随着互联网在我国广泛普及，与农业相结合可以有效促进农村经济的发展，通过构建现代化的流通体系，来加强农产品的供需交流与商贸之间的合作。

第三节 优化城乡产业空间布局

推动城乡产业融合发展，不是主张城乡产业同质化的发展，而是要求顺应空间经济结构变化趋势，合理布局重大基础设施、重大生产力和公共资源，实现城乡要素禀赋的优化配置。城乡产业融合发展在区域空间上，体现为城市化地区、农产品主产区、生态功能区的协调布局，形成主体功能定位清晰、良性互动、高质量发展的国土空间开发保护格局，形成城乡分工协作、功能错位、空间集约、互惠共兴的一体化产业发展体系和城乡建设体系。因此，有必要将城市和乡村作为一个有机整体，立足资源环境承载能力和发展潜力，统筹未来人口分布、产业布局和国土利用，明确区域功能定位和产业发展重点，从宏观产业政策的制定实施，中观产业集群、产业园区的建设发展，以及微观城乡企业协同创新三个维度同步推进，逐步形成合理的城乡产业空间布局，最终实现城乡的融合共兴。

一、优化城镇体系建设布局

构建布局科学、功能互补、以城带乡、以产促城、产城融合的城镇体系，形成中心城市、卫星城、县城、小城镇和广大乡村分布合理的协调发展局面。一是合理扩大城镇规模，加强城镇基础设施建设，完善的基础设施是城镇产业发展的重要支撑。通过加大投入力度，提升城镇的交通、通信、水利、能源等基础设施建设水平，为城乡产业融合发展提供坚实的基础条件。同时，注重城镇公共服务设施如教育、医疗、文化等的完善，提高城镇的吸引力和承载力，吸引更多的人才和企业入驻。

首先，推动城镇产业转型升级。随着经济的发展和市场的变化，传统的产业结构已经难以适应新的发展需求。因此，在优化城镇体系的过程中，需要积极推动城镇产业的转型升级。通过引进新技术、新工艺和新模式，改造提升传统产业，培育发展新兴产业，形成具有竞争力的现代产业体系。同时，注重发展绿色经济和循环经济，推动城镇产业的可持续发展。

其次，促进城乡产业协同发展。城乡产业融合不是简单的产业转移或集聚，而是要实现城乡产业之间的协同发展。通过加强城乡之间的产业合作与对接，推动上下游的衔接和配套，形成城乡产业优势互补、相互促进的发展格局。同时，鼓励农村发展特色产业和农产品加工业，提高农产品的附加值和市场竞争力，促进农村经济的繁荣和发展。建立城乡产业协同发展平台，促进城乡产业间的信息交流、技术共享和市场对接。鼓励城乡企业开展产业链合作，形成紧密的产业链上下游关系，提升产业整体竞争力。

最后，推动以县域为载体的新型城镇化。作为"乡村之首"，县城是农村经济的"发展极"，具有人才、资金、信息、技术集散和文化服务辐射等多种功能，可以带动农村产业发展和提升农民生活质量；作为"城市之尾"，县城接受大中城市的辐射，并将城市先进的产品、资金、人才、技术、信息等向农村传递，是农产品向城市输送的中转站；要把具有优势条件的县域作为推进城乡经济融合发展的重要着力点和切入点，努力增强县域集聚产业和人口的能力，强化其沟通城乡的载体和连接城乡的"节点"功能。

二、发挥城乡产业融合集聚效应

产业聚集有利于科技创新、节省成本和环境保护，有利于推进新型工业化和新型城镇化。应树立集中集聚集群发展理念，推动城市工业企业向园区（包括工业园区或产业集聚区、高新技术或经济技术开发区、自主创新示范区等）集中，园区向中心城镇集中，中小城镇向乡村过渡。

首先，应根据城市空间聚集和乡村空间分散的特征，以及各自的资源禀赋和区位优势合理布局城乡产业。具体来说，城市可专注于高端制造业、现代服务业等产业，利用城市的科技、人才和资本优势，形成高端产业集聚效应；乡村则可以根据地方特色和资源禀赋，发展农业深加工、乡村旅游、生态农业等产业，实现与城市的错位发展。

其次，围绕主导产业合理安排上下游产业，形成以主导产业为主、以配套产业为辅的产业集群，以实现企业集中布局、产业集群发展、功能集合构建、资源集约利用、经济循环发展的城乡有机融合。积极引导农产品加工等产业向优势产区、优势乡村聚集发展，建设产加销贯通，贸工农一体、一、二、三产业融合发展的农产品加工园区，努力改变原料在乡村、加工在城市的状况，大力发展乡村特色产业园，打造城乡产业融合载体。在人口集中、农业发展基础良好、基础设施比较健全的地区建设城乡产业融合发展示范园区，引导城乡优势生产要素向园区集中，发挥示范园区创新平台、产业融合、核心辐射等功能，深度开发农业资源禀赋，打通乡村上下游产业，打造乡村产业集群。

最后，建立城市和乡村企业联盟或合作机制，打破地理壁垒，共享资源和市场信息，促进城乡产业园区在产业链、供应链、创新链等方面的深度融合，实现产能互补和优势互补。确保联盟或合作机制具有针对性和实效性，城市和乡村企业可以根据各自的产业特点和优势，选择适合的合作领域如农业产业链、旅游业、制造业等；通过多样化的合作方式，包括共同投资、联合研发、技术转让、市场共享等确定合作内容。建立城乡企业产业协作信息共享平台、定期举办合作洽谈会、建立项目合作推进机制等，加强企业间的沟通与交流，推动合作项目的落地实施。

三、推动城乡产业跨区域协作

数字技术为城乡产业协同创新、融合发展提供有力支撑。数字技术以其独特的优势,为城乡产业空间协作提供了强大的动力,有助于打破城乡之间的地理壁垒,形成城乡产业创新合力,并精准对接城乡产业的需求,进而实现城乡产业的深度融合。

首先,数字技术通过其高效的信息传递和处理能力,打破城乡之间的地理壁垒,帮助各类要素在城乡之间自由流动和优化配置。一是农村电子商务的兴起,使得农产品能够直接面向更广阔的市场,不再受限于传统的销售渠道和地理范围。消费者可以随时随地通过网络平台购买到新鲜的农产品,农民也能够通过互联网获取到更多的市场信息,从而调整生产策略。二是远程教育和在线培训,使得城乡之间的教育资源得以共享,城市的优质教育资源可以通过网络传递给农村地区,提升农村教育的质量和水平。同时,农村地区的特色文化和技艺也可以通过网络平台进行传播和推广,促进城乡文化的交流与融合。三是数字技术在交通、物流等领域的应用,也极大地缩短了城乡之间的距离。通过智能交通系统,可以实时掌握城乡之间的交通状况,优化交通路线,提高运输效率。物流行业的数字化升级也使得城乡之间的商品流通更加便捷和高效。

其次,数字技术推动城乡产业在技术创新、产品研发、市场拓展等方面的深度合作,形成创新合力。一是自动化、智能化等先进技术的应用,能够不断优化城乡产业的创新工作。通过云计算、大数据等技术,可以对城乡产业创新过程中的数据进行实时收集、分析和处理,为决策者提供精准的数据支持,加快创新决策的速度和提高其准确性。数字技术还可以减少城乡产业协作中的人工干预,降低创新风险,提高创新效率。二是数字技术为城乡产业协同创新带来了全新的模式和业态。通过应用物联网、人工智能等先进技术,可以推动传统产业的转型升级,创造新的产业价值。数字技术还可以催生一批新兴业态,如智能制造、数字农业、智慧旅游等,为城乡产业协同创新提供更多的发展空间。

最后,数字技术可以通过精准的数据分析和预测,精准对接城乡产业的需求。一是数字技术可以通过大数据分析消费者的购买行为和偏好,为城乡企业提供精准的市场信息和需求预测,使城乡企业能更好地把握市场动态,调整生产策略,满足市场需求。二是数字技术还可以帮助城乡企业实现供应链的优化和协同。通过数字化平台，企业可以实时掌握供应链的运行状况，优化供应链的资源配置和物流安排，提高供应链的响应效率，降低企业的运营成本，提高产品的市场竞争力。三是数字技术还可以促进城乡产业之间的金融服务创新。通过数字化金融平台，可以为城乡企业提供更加便捷和高效的金融服务，如在线贷款、保险、支付等，缓解城乡企业融资难、融资贵的问题，促进城乡产业的健康发展。

第四节 完善城乡产业融合的利益联结机制

农村产业业态、发展主体、治理对象日趋多元，各方利益关系更加错综复杂，引发新一轮的利益生产和分配博弈。① 城乡产业融合的本质是追求产业链整体价值的最大化，从而实现利益链条上各主体利益的最大化，这既是城乡产业融合的初始动力所在，也是参与其中的经营主体分享共同创造价值的目的。

深化城乡产业有机融合、构建新型工农城乡关系，建立产业融合的利益联结机制是关键。要坚持"基在农业、惠在农村、利在农民"原则，坚持农民的主体地位，以延长产业链、提升价值链、完善利益链为关键，以农民合理分享全产业链增值收益、持续增进农民福祉为核心，建立健全紧密型利益联结机制，引导"三产融合"主体之间及其与小农户之间紧密合作，形成风险共担、互惠共赢、包容互促的紧密型经济共同体、利益共同体和命运共同体，实现小农户与现代农业发展有机衔接，推进三产融合长效可持续发展。

一、完善订单协作型利益联结

建立健全订单农业信用体系和订单合同审查备案制度。规范订单格式、内容和签订程序，实施合同审查备案制度，逐步实行合同可追溯管理。将有效的利益联结机制与政策支持相挂钩，鼓励资本、产业化龙头企业与农民合作社、专业大户、家庭农场、普通农户签订保护价收购合同或者高于市场价收购合同，采取按收购量对农户进行利润返还或二次结算等利润分成方式，支持"反

---

① 张凤兵，吴迪：《城乡产业融合：行为逻辑、利益联合与失衡破解》，《当代经济研究》，2023年第6期，第50~61页。

租倒包"等新型农企合作模式,形成稳定、共赢购销关系。支持龙头企业为订单农户协助申请封闭贷款,提供信贷担保和类金融服务,通过资金链强化合同双方利益联结关系。引导新型农业经营主体发挥资本、技术、管理优势,统一安排种养计划、统一供应种药肥(饲料)、统一技术培训、统一植保(防疫)、统一质量标准和包装、统一加工和对外销售等,鼓励采取大田托管方式为农户提供全程农业社会化服务。

鼓励、支持新型农业经营主体与京东、天猫、拼多多等电商平台和专业农产品电商销售平台积极发展"互联网+订单农业"模式,构建农产品生产者与消费者点对点互动的农产品网络订单体系。引导、支持专业大户、家庭农场、农民专业合作社探索实施农产品消费会员制和种养"众筹"模式,直接与特定消费人群建立无缝对接购销合同关系,积极发展分享农业。

二、推广股份合作型利益联结

鼓励有条件的地区开展农村土地和集体资产股份制改革,支持合作社、家庭农场与龙头企业对接,延长乡村产业链条,推广"政府+""龙头企业+农户""合作社+农户""家庭农场+农户"等股份分红和股份合作型利益联结机制,让资源变资产,农民变股东,确权分股到户,保障农民利益。

推动农村集体建设用地、承包地和集体资产确权分股到户。参照重庆等地经验,鼓励地方政府探索发布辖区内农村土地指导价,为农户资产入股提供议价基础。引导龙头企业和农民合作社通过双向入股方式实现利益联结,鼓励专业合作社、家庭农场、种养大户和普通农户以土地、劳务、资金等入股企业,支持企业以资金、技术、品牌等入股领办专业合作社。借鉴安徽宿州经验,探索建立以企业为龙头、家庭农场为基础、农民专业合作社为纽带的股份制、专业化分工的现代农业产业联合体。完善利润分配机制,推广"保底收益+按股分红"分配方式,明确资本参与利润分配比例上限,维护农民利益。

加快推进农村土地"三权分置"与集体产权制度改革,鼓励发展多领域、多种形式股份合作。引导农民以土地经营权入股,改造或者新建土地股份合作社,采取自主经营、内股外租、"自主经营+内股外租"等模式扎实推进土地股份合作。结合农村集体产权制度改革,将村集体"四荒"(荒山、荒沟、荒丘、荒滩)资源性资产和经营性资产折股量化到户,村"两委"牵头成立股份合作经济组织,或由村集体统一经营,或交由龙头企业进行资源开发和产业经营,稳妥推进集体资产股份合作,实现集体资产保值增值。鼓励、支持贫困村将扶贫专项资金折股量化到贫困户，变资金到户为权益到户，或由村股份合作经济组织统一经营，或者投资入股龙头企业，积极发展资金股份合作，创新扶贫模式。鼓励、引导科研院所、科研人员将知识产权、科研成果通过作价入股等方式向农民专业合作社、龙头企业转移转化，探索推进技术股份合作。

三、推动产销联动型利益联结

支持农产品产销双向合作互动，鼓励批发商、零售商与农民合作组织共建规模化、标准化农产品基地，扶持农民成立农产品流通合作组织，并以加盟或入股形式成为大型连锁超市会员，强化"农超对接"利益联结。及时总结推广新业态利益联结模式，鼓励农户和消费者围绕农产品和土地，按照农业众筹方式形成产销利益共同体，探索休闲农业股权众筹等新型利益联结机制。按照"组织、带动、提升、保护"的逻辑思路，将小农户有效纳入社会分工协作体系，把小农生产引入现代农业发展轨道。鼓励小农户与新型农业经营主体和服务主体发展多种形式的联合与合作，提高小农户从事农业生产经营、对接市场的组织化水平。充分发挥新型农业经营主体的引领示范作用，带动小农发展现代农业，共享经济发展成果。帮助、扶持小农户发展农业新产业新业态，提高产品档次和附加值，拓展小农户发展机会和增收空间。加强对资本租赁农户承包地的监管力度，健全资格审查、分级备案、风险保障金制度，保护小农户权益。

四、强化链式利益联结

可借鉴荷兰农业产业链管理经验，依托核心企业，利用价值链、信息链和物流链整合城乡各方利益主体，建立农业技术开发、农产品生产标准体系和上下游连接的质量追溯体系，着力打造纵向和横向产业联盟，鼓励通过交叉持股、联合研发、交互许可、供应商契约等方式结成利益共同体。依托龙头企业或行业协会，联合专业合作社、种养大户和家庭农场设立共同投入基金，专项用于农产品销售推介、品牌运作和出口服务，提升农产品的知名度和市场占有率，实现利益共享。推进官产学研合作，打造政府、企业和研发队伍三方利益联结机制，培育以企业为主导的农业产业技术创新战略联盟，允许农业科研人员以科技成果分享产业融合利益，激发科研人员的创新积极性，推动科技成果的转化和应用。

五、建立风险防范机制

逐步建立产业融合企业社会责任报告制度,企业相关政策支持与利益联结机制直接挂钩,强化企业联农带农激励机制,提升龙头企业社会责任意识,支持龙头企业为土地流转农户提供技能培训、就业岗位和社会保障。鼓励成立农业风险咨询公司,建设农业产业链风险管理信息系统,设立政府作为出资主体和企业、专业合作组织和其他主体为补充的农业风险基金,统筹用于土地流转、涉农贷款等风险防范。发挥农产品期货、期权等金融衍生品风险规避作用,补助地方建立本地化农业保险新品种。深入开展群众性创建农村诚信工程活动,完善农村各类经营主体信用评估,实施守信奖惩机制,采用表彰、奖励和乡土文化宣传等方式,努力培育农村各类经营主体"守约光荣、违约可耻"的契约意识,加强流通合同、订单合同等的履约监督,建立健全纠纷调解仲裁体系,设置涉农产业违约案件的民事诉讼简易程序,支持各经营主体依法维护契约权威。

引导龙头企业强化社会责任意识,建立健全龙头企业社会责任报告制度,加强社会责任信息披露制度建设。增强龙头企业支持政策与利益联结机制之间的挂钩程度,创新龙头企业联农、助农、带农的激励机制。鼓励龙头企业优先聘用土地流出农民,为其提供技能培训、就业岗位和社会保障。建立健全资本租赁农地审查制度、分级备案制度和退出制度,明确、严格执行租赁农地面积上限控制,完善动态监管制度,加强事中事后监管,规范资本租赁农地行为。探索建立农地租赁租金预付、土地流转风险补助等风险保障金制度,防范承包农户权益受损及其他违法违规行为。加强"三产融合"中订单合同、土地经营权流转合同、土地经营权融资担保合同等的履约监督,建立健全订单和土地流转纠纷的调解仲裁体系。

第十二章 推进城乡公共设施和基层治理全域协同

第一节　公共设施和基层治理全域协同促进城乡融合的作用机制

城市与乡村在资源禀赋、制度规划、基础设施、公共服务等领域存在差异，其中对乡村发展制约较大的为基础设施和公共服务两大因素。城乡通过协调发展基础设施和有序构建公共服务体系，缩小其差距，有助于加快城乡要素流动、促进城乡要素和消费市场趋向一体化，推动城乡由分割走向融合。

一、基础设施互联互通紧密城乡空间

（一）促进资源优化配置

农村路网建设，将城市和农村及农村之间紧密地连接在一起，其具有里程短、数量大、标准低等特点，却承担了农村地区主要的交通出行量，犹如交通路网的"毛细血管"，是高速、国省道等交通主动脉必不可少的分支。通畅整洁的农村公路大大缩短了城乡的时空距离，农村交通网络的形成，为城乡互联互通搭建了广阔的平台，激活和创新了生产要素，促进了新型城镇化建设。[①]总之，各项基础设施互联互通可以促进资源的互补共享，打破城乡二元结构，实现资源、产业、人才等要素的有机流动和双向互动，实现城市和乡村资源的优化配置。比如，城市的技术和资金可以支持农村基础设施建设，乡村的土地和劳动力可以为城市提供服务和产品。基础设施互联互通可以减少城乡资源的浪费，避免重复建设和资源闲置，提高资源利用效率。

（二）促进产业融合发展

推进城乡产业空间一体化，必须优化城镇体系、居民点等点状设施和交通、信息体系等设施布局。完善农村基础设施网络，建设一体化的城乡公共交通体系，建立覆盖村级单位的农村物流网络，完善农村水电气等能源设施，建设全覆盖的信息基础设施，推进水利设施建设，从而夯实城乡空间融合的物质

[①] 卢晓伟：《农村公路对区域发展的助推作用》，《现代经济信息》，2019年第13期，第474~475页。

载体，为城乡之间更为高效的要素流动和产业协作打下良好基础。总之，城乡基础设施互联互通可以促进城乡人才交流，有利于知识和技术的传播，推动人才培养和社会发展。促进城乡产业的互补发展，实现产业结构的优化和升级。城市的市场和技术优势可以带动乡村产业发展，乡村的农产品和特色产业也可以为城市提供补充，可以扩大城乡市场的规模，促进商品和服务的流通，激发经济增长潜力。

二、公共服务普惠共享推动城乡共同富裕

基本公共服务事关人民切身利益和社会公平正义，要构建城乡公共资源均衡配置机制，强化农村基本公共服务供给统筹，逐步实现城乡标准统一、制度并轨。① 其中，社保制度对保障城乡居民基本生活、调节社会收入分配具有重要作用，必须完善城乡统一的居民基本医疗保险、大病保险、基本养老保险制度，推进低保制度的城乡统筹，以及统一人身损害赔偿的城乡标准。② 以缩小城乡间、区域间、人群间的基本公共服务差距为方向，推动公共服务资源合理布局、优化配置，制定实施基本公共服务标准，加快补齐基本公共服务短板，适当调整基本公共服务范围，切实减轻居民生活负担。

（一）构筑良好发展环境推动城乡要素有序流动

我国社会发展进入新时代后，由农村发展不充分而导致的城乡发展不平衡成为我国当前和今后一段时间需要解决的重点问题。城乡基本公共服务均等化取得了一定成效，但基本公共服务标准差距依然较大，其中教育、卫生发展不均衡是主要短板。例如，农村义务教育资金投入不足，教育配套基础设施落后；城乡教师资源配置不均衡，农村教师数量不足且质量不高，年轻教师数量少，教师低学历比重偏大，并且优秀师资流失严重，导致城乡教育资源差距大。农村医疗卫生资源缺乏，公共卫生体系薄弱，财政投入少，人员、技术老化，缺乏高素质医疗卫生服务人员，导致城乡基本公共卫生服务不均等。基本公共服务是农村发展的重要组成部分，与经济、政治等其他方面相辅相成，提升乡村公共服务设施建设，能够为城乡要素有序流动，特别是城市先进生产要素出城入乡提供良好环境。为此，需要推动公共服务向农村延伸、社会事业向

---

① 《中共中央 国务院关于全面推进乡村振兴加快农业农村现代化的意见》，《人民日报》，2021年02月22日。

② 胡祖才：《城乡融合发展的新图景》，《求是》，2019年第14期，第49~55页。

农村覆盖、健全全民覆盖、普惠共享、城乡一体的基本公共服务体系，推进城乡基本公共服务的标准统一、制度并轨，推进城乡基本公共服务普惠共享，进而促进城乡要素双向流动。

（二）筑牢民生底线推动城乡共同富裕

共同富裕的实现需要具有坚实的物质基础，发展成果应由全体人民共享。要以多渠道增加农民收入为关键，通过城乡融合发展持续提升农村居民的获得感、幸福感、安全感。其中，基本公共服务是人民群众最关心、最直接、最现实的民生福祉，也是民生保障的最低标准。[①] 进一步说，城乡基本公共服务普惠共享是对初次分配过程中产生差距的调整，是保障民生、实现共同富裕的重要举措，直接体现了"以人民为中心"的发展思想，是回应人民对幸福生活期待的重要表现，是社会主义本质的应有之义。因此，要推进城乡教育、医疗、文化、社保等基本公共服务走向标准统一、制度并轨，统筹县镇村三级医疗卫生服务资源配置，推动城乡优质医疗资源均衡共享发展，完善农业转移人口享有与城镇居民平等的基本公共服务机制，着力缩小城乡发展差距，使农民可以共同享有社会发展成果。

（三）化解城乡社会矛盾巩固发展稳定格局

推进城乡基本公共服务普惠共享对于解决社会主要矛盾具有重要作用。面对新时代社会主要矛盾的变化和人民不断提高的对美好生活的需要，应着力解决社会主义现代化建设中不平衡和不充分的问题，以促进社会主要矛盾的解决。因此，要统筹谋划城乡人口、产业、公共服务、基础设施、生态环境、社会管理等，改变城乡脱节规划和区域分割的制度，推进城乡基本公共服务普惠共享，建设更多优质的农村学校，提升教学设施和教学质量，提高农村教师待遇，通过远程教育、网络教育等方式，让城市优质教育资源延伸到农村地区；利用信息技术手段，实现城市医疗资源向农村的延伸，提高农村医疗卫生服务水平，不断提升农村基本公共服务水平；不断扩大基本公共服务的覆盖范围，回应人民美好生活期待、促进农村发展。

综合上述，城乡基本公共服务的普惠共享能够为推动城乡要素有序流动构筑良好发展环境，为乡村振兴和城乡共同富裕筑牢民生底线，能够化解城乡社会矛盾，稳定发展格局，从而形成其促进城乡融合共兴的作用机理（详见图12-1）。

[①] 韩喜平，孙贺：《共享发展理念的民生价值》，《红旗文稿》，2016年第2期，第15~18页。

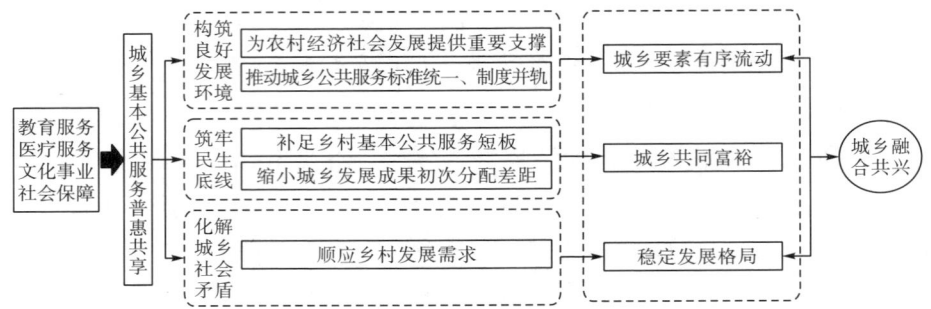

图 12-1 基本公共服务普惠共享促进城乡融合共兴的作用机制

三、基层治理一体化强化城乡组织体系

(一) 完善组织架构健全以党组织为核心的组织体系

党代表最广大人民的根本利益，最能在总揽全局中平衡不同区域、不同行业、不同部门、不同群体之间的利益关系。完善组织架构，健全以党组织为核心的组织体系，将进一步提升基层党组织的战斗力以及服务能力。特别是党组织作为公共利益的代表，凝聚了一切可以调动的力量，有助于获得群众的信任和支持，释放社会活力，建立政府与社会、市场的互动平台及机制，充分依托群团组织、各类社会组织参与社会治理及公共服务的组织体系，集中力量解决基层治理中的"疑难杂症"。应加强以党组织为核心的村级组织配套建设，健全"五位一体"组织体系和治理架构，确保农村各类组织在党组织统一领导下依法开展工作、健康发展。应加强农村基层党组织的"带头人"队伍建设，实施村党组织书记县级备案管理，加大从本村致富能手、外出务工经商人员、本乡本土大学毕业生、复员退伍军人中培养选拔基层党组织成员的力度。推进村党组织书记通过法定程序担任村委会主任，担任农村集体经济组织、农民专业合作社负责人，实行村"两委"班子交叉任职。[①]

(二) 创新制度安排激发社会发展活力和协同能力

通过有效的制度设计与机制创新，提升基层党组织在群众中的影响力和号召力。加快修订完善相关法律法规，提高基层干部群众用法治思维和法治方式解决社会问题、化解社会矛盾、维护社会秩序的能力。健全基层依法治理制度

---

① 张志晓:《不断健全党组织领导下的乡村治理体系》,《共产党员（河北）》,2023年第3期,第49页。

体系和群众自治制度体系，依法保障居民参与选举的权利、表达需求的权利、维护利益的权利，推进基层民主的制度化、规范化、程序化，更好保障人民群众各方面权益，让全体人民依法平等享有权利和履行义务，使各种社会活动、居民的公共参与在法律和秩序的框架内进行。健全守正创新的德治制度体系，提高基层德治的含量，将最大限度激发社会发展活力和协同能力。

（三）健全运行机制营造全民参与治理的良好氛围

公众参与是基层治理的基础，要求改革和完善社会事务的公共决策机制，确保社会治理成效人民参与、过程人民评判、结果人民共享。在城乡基层治理的政策制定与执行中充分体现党的意志，进一步完善居民参与公共生活的决策机制。创新村民议事形式，完善议事决策主体和程序，落实群众知情权和决策权，广泛吸纳人民群众的意见建议，回应人民关切，形成民事民议、民事民办、民事民管的多层次基层协商格局，确保各项工作规范运行、有序有效。

综合上述，城乡基层治理体系全域协同就是通过完善组织架构健全以党组织为核心的组织体系、创新制度安排激发社会发展活力和协同能力、健全运行机制营造全民参与治理的良好氛围，为城乡融合共兴、社会和谐稳定发展提供制度保障，从而形成其促进城乡融合共兴的作用机制（详见图12-2）。

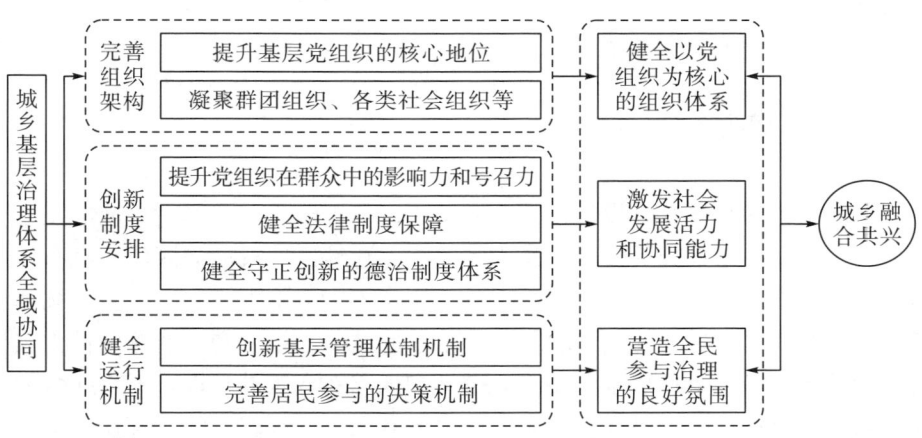

图12-2　城乡基层治理体系全域协同推动城乡融合共兴的作用机制

第二节　城乡基础设施全方位一体化的着力点

一、交通基础设施

深入实施县乡道改善提升工程和撤并建制村畅通工程，加快推进"四好农村路"建设，结合各地产业、旅游等发展需求，统筹抓好"建、管、养、运"，建成外通内联、结构合理、安全便捷、层次分明的公路网络，进一步缩短城乡融合发展时空距离。完善农村基础设施网络，推进城乡客运服务一体化，实现具备条件的建制村客运全面覆盖；建立覆盖村级单位的农村物流网络，加快建设以村为单位的物流快递收发货点，使农村地区物流更便捷。[①] 高效率的公共交通体系是城乡一体的空间结构的重要内涵，是城乡空间融合的物质载体。公共交通体系的一体化是城市、郊区和乡村交通规划的一体化，是不同交通方式基础设施综合布局的一体化。科学合理的公共交通体系，能为城乡之间更为高效的分工协作打下良好基础。[②]

二、能源基础设施

目前城市的能源基础设施已较为完善，所以现阶段能源基础设施的完善重点在农村地区，水电力的发展直接影响整个农村地区的发展。因地制宜布局天然气、成品油储备库，科学布局并推进 LNG、CNG 加气站建设；优化城镇燃气管网，推动城镇燃气管网向农村延伸；水电站、火电站和光能发电作为农村发电的重要途径，要保障水电站、火电站和太阳能光板的建设，不仅在数量上要提高，更要在技术上创新，提高发电量的利用率，以较少的资源换取更多的能源。能源基础设施的完善将会带动农村经济的快速发展，所以财政资金应该在此方面加大支持，建立全面且高效的能源基础设施。另外，天然气的普及在

---

① 何永芳等：《新时代城乡融合发展问题与路径》，《西南民族大学学报（人文社科版）》，2020年第7期，第186～190页。

② 杨桓：《空间融合：城乡一体化的新视角》，《社会主义研究》，2014年第1期，第120～125页。

保护农村环境方面也起着重要的作用，要建设全面的天然气地下管道，调动城市的丰富资源，节约在运输方面的费用且提高运输中的有效率，使农村居民能有条件且有能力用上天然气。

三、信息基础设施

加快数字经济设施一体化建设。以乡村振兴战略为背景，通过财政投资等方式不断补齐农村基础设施发展的短板，逐步实现大城市与郊区、县城与乡镇、乡镇与行政村在生产性、生活性、生态环境性和社会发展性基础设施方面的互联互通和提质增效。同时以"新基建"为抓手，加快推动农村5G基础设施和应用场景的建设，建立农业农村大数据中心，实现农业生产和农民生活的数字化改造。通过发挥数字技术的互联互通性以及平台经济的链接效应，建设城乡一体的就业、教育、医疗、住房、社会保障等公共服务体系，重点是通过政府公共服务大数据中心和平台的建设，让城乡居民共享优质的公共服务资源。①

四、水利基础设施

在水利基础设施建设上，扎实做好新建大型灌区、重点水源和重要蓄滞洪区等重大水利工程前期论证，以推进重大水利工程建设。形成多渠道融资格局，地方政府财政部门应设立水利工程建设专项资金，共同助力水利基础设施的完善。对于农村水能资源丰富的贫困地区，组织开展农村水电扶贫工程建设，促进贫困地区发展，保护生态环境。通过农村水利工程产权制度改革，开展农村水利设施清产核资，把相关水利设施量化为村级组织和农民群众资产，让农民享受相关产业发展增值收益。② 打造高效节水灌溉项目，将任务直接分解到各部门、各市县，省、市、县建立由水利部门牵头的联席会议和联络员制度，实现节水灌溉数据共享。③ 引入专业人才，针对水利基础设施定时定点管

---

① 谢璐，韩文龙：《数字技术和数字经济助力城乡融合发展的理论逻辑与实现路径》，《农业经济问题》，2022年第11期，第96～105页。
② 中华人民共和国水利部：《关于做好乡村振兴战略规划水利工作的指导意见》，《中华人民共和国水利部公报》，2019年第3期，第1～4页。
③ 赵拥军：《加强农村水利基础设施建设 服务保障全面建成小康社会》，《河北水利》，2019年第1期，第24～25页。

理，或者是在防汛抗旱、水源保护等方面开展培训，以保证农村水利应对灾害能力。

第三节 城乡基本公共服务普惠共享的着力点

考虑到城乡人口的动态变化，应按照调整增量、优化存量的原则，以常住人口人均占有量为标准，建立健全基本公共服务标准体系，规范各级政府支出责任分担方式，推进城乡区域基本公共服务制度统一，促进各地区各部门基本公共服务质量水平有效衔接，以标准化手段优化资源配置、规范服务流程、提升服务质量、明确权责关系、创新治理方式，确保基本公共服务覆盖全民、兜住底线、均等享有，使人民获得感、幸福感、安全感更加充实、更有保障、更可持续。

一、优化城乡教育资源配置

习近平指出："教育对提高人民综合素质、促进人的全面发展、增强中华民族创造创新活力、实现中华民族伟大复兴具有决定性的意义。"[①] 党的十八大以来，国家深化教育领域综合改革，十八届三中全会更是明确了教育改革的攻坚方向和重点举措，要求促进每一个学生终身发展，不断满足人民群众对优质多样教育资源日益增长的需求。

（一）促进城乡教育资源均衡配置

当前，在新型城镇化和县域城乡融合加快推进的过程中，部分地区乡村人口已逐步减少，需要基于已经投入使用的学生学籍系统和当地的出生率信息，对学龄人口的总体数量、迁入迁出数量、变化趋势等进行统计分析，并据此对教育资源的配置、教育布局结构的调整进行预判与科学规划。一是分类推进县域城乡教育优质均衡发展。既要合理有序推进部分优质均衡基础较好的区县率先通过国家优质均衡发展督导检查，又要将部分薄弱区县作为重中之重，提前部署、优先保障。省市级政府要强化对学校特色发展的重视程度，区县政府要

---

① 《习近平在全国教育大会上强调　坚持中国特色社会主义教育发展道路　培养德智体美劳全面发展的社会主义建设者和接班人》，《光明日报》，2018年9月11日。

统筹规划，充分发挥高校、教科研机构的智囊作用，丰富学校特色发展的理论体系，指导中小学校结合自身实际挖掘特色办学资源，努力形成"一校一品"的特色办学格局。二是优化乡村教师队伍。依据本地人口出生及流动情况，以学校为单位而不是以区域（市、县、区）为单位精准核定教师编制，定期核算城乡各级各科教师编制的数量，确定教师编制的增减情况。三是进一步加大义务教育财政投入。落实教育经费"三个增长、两个提高"的法定要求，要优先支持义务教育发展建设，实施差别化财政投入政策，适当向农村地区倾斜，针对农村薄弱地区加大中央政府、省级政府财政转移支付力度，减轻薄弱地区的资金压力。[①]

（二）发挥数字化技术联动作用

以数字化为杠杆，撬动教育整体变革，为缩小城乡教育差距提供有效路径。完善义务教育信息化的长效投入机制，设立专项资金用于推动义务教育信息化标准建设，实现城乡信息化教学设备全覆盖、网络全接入，加快数字校园建设。通过提供多样化的教学媒介与创设网络学习环境为乡村学生提供更多自主学习的空间，以便其获得更多有价值的知识。建设数字化乡村学习服务体系，由各级政府牵头，联合高校、城乡中小学校、企业共建优质教育资源，共享平台、运行机制等，进一步加强跨学科、跨学校、跨区域的教育合作，构建共享、共培、共育的区域联动共同体，实现城乡优质教育资源的共建共享。加快建设城乡帮扶网校，探索将区域内的城区中心学校与其附近的一至三所农村学校组成帮扶联盟，以信息技术为手段对农村学校实施教学帮扶，发挥联盟中城区中心学校的辐射作用。其中，城镇优质学校借助数字技术将名师课堂送到乡村学校，通过"云端互联学校""云端送教""云端教研"以及"云端会客厅"等智能教育资源，帮助开发乡村学校的特色实践课程。

二、提高城乡医疗卫生保障水平

（一）推动全民医疗保障体系建设

统筹规划、合理配置基本医疗卫生资源，改善城乡医疗卫生条件，提供公平的基本医疗卫生服务。逐步提高城乡医疗资源配置与服务的均衡性，不断提

[①] 李毅等：《城乡义务教育优质资源配置效率的问题及对策——基于DEA-Malmquist模型》，《中国教育学刊》，2021年第1期，第60~65页。

升乡村重大疾病防控、救治和应急处置能力，进一步增强乡村医疗卫生服务公平性、可及性和优质服务供给能力。按照"合理布局、方便就医、资源共享、高效利用"的原则，将医疗卫生发展规划与城乡发展规划、产业布局计划、土地利用规划以及基层建设规划等有机地结合。对现有医疗卫生资源进行重新定位和整合，合理引导城市现有的基本医疗卫生资源向农村辐射、向基层下沉，推进城市医联体与县域医共体建设，优化城市区域网格化布局，推动市级医院、区级医院、社区卫生服务机构、护理院、专业康复机构等联合发展。同时，以县级医院为核心，融合其他县级医疗卫生机构及乡镇卫生院、社区卫生服务中心等，共同构建以县域为单位的医共体，优化医疗卫生资源配置，提升县域医疗卫生资源的有效利用率，实现城乡基本医疗卫生资源的共享。

（二）提升基层医疗卫生服务保障能力

引入市场机制，优化社会办医的政策条件，支持社会力量参与到医疗联合体的建设，形成医疗卫生服务提供的多元主体格局。加强医疗卫生人才队伍的建设，深入实施医疗卫生对口帮扶，建立远程医疗、巡回医疗协作关系，开展教育医疗研讨和培训；推动卫生健康人才队伍增量提质，建立覆盖城乡的基本医疗卫生制度，推进"互联网＋医疗健康"发展，加快乡镇医疗卫生机构标准化建设，推动城乡公共服务逐步实现优质均衡发展，有效提升人民群众健康水平。基于城乡经济与社会发展的不平衡，通过一般性转移支付向对农村和贫困地区倾斜，促进城乡间、地区间协调发展，缩小城乡差距。可以采取纵向转移为主，纵横交错的转移支付方式，弥补中央财力的不足，完善医疗卫生服务对口支援制度，加快城乡协调发展。

（三）提高基层服务信息化效能

建立区域统一的信息化平台，探索公共卫生服务资金和地方政府投入相结合的方式，实现居民健康档案、慢病管理等信息共享，尊重居民群众各类信息的隐私权，加强对基层卫生健康信息的安全管理。搭建远程医疗信息平台，以城市医联体、县域医共体龙头医院为依托，通过远程医疗服务网络支持基层开展预约诊疗、双向转诊和远程医疗等服务。

三、创新服务城乡文化事业

提高城乡文化资源整合能力，坚持"一村一品"原则，打造特色品牌文化资源，有助于拓宽农村文化资源开发渠道，提升自身文化资源软实力，提高文化资源利用率,夯实城乡文化资源共享的基石。

(一)完善"政府主导、社会参与"文体服务模式

充分发挥政府在城乡公共文化设施建设中的主导地位,建立有效的管理运行机制,明确所有权与经营权,建立城乡文化设施同等共享的机制。鼓励社会资本兴办具有公益性质的读书社、文体俱乐部、群众文体团队、社区文体服务组织、民间文体协会等,直接面向社会公众提供公益文体服务。积极培育和扶持民间组织、行业组织、志愿团体、社会义工等社会化服务组织,逐步构建政府、非政府社会组织、企业相互结合的公共服务体系,扩大群众对文体服务的选择空间。积极探索公共文体设施托管制度,建立完善公共文体场馆管理运营的理事会制度,引导和规范民间组织、行业组织、志愿团体、社会义工等社会化服务组织良性发展。通过引入社会力量提高文体管理水平和服务效益,使群众得到更高水平的公共文体服务。

(二)强化城乡文化服务要素支撑

建立城乡文化服务人才交流机制,实现城乡人力资源共享,重点组建扶持农村文化队伍,培养一批农村文化带头人,建设一套吸引人才、鼓励人才、留住人才的管理制度和激励制度。有序推进"智慧乡村"与"智慧城市"建设,搭建一体化的"互联网+公共文化服务"平台,完善图书馆、图书流动站点和数字化图书服务等公共文化载体布局。鼓励社会资金投入公共文化设施建设,积极采取政府与社会资本合作、特许经营等模式,建立和完善政府主导,企业团体、文化事业单位参与的多元化投入机制。

(三)创新文体服务方式

建立文化服务定制配送机制,按照"建立服务内容目录菜单,畅通群众需求诉求渠道,搭建服务定制工作平台,按需供给公共文化服务"的要求建立服务定制配送机制,与政府采购公共文化服务联动运行,以紧贴群众需求服务为核心,根据不同人群文化需求有针对性地组织开展公共文化服务。营建要素互补、深度融合的文化产业经营模式。以服务承载力为标准将公共文化服务设施划分为适合农村、城乡结合部及城市的三类文化设施,各层级文化设施服务设施适应其所在的文化需求区域。

四、提高城乡社会保障托底水平

党的十九大报告对我国社会保障制度体系建设提出了"覆盖全民、城乡统

筹、权责清晰、保障适度、可持续、多层次"六大原则,为进一步加强社会保障体系提供了根本遵循。

(一) 优化基本养老保险制度

将现行职工养老保险制度中的基础养老金部分调整为国民基础养老金制度,并积极推进国民基础养老金全国统筹;将城乡居民养老保险制度中的基础养老金改造为面向特定群体的最低养老金担保;在最低养老金和国民基础养老金之间要建立通道,确保国民基础养老金不低于最低养老金水平。同时,加快推进企业年金、职业年金、个人养老金等多层次养老保险制度建设。[①] 当前,随着一系列打破城乡分割的政策出台,区域分割开始成为建立全国统一的养老保险制度的主要障碍,在推行优惠政策的前提下,应进一步因地制宜、精准施策,把推进养老保险全国统筹和考虑地区经济社会条件差异结合起来,逐步实现全覆盖、多层次、保适度、可持续的目标。

(二) 构建全民健康保障体系

整合现有城镇职工医疗保险和城乡居民医疗保险制度,构建城乡一体化基本医疗保险制度体系,是实现公平享有基本医疗保险权益、增进民生福祉的必然要求。构建全生命周期健康管理体系能够帮助老年人增强健康意识和提升健康素养,有效预防各种疾病及身体损伤,降低疾病患病率,保障老年人的身体健康。应贯彻落实"十四五"全民健康信息化规划,统筹推动全民健康信息平台建设,鼓励地方结合实际,探索多种方式,采取"国家和省两级部署,国家、省、市、县四级应用"总体框架,全方位提升卫生健康信息化基础设施水平。但是,城乡一体化的基本医疗保险制度的建立是一个动态发展的过程,要全面考虑医疗服务需求、筹资能力与医疗成本可负担性等因素的影响,有效解决医疗保险制度所面临的不平衡和不充分的问题,为建设健康中国发挥制度应有的作用。

(三) 完善社会救助制度

应做好分层分类社会救助工作。在"扎实做好基本生活救助"部分,低保边缘家庭中的重度残疾人、重病患者等特殊困难人员可单独纳入最低生活保障范围;对参照"单人户"纳入低保的成年无业重度残疾人等其他特殊困难人员,给予相应的基本生活救助。在"完善专项社会救助"部分,推出一系列新

---

① 刘德浩:《我国城乡社会保障制度的发展与演进——从"城乡二元"走向"城乡融合"》,《中国劳动》,2020年第3期,第56~69页。

政策，将专项救助对象范围扩大到全体低收入人口，并且根据实际情况对不同对象享受待遇的水平作出细分，体现"分层分类"的原则。① 在"加强急难社会救助"部分，强调取消户籍地、居住地申请限制，并且规定先行救助原则，从而进一步增强"救急难"功能，便于及时有效化解困难群众急难愁盼问题。在"积极发展服务类社会救助"部分，重点强调对低收入人口中生活不能自理的老年人、未成年人、残疾人等提供必要的访视、照料服务，积极开展社会工作服务。鼓励有条件的地方将原来仅限于低保对象和特困人员的困难残疾人生活补贴、残疾儿童康复救助、困难重度残疾人家庭无障碍改造等帮扶措施延伸至低保边缘家庭成员等，从而进一步扩大社会救助内容和对象人群。在"鼓励开展慈善帮扶"部分，再次强调促进社会力量参与社会救助，面向低收入人口开展慈善帮扶活动，并重点强调建立政府救助与慈善帮扶衔接机制。这对于优化社会救助资源供给、提高社会救助资源使用效益具有重要意义。

第四节　城乡基层治理体系全域协同的着力点

社会治理是一个国家发展经济和社会资源过程中实施管理的方式，同时也是一国制定和实施决策的过程。党的十八大以来，我国社会治理从理念思路、体制机制到方法手段不断发展创新，彰显了中国特色社会治理的巨大优势和显著效能。党的十九大提出要"完善党委领导、政府负责、社会协同、公众参与、法治保障的社会治理体制"②。中国特色城乡融合社会治理体系最本质的特征是中国共产党的领导，核心机制是共建共治共享机制，即充分发挥基层党组织总揽全局的领导核心作用，广泛动员市场主体和社会各方主体平等协商、共同参与、合作互动。③ 乡村治理是国家治理的重要方面，完善乡村治理可以通过健全资金投入、法律监管和需求表达等各项制度，不断提高治理水平，④

---

① 《国务院办公厅转发民政部等单位〈关于加强低收入人口动态监测做好分层分类社会救助工作的意见〉的通知》，《中华人民共和国国务院公报》，2023年第31期，第19~23页.
② 习近平：《决胜全面建成小康社会 夺取新时代中国特色社会主义伟大胜利——在中国共产党第十九次全国代表大会上的报告》，《人民日报》，2017年10月28日。
③ 袁莉：《基于系统观的中国特色城乡融合发展》，《农村经济》，2020年第12期，第1~8页。
④ 《中共中央关于坚持和完善中国特色社会主义制度　推进国家治理体系和治理能力现代化若干重大问题的决定》，北京：人民出版社，2019年。

为城乡融合共兴、社会和谐稳定发展提供制度保障。

一、增强基层党组织的坚强战斗堡垒作用

坚实推动基层党组织全面进步，强化基层党组织战斗力，把基层党组织建成坚强战斗堡垒。

（一）推动基层党组织全面进步

充分发挥农村基层党组织领导作用，增强政治功能、提升组织力。强化思想理论教育，充分利用新型信息传播手段，教育引导广大基层党员干部坚定理想信念，牢记党的宗旨，加强基层党员教育、管理、监督，教育引导广大党员自觉用习近平新时代中国特色社会主义思想武装头脑，大力整顿软弱涣散的基层党组织，推动基层党组织全面进步全面过硬。

（二）严格落实各级党委党建主体责任

推动全面从严治党向纵深发展、向基层延伸，严格落实各级党委尤其是市级党委主体责任，进一步压实市镇乡纪委监督责任，将抓党建促乡村振兴情况作为每年基层党建述职评议考核的重要内容，同时纳入巡视、巡察工作内容，作为领导班子综合评价和选拔任用领导干部的重要依据。

（三）建立基层党员干部定期培训制度

建立党员定期培训制度，着力提高党员队伍整体素质，树立优秀农村基层干部典型。加强基层干部教育培养机制，制定村干部任期培训计划，依托县乡党校每年开展一次轮训，鼓励村干部通过自学考试、函授教育等多种途径提升学历，增强履职能力。建立村干部任职档案，注重从农村致富带头人、返乡大学生、复员退伍军人中选拔村干部，加大在青年农民中发展党员的力度，为基层党组织及时补充新鲜血液。健全激励村干部干事创业机制，完善村干部考核奖励机制，建立村级集体经济发展与村干部报酬相挂钩的激励机制，根据集体经济增收情况按比例增加村干部基本报酬，激励其干事创业动力。

（四）加强社会组织党组织建设

加大在青年农民、外出务工人员、妇女中发展党员的力度，通过党员骨干创办领办等方式，培育文化服务类、社会公益类社会组织，通过"网格化"服务平台、"流动党员服务站"等，以"菜单式"定制、延时预约、"组团"联合等形式向群众送服务，建立党员"晒单"、群众"签单"、代表"打分"的服务质量评议机制。

二、探索创新基层治理体系的制度安排

（一）加强基层政权建设

基层政权建设是夯实基层政权的核心工作，应从职能转变、组织架构等多方面全方位加强基层政权建设。一是加快推进镇街职能转变。编制镇街权力清单和责任清单，强化镇街统筹社区发展、组织公共服务、实施综合管理、优化营商环境、维护社区平安等职能，探索取消对镇街的经济考核指标。二是优化镇街组织架构。统筹设置事业机构，科学配置人员编制和领导职数，坚持以产业功能区为主体推动乡镇撤并等城乡行政管理体制改革，加快构建"两级政府三级管理"体制，构建简约高效的基层管理体制。三是加强镇街领导班子建设。根据能力素质、阅历经验等，有计划地选派上级机关部门有发展潜力的年轻干部到乡镇任职。优化领导班子的知识结构、专业结构和年龄结构，有计划地组织乡镇领导班子成员继续深造，加强在职教育学习，加大专题培训力度，提高班子成员专业化水平和能力，加大从优秀选调生、乡镇事业编制人员、优秀村干部、"一村一大"中选拔乡镇领导班子成员力度，着力选拔、培养一批熟悉现代农业、乡村旅游、城镇建设、基层治理等方面的乡镇领导干部。四是推动乡村治理重心下移。优化"诉源治理"机制，将生态环境、市场监管、行政执法、信访等工作整合，建立多部门联动的快速响应机制。

（二）健全法律监督制度

法治是社会治理的最优模式，法治保障就是要把社会治理纳入法制化轨道，运用法治思维及法治方式解决社会问题，培育全社会的法治信仰。[①] 要加快修订完善相关法律法规，为基层群众自治组织依法履职提供明确法律依据。提高基层干部群众用法治思维和法治方式解决社会问题，化解社会矛盾，维护社会秩序的能力。积极探索新时代"枫桥经验"的升级版和"市域社会治理"的创新版，努力将矛盾防治在源头、化解在基层。严禁基层治理中违法凌人等现象，充分发挥农民和社会团体等监督作用，充分利用互联网、大数据的优势，对基层治理进行动态监管，深化"阳光问廉"，拓宽群众参与监督渠道，调动群众参与村（居）务监督工作的积极性主动性，努力让基层群众在每一部法律法规的制订中都能感受到公民的尊严，在每一次执法行为中都能看得到程

[①] 胡于凝：《加快推进社会治理体系建设》，《中国社会科学报》，2020年12月2日。

序的正义,在每一件司法审判中都能感受到制度的力量。

(三)健全德治制度保障

在现代市场经济为背景的社会中,提高乡村德治水平,积极引导传统优秀乡村文化的发展,打造富有内涵的乡村本土文化。以社会主义核心价值观为依托,形成具有区域性的乡村道德治理标准,提高村民的道德水平,培育居民向上向善向美的社会风尚,为乡村社会的经济发展注入新的生机。积极践行社会主义核心价值观,乡土社会一直是优秀中华文化的重要载体,推动乡村文化的振兴,需要加强乡村思想道德建设和公共文化建设。以社会主义核心价值观为领导,挖掘传统优秀农耕文化中的人文精神、道德规范,培养文化人才,弘扬社会主义主旋律,需以劳动人物或红色历史文化人物等为依托,打造乡村社会的精神食粮。建立健全社会道德评议机制和居民社会信用征信机制。激励城乡居民自觉约束社会行为,遵守社会秩序,恪守社会信用。

三、建立健全基层治理体系的运行机制

(一)创新基层管理制度

全面健全基层管理制度,助力基层政权夯实。推动行政执法和政务服务重心下沉,做好乡镇行政区划调整改革"后半篇文章",把"两项改革"成果转化为发展红利和治理实效。加快推动与治理相关的资源进一步下沉到乡镇和村,强化乡镇的管理服务职能,整合审批、服务、执法等方面力量,充实集体资产管理、民生保障、社会服务等工作力量。建好"一站式"服务大厅,打造集党务、政务、村务、商务、服务于一体的综合服务阵地,使公共服务供给与人民群众个性化、差异化、多样化需求相匹配。提升乡村智能化治理水平,推动镇街政务服务事项一窗式办理、部门信息系统一平台整合、社会服务管理大数据一口径汇集,不断提高乡村治理智能化水平。建立健全监督考评体系,健全监督体系,规范镇街管理行为,改革创新考评体系,强化以群众满意度为重点的考核导向。

(二)健全农村基层服务机制

全面推进农村基层服务运行机制,推进农村基层服务全面进步。明晰部门、镇街、社区之间的职责分工,推进村委会职能归位,完善社区事项准入制度,实行基层公共服务清单制度,推进农村基层服务规范化、标准化、法治化。健全镇街、社区党群服务中心建设,按照村民"第二个家"的要求,推进

党群服务中心亲民化改造，植入惠民服务项目，让村民可进入、可参与、可共享。实施社区专职工作者总额制，落实社区专职工作者薪酬待遇，并逐步提高薪酬标准，激励更多的优秀人才服务基层。提升社区服务信息化水平，以社区公共服务综合信息平台为依托，及时为村民提供第一手村务、政务、农产品市场需求、就业机会等与利益息息相关的各种信息，整合优化公共服务和行政审批职能，逐步实现社区公共服务事项的一站式受理、全人群覆盖、全口径集成和全区域通办，全面提升社区依托信息化手段服务群众的水平，逐步形成覆盖全域、方便快捷的乡村网络化便民服务体系。

（三）完善乡村自治机制

在城乡一体化进程中，要激发乡村的自治活力，发挥群众的主体作用，夯实现代乡村治理基础。完善农村基层民主选举、民主协商、民主决策、民主管理、民主监督机制，进一步健全村级议事协商制度，建立畅通的参与渠道，为村民建言献策提供平台，提高群众主动参与自治的积极性。鼓励制定村级小微权力清单和运行规范，实现村干部各项工作有据可依、有章可循，有效约束村干部的权力运行，同时激发群众参与村级事务管理的热情。积极探索联合党支部建设模式，深入实施"四议两公开一监督"工作制度，探索民选、民议、民建、民管的村级公益项目新模式，完善"事由群众定、行让群众看、果交群众评"的治村模式。创新乡村治理方式，探索建立专业化物业管理中介机构，鼓励支持无物业管理的农民集中居住区引进专业物业服务机构进行规范化管理。改进乡村社区物业服务管理，健全院落（小区）业委会、院委会等自治组织，搭建物业管理、矛盾调解等群众自治参与平台。

参考文献

[1] 国家统计局国民经济综合统计司. 新中国五十年统计资料汇编 [M]. 北京：中国统计出版社，1999.

[2] 阿瑟·奥沙利文. 城市经济学（第8版）[M]. 周京奎，译. 北京：北京大学出版社，2015.

[3] 阿瑟·刘易斯. 二元经济论 [M]. 施炜，等译. 北京：北京经济学院出版社，1989.

[4] 巴突林斯基. 论苏联城乡对立的肃清 [M]. 高齐云，译. 上海：春明印书馆，1950.

[5] 赫尔曼·达利，小约翰·柯布. 21世纪生态经济学：重塑面向共同体、环境和可持续未来的经济 [M]. 王俊，韩冬竣，译. 北京：中央编译出版社，2015.

[6] 莱斯特·布朗. 建设一个持续发展的社会 [M]. 祝友三，译. 北京：科学技术文献出版社，1984.

[7] 迈克尔·托达罗. 经济发展与第三世界 [M]. 印金强，赵荣美，译. 北京：中国经济出版社，1992.

[8] 乔·奥·赫茨勒. 乌托邦思想史 [M]. 张兆麟，等译. 北京：商务印书馆，1990.

[9] 克劳德·昂利·圣西门. 圣西门选集 [M]. 王燕生，等译. 北京：商务印书馆，1979.

[10] 藤田昌久，保罗·克鲁格曼，安东尼·维纳布尔斯. 空间经济学：城市、

区域与国际贸易［M］. 梁琦，译. 北京：中国人民大学出版社，2005.

［11］威廉·配第. 政治算术［M］. 陈冬野，译. 北京：商务印书馆，2014.

［12］约翰·冯·杜能. 孤立国同农业和国民经济的关系［M］. 吴衡康，译. 北京：商务印书馆，2010.

［13］白永秀，王颂吉，鲁能. 国际视野下中国城乡发展一体化模式研究［M］. 北京：中国经济出版社，2013.

［14］白永秀，吴丰华. 中国城乡发展一体化：历史考察、理论演进与战略推进［M］. 北京：人民出版社，2015.

［15］曹萍. 中国特色城镇化道路推进机制研究［M］. 北京：人民出版社，2017.

［16］曹中屏，田仲文. 近代世界与城市化［M］. 天津：天津人民出版社，1992.

［17］陈立，等. 中国国家战略问题报告［M］. 北京：中国社会科学出版社，2002.

［18］陈燕妮. 马克思恩格斯城乡融合思想与我国城乡一体化发展研究［M］. 北京：中国社会科学出版社，2017.

［19］邓玲. 我国生态文明发展战略及其区域实现研究［M］. 北京：人民出版社，2014.

［20］董辅礽. 中华人民共和国经济史［M］. 北京：经济科学出版社，1999.

［21］杜肯堂，戴士根. 区域经济管理学［M］. 北京：高等教育出版社，2004.

［22］费景汉，古斯塔夫·拉尼斯. 劳动剩余经济的发展：理论与政策［M］. 赵天朗，等译. 北京：经济科学出版社，1992.

［23］高帆. 从割裂到融合：中国城乡经济关系演变的政治经济学［M］. 上海：复旦大学出版社，2019.

［24］龚勤林. 西部地区城乡产业链研究［M］. 成都：四川人民出版社，2013.

［25］龚勤林. 新型工农城乡关系统筹构建研究［M］. 北京：科学出版社，2021.

［26］韩俊，刘振伟. 邓小平农业思想论［M］. 太原：山西人民出版社，2000.

［27］顾洪章. 中国知识青年上山下乡始末［M］. 北京：人民日报出版社，2009.

[28] 贺雪峰. 城市化的中国道路[M]. 北京：东方出版社，2014.

[29] 黄晋太. 二元工业化与城市化：打开统筹城乡发展大门的钥匙[M]. 北京：中国经济出版社，2005.

[30] 冀福俊. 资本的空间生产与中国城镇化道路研究[M]. 武汉：武汉大学出版社，2017.

[31] 柯什列夫. 苏联消灭城乡对立的道路[M]. 华五，译. 北京：世界知识社，1951.

[32] 李佐军，等. 中国新农村建设报告（2006）[M]. 北京：社会科学文献出版社，2006.

[33] 林毅夫，蔡昉，李周. 中国的奇迹：发展战略与经济改革[M]. 上海：格致出版社，2014.

[34] 刘国光. 中外城市知识词典[M]. 北京：中国城市出版社，1991.

[35] 刘克祥，吴太昌. 中国近代经济史（1927—1937）[M]. 北京：人民出版社，2010.

[36] 柳随年，吴群敢. 中国社会主义经济简史：1949—1983[M]. 哈尔滨：黑龙江人民出版社，1985.

[37] 罗兹·墨菲. 上海——现代化的钥匙[M]. 上海：上海人民出版社，1986.

[38] 王文靖. 世界各国农业经济概论[M]. 北京：农业出版社，1991.

[39] 王章辉，黄柯可. 欧美农村劳动力的转移与城市化[M]. 北京：社会科学文献出版社，1999.

[40] 奚建武. 马克思主义视域中的当代中国新型城乡关系研究：基于城乡复合型二元结构视角[M]. 上海：格致出版社，2020.

[41] 徐荣安. 中国城郊经济学[M]. 北京：农业出版社，1989.

[42] 严中平. 中国近代经济史（1840－1894）[M]. 北京：人民出版社，1989.

[43] 孙江. "空间生产"：从马克思到当代[M]. 北京：人民出版社，2008.

[44] 张同铸. 非洲经济社会发展战略问题研究[M]. 北京：人民出版社，1992.

[45] 赵德馨. 中华人民共和国经济史（1967－1984）[M]. 郑州：河南人民出版社，1989.

[46] 折晓叶，艾云. 城乡关系演变的制度逻辑和实践过程[M]. 北京：中国社会科学出版社，2014.

[47] 郑秉文. 拉丁美洲城市化：经验与教训 [M]. 北京：当代世界出版社，2011.

[48] 郑有贵，李成贵. 一号文件与中国农村改革 [M]. 合肥：安徽人民出版社，2008.

[49] 中国改革与发展报告专家组. 透过历史的表象：中国改革20年回顾，反思与展望 [M]. 上海：上海远东出版社，2000.

[50] 中华人民共和国农业部. 新中国农业60年统计资料 [M]. 北京：中国农业出版社，2009.

[51] 中国社会科学院经济研究所学术委员会. 中国社会科学院经济研究所集刊（第11辑）[M]. 北京：中国社会科学出版社，1988.

[52] 国家统计局. 中国统计年鉴（1983）[M]. 北京：中国统计出版社，1983.

[53] 中国乡镇企业年鉴编辑委员会. 中国乡镇企业年鉴（1993）[M]. 北京：农业出版社，1993.

[54] 中共中央党史研究室，中共中央政策研究室，中华人民共和国农业部. 中国新时期农村的变革：中央卷（中）[M]. 北京：中共党史出版社，1998.

[55] 国家统计局. 中国统计年鉴（2020）[M]. 北京：中国统计出版社，2020.

[56] 蔡玉胜. 构建新型城乡关系的问题和途径及改革要点 [J]. 农业现代化研究，2014（35）.

[57] 曹子坚，张鹏. 构建合同农业中农户—企业利益联结的稳态机制 [J]. 农村经济，2009（9）.

[58] 陈吉元，胡必亮. 中国的三元经济结构与农业剩余劳动力转移 [J]. 经济研究，1994（4）.

[59] 陈明星，叶超，周义. 城市化速度曲线及其政策启示：对诺瑟姆曲线的讨论与发展 [J]. 地理研究，2011（8）.

[60] 陈明星. "十二五"时期统筹推进城乡一体化的路径思考 [J]. 城市发展研究，2011（2）.

[61] 陈潭，王鹏. 信息鸿沟与数字乡村建设的实践症候 [J]. 电子政务，2020（12）.

[62] 陈小卉，徐逸伦. 一元模式：快速城市化地区城乡空间统筹规划——以江苏省常熟市为例 [J]. 城市规划，2005（1）.

［63］陈昭玖，等. 韩国新村运动的实践及对我国新农村建设的启示［J］. 农业经济问题，2006（2）.

［64］迟梦筠，龚勤林. 工农业协调发展的当下问题与现实路径［J］. 理论探讨，2015（3）.

［65］代娟. 中国工业反哺农业问题研究［D］. 武汉：武汉大学，2014.

［66］邓宏图，李康，柳昕. 农业产业化中的"位势租"：形成机制与利润分配［J］. 经济学动态，2018（10）.

［67］邓杰. 斯大林和苏联限制大城市规模的缘起［J］. 党政研究，2018（1）.

［68］邓新生. 赴巴西、阿根廷考察的几点启示［J］. 政策，2007（8）.

［69］丁宁. 中国特色城乡关系：从二元结构到城乡融合的发展研究［D］. 长春：吉林大学，2019.

［70］董敏，郭飞. 城市化进程中城乡收入差距的"倒U型"趋势与对策［J］. 当代经济研究，2011（8）.

［71］杜学鹏，等. 我国整合城乡居民医保的现状、问题及对策［J］. 卫生软科学，2019（33）.

［72］杜焱强. 农村环境治理70年：历史演变、转换逻辑与未来走向［J］. 中国农业大学学报（社会科学版），2019（36）.

［73］段禄峰，张鸿. 我国城乡空间一体化协调发展的区域空间结构演进研究［J］. 安徽农业科学，2011（6）.

［74］付志刚. 新中国成立前后中国共产党对城乡关系的认识与定位［J］. 四川大学学报（哲学社会科学版），2018（3）.

［75］高波. 奋力开启乡村振兴和城乡融合发展新征程［N］. 新华日报，2021-02-23.

［76］高帆. 构建新型城乡关系推进一体化发展［N］. 中国社会科学报，2018-05-29.

［77］龚勤林. 区域产业链研究［D］. 成都：四川大学，2004.

［78］龚勤林. 论产业链构建与城乡统筹发展［J］. 经济学家，2004（3）.

［79］郭红东. 浙江省农业龙头企业与农户的利益机制完善与创新研究［J］. 浙江社会科学，2002（5）.

［80］郭晓鸣，等. 实施乡村振兴战略的系统认识与道路选择［J］. 农村经济，2018（1）.

［81］韩喜平，孙贺. 共享发展理念的民生价值［J］. 红旗文稿，2016（2）.

［82］韩长赋. 重塑工农城乡关系　推进乡村全面振兴——深入学习贯彻

习近平总书记关于实施乡村振兴战略的重要论述[J]. 求是，2018（21）.

［83］何永芳，佘赛男，杨春健. 新时代城乡融合发展问题与路径[J]. 西南民族大学学报（人文社科版），2020（41）.

［84］胡新年. 建国以来我国的工农业总产值一览表[J]. 上饶师专学报，1981（4）.

［85］胡英英，孙海军，范健红. 新型城镇化背景下济南市城乡空间一体化研究[J]. 城市观察，2015（4）.

［86］胡祖才. 城乡融合发展的新图景[J]. 求是，2019（14）.

［87］湖南省中国特色社会主义理论体系研究中心. 实施乡村振兴战略走城乡融合发展之路[J]. 求是，2018（6）.

［88］黄永林，罗忻. 新中国成立70年农村文化的现代性探求及历史经验[J]. 民俗研究，2019（5）.

［89］健伟. 以农村为重点让基层强起来——农村卫生健康事业发展70年综述[J]. 中国农村卫生，2019（11）.

［90］蒋永穆，周宇晗. 改革开放40年城乡一体化发展：历史变迁与逻辑主线[J]. 贵州财经大学学报，2018（5）.

［91］蒋永穆，等. 习近平城乡发展一体化思想探析[J]. 政治经济学评论，2016（5）.

［92］金三林，等. 从城乡二元到城乡融合——新中国成立70年来城乡关系的演进及启示[J]. 经济纵横，2019（8）.

［93］孔祥智. 新中国城乡关系的演变及发展趋势[N]. 农民日报，2021-05-08.

［94］李安康，刘炜山. 探究城乡空间一体化规划[J]. 江西建材，2014（6）.

［95］李克强. 论我国经济的三元结构[J]. 中国社会科学，1991（3）.

［96］李金泉，常颖. 生态文明视野下城乡深度融合的绿色发展路径探究[J]. 中共济南市委党校学报，2019（6）.

［97］李晶，车效梅，贾宏敏. 非洲城市化探析[J]. 现代城市研究，2012（2）.

［98］李晶，车效梅. 非洲城市化的现状、特点和发展趋势[J]. 非洲研究，2013（22）.

［99］李敬锁. 德国农业合作社的历史、现状及发展趋势[J]. 中国农民合作社，2010（9）.

[100] 李平安. 科学发展观视角下的社会主义新农村建设新模式——来自河南省新乡市的调研 [J]. 农业经济, 2009 (8).

[101] 李澂, 冯海发. 农业剩余与工业化的资本积累 [J]. 中国农村经济, 1993 (3).

[102] 李文宇. 城乡分割会走向城乡融合吗——基于空间经济学的理论和实证分析 [J]. 财经科学, 2015 (6).

[103] 李志伟. 城镇化系非洲发展大趋势 中企带去先进理念和技术 [N]. 人民日报, 2017-03-20.

[104] 刘汉成, 程水源. 统筹城乡基础设施建设实现城乡基础设施一体化——以湖北省鄂州市为例 [J]. 黄冈师范学院学报, 2011 (31).

[105] 刘景华. 欧洲历史上城乡关系的演变 [N]. 光明日报, 2018-08-13.

[106] 刘良军. 70年农村民生改善与党的领导 [J]. 中共合肥市委党校学报, 2019 (03).

[107] 刘荣增, 王淑华. 新时代中国城乡空间治理与融合的机理与路径 [J]. 学习论坛, 2020 (11).

[108] 刘瑞强, 张沛. 城乡一体化发展的空间尺度研究 [J]. 华中建筑, 2014 (32).

[109] 刘维奇, 韩媛媛. 工业化、城市化进程中城乡关系的演变逻辑 [J]. 未来与发展, 2013 (2).

[110] 刘向. 德国农村综合发展新思路 [J]. 广西城镇建设, 2006 (3).

[111] 刘洋. 日本城市化过程中农地保障政策及对中国的启示 [J]. 社会科学辑刊, 2016 (1).

[112] 龙海波. 加快城乡融合发展重在制度创新 [N]. 经济日报, 2021-03-19.

[113] 卢晓伟. 农村公路对区域发展的助推作用 [J]. 现代经济信息, 2019 (13).

[114] 陆铭, 陈钊. 城市化、城市倾向的经济政策与城乡收入差距 [J]. 经济研究, 2004 (6).

[115] 马军显, 城乡关系: 从二元分割到一体化发展 [D]. 北京: 中共中央党校, 2008.

[116] 孟广文, Hans Gebhardt. 二战以来联邦德国乡村地区的发展与演变 [J]. 地理学报, 2011 (12).

[117] 孟祥林. 新型城乡关系: 城乡一体化目标下的城乡空间融合对策探索

[J]．环渤海经济瞭望，2011（4）．

[118] 孟鑫．实现共同富裕是关系党的执政基础的重大政治问题［N］．光明日报，2021-01-28．

[119] 穆克瑞．新发展阶段城乡融合发展的主要障碍及突破方向［J］．行政管理改革，2021（1）．

[120] 年猛．中国城乡关系演变历程、融合障碍与支持政策［J］．经济学家，2020（8）．

[121] 潘兴明．英国殖民城市初探［J］．世界历史，2006（5）．

[122] 强百发．韩国农业现代化进程研究［D］．咸阳：西北农林科技大学，2010．

[123] 秦晖．传统中华帝国的乡村基层控制：汉唐间的乡村组织［J］．中国乡村研究，2003（1）．

[124] 邱国盛．苏联经验与中国经历：20世纪50年代中国城乡关系的演变［J］．史学集刊，2012（2）．

[125] 任吉东．近代中国百年城乡关系的两极性衍化［N］．中国社会科学报，2014-04-18．

[126] 盛鸣．对当前我国绿道网规划建设"热"的思考与对策［J］．风景园林，2015（5）．

[127] 舒运国．非洲城市化剖析［J］．西亚非洲，1994（1）．

[128] 孙久文．新技术变革下的城乡融合发展前景展望［J］．国家治理，2021（3-4）．

[129] 孙琳琳，佟婳．城乡资源配置失衡对经济增长的影响［J］．经济纵横，2013（1）．

[130] 涂圣伟．城乡融合发展开启现代化建设新局面［N］．经济日报，2019-05-21．

[131] 王历荣．新中国70年民生建设的理论基础及经验启示［J］．甘肃社会科学，2019（6）．

[132] 王留青，侯爱敏，陈瑾．基础设施城乡一体化建设的瓶颈及其破解——以苏州为例［J］．苏州科技学院学报（工程技术版），2013（26）．

[133] 王璐，罗赤．从农业生产的变革看农村空间布局的变化［J］．城市发展研究，2012（19）．

[134] 王沛．中国城乡关系发展及其历史演进——基于新型城镇化视角［J］．成都行政学院学报，2015（1）．

[135] 王颂吉，白永秀. 城乡要素错配与中国二元经济结构转化滞后：理论与实证研究 [J]. 中国工业经济，2013 (7).

[136] 王先进. 我国耕地的现状、发展趋势及对策 [J]. 科技导报，1989 (4).

[137] 王小章. "乡土中国"及其终结：费孝通"乡土中国"理论再认识——兼谈整体社会形态视野下的新型城镇化 [J]. 山东社会科学，2015 (2).

[138] 王英梅. 公平视角下城乡义务教育均衡发展探微 [J]. 现代教育科学，2018 (8).

[139] 王玉. 美国城镇化给我们的几点启示 [J]. 农业发展与金融，2013 (11).

[140] 吴丰华，白永秀. 中国近代以来城乡关系变迁机理：一个文献综述 [J]. 学术评论，2015 (4).

[141] 吴丰华，韩文龙. 改革开放四十年的城乡关系：历史脉络、阶段特征和未来展望 [J]. 学术月刊，2018 (4).

[142] 习近平. 培养德智体美劳全面发展的社会主义建设者和接班人 [J]. 共产党人，2024 (17).

[143] 奚建武. 治理视域下我国城乡关系的变迁 [J]. 华东理工大学学报（社会科学版），2007 (4).

[144] 乡村振兴战略规划（2018—2022年）[N]. 人民日报，2018-09-27.

[145] 项继权. 当前农村发展的阶段性特征及政策选择 [J]. 江西社会科学，2009 (1).

[146] 许彩玲，李建建. 城乡融合发展的科学内涵与实现路径——基于马克思主义城乡关系理论的思考 [J]. 经济学家，2019 (1).

[147] 许彩玲. 城乡经济关系思想的演进：从毛泽东到邓小平 [D]. 福州：福建师范大学，2015.

[148] 许经勇. 论以理顺城乡关系为主轴的中国经济体制改革演变历程 [J]. 浙江社会科学，2018 (1).

[149] 杨桓. 空间融合：城乡一体化的新视角 [J]. 社会主义研究，2014 (1).

[150] 杨明伟. 中国共产党为什么能够长期执政 [N]. 学习时报，2019-08-16.

[151] 杨孝光，廖红丰，刘建明. 统筹城乡制度促进农民增收 [J]. 新疆经

济，2004（5）.

[152] 杨勇，赵宇霞. 新农村建设视域下农村集体经济助推农民发展理路研究[J]. 贵州社会科学，2013（12）.

[153] 叶书宏. 城市化"大跃进"的拉美教训[J]. 当代社科视野，2014（9）.

[154] 于培伟. 日本的城乡统筹共同发展[J]. 宏观经济管理，2007（9）.

[155] 余斌，罗静，靳军. 城市化与城乡发展：世界不同类型国家比较与启示[J]. 地域研究与开发，2005（5）.

[156] 郁建兴，等. 农业农村发展中的政府与市场、社会：一个分析框架[J]. 中国社会科学，2009（6）.

[157] 袁东振. 混乱和无序：拉美城市化的教训[J]. 科学决策，2005（8）.

[158] 袁莉. 基于系统观的中国特色城乡融合发展[J]. 农村经济，2020（12）.

[159] 翟坤周，侯守杰. "十四五"时期我国城乡融合高质量发展的绿色框架、意蕴及推进方案[J]. 改革，2020（11）.

[160] 张爱华，邓小伟. 资本论中的分工与人的发展思想探析[J]. 马克思主义与现实，2010（4）.

[161] 张慧鹏. 毛泽东构建新型工农城乡关系的探索与启示[J]. 马克思主义与现实，2017（6）.

[162] 张克俊，杜婵. 从城乡统筹、城乡一体化到城乡融合发展：继承与升华[J]. 农村经济，2019（11）.

[163] 张薇. 韩国新村运动研究[D]. 长春：吉林大学，2014.

[164] 赵杰，等. 美国乡村地区公共产品供给情况考察[J]. 中国财政，2010（1）.

[165] 赵明亮. 新常态下中国产业协调发展路径——基于产业关联视角的研究[J]. 东岳论丛，2015（2）.

[166] 赵天娥. 中共第一代领导人的城乡关系思想研究[D]. 长春：吉林大学，2013.

[167] 赵燕菁. 从城市管理走向城市经营[J]. 城市规划，2002（11）.

[168] 赵拥军. 加强农村水利基础设施建设 服务保障全面建成小康社会[J]. 河北水利，2019（1）.

[169] 折晓叶，艾云. 城乡关系演变的研究路径——一种社会学研究思路和分析框架[J]. 社会发展研究，2014（2）.

[170] 智宇琛. 非洲城市化 [J]. 中国投资, 2017 (10).

[171] 钟裕民. 城乡生态融合发展: 理论框架与实现路径 [J]. 中国行政管理, 2020 (9).

[172] 周力行, 刘宇. 二战后日本乡村规划发展历程对我国的启示 [J]. 安徽农业科学, 2021 (49).

[173] 周韬. 基于价值链的城乡空间一体化研究 [J]. 城市发展研究, 2015 (22).

[174] 周志山. 从分离与对立到统筹与融合——马克思的城乡观及其现实意义 [J]. 哲学研究, 2007 (10).

[175] 朱诗柱. 统筹城乡发展的关键是逐步统一城乡经济社会体制和政策 [J]. 当代经济研究, 2004 (6).